Schnebel · Professionell beraten

Reihe »Studientexte für das Lehramt«
Herausgegeben von Eiko Jürgens

Band 20

Stefanie Schnebel

Professionell beraten

Beratungskompetenz in der Schule

Beltz Verlag · Weinheim und Basel

Dr. Stefanie Schnebel arbeitete als Realschullehrerin und ist seit 2002 Akademische Rätin im Fach Erziehungswissenschaft, Schwerpunkte Schulpädagogik und Beratung, an der Pädagogischen Hochschule Weingarten.

Lektorat: Sonja Ritter

© 2007 Beltz Verlag · Weinheim und Basel
www.beltz.de
Herstellung: Uta Euler
Satz: Druckhaus »Thomas Müntzer«, Bad Langensalza
Druck und Buchbinderei: Druck Partner Rübelmann, Hemsbach
Umschlaggestaltung: glas ag, Seeheim-Jugenheim
Umschlagabbildung: fotolia
Printed in Germany

ISBN 978-3-407-25472-6

Inhaltsverzeichnis

Vorwort des Herausgebers

Einen »Rat suchen« und einen »Rat geben« gehören als zwei Seiten einer Medaille unauflösbar zusammen. Ungebetene Ratschläge sind nicht nur störend und überflüssig, sondern sie missachten auch die »Unverletzlichkeit« der individuellen Würde. Akteure in der professionellen Beratung wissen um diesen Bedeutungszusammenhang. Deshalb sollten in pädagogischen Zusammenhängen ausschließlich Beratungssituationen entstehen, in denen das Prinzip »Verstehen statt Belehren« das kommunikative Handeln bestimmt.

Zweifellos erstreckt sich die Beratung in der Schule auf gleichermaßen zahlreiche wie unterschiedliche Situationen und Problemzusammenhänge, wofür die einzelne Lehrkraft gar nicht in jedem Fall eine tragfähige und weiterführende Lösung entwickeln kann. Von daher ergibt sich schon allein aus der schulischen Erziehungsverantwortung die Pflicht, mit anderen Institutionen zusammenzuarbeiten, um den Ratsuchenden mit seiner spezifischen Problematik ernst zu nehmen und ihm mit einem qualifizierten Beratungssetting die gebotene »Hilfe zur Selbsthilfe« anzubieten.

Die Initiative zur Zusammenarbeit geht von der Lehrkraft aus und der »Fall« verbleibt in ihrer Obhut. Erziehungstheoretischer und praktischer Hintergrund für die Wahrnehmung dieser obligaten Berufsaufgabe ist dieser: Würde die Beratungsverantwortung nicht generell bei den Lehrerinnen und Lehrern liegen, bestünde permanent die Gefahr, schwierige Beratungsprobleme möglichst umgehend an besonders ausgebildete Spezialisten abzugeben, wodurch zwei weitere Risiken auftreten können:

Erstens besteht ein Grundsatz professioneller Beratung darin, den interpersonellen Bezug so zu gestalten, dass das aufgeworfene Problem des Einzelnen am Ort seiner Entstehung artikuliert und bearbeitet wird. Mit Abtretung der Beratungsverantwortung an spezielle Beratungsstellen würde dieses Prinzip aufgegeben. Es entstünde eine Trennung von Problementstehung und -bewältigung. Verbunden mit der weiteren Gefahr, den schulischen Entstehungszusammenhang weitgehend auszublenden. Aber jede Beratungssituation in der Schule hat nachweislich einen schulischen Kontext. Erst durch die Existenz schulischer Verhältnisse wird sie hervorgebracht. Ohne Schule gäbe es nun einmal keine schulischen Probleme. Zweitens würde die Abgabe von Beratungsaufgaben Lehrerinnen und Lehrer davon befreien, sich für diese berufliche Funktion zu qualifizieren und zu professionalisieren. Das aber würde die Lehrkraft in der Ausübung ihrer Tätigkeit immens beschneiden. Schließlich sind Lehren, Erziehen und Beraten nicht voneinander trennbare Funktionen der Berufsrolle. Beratung ist ein »Moment der Erziehungstätigkeit«: pädagogisches Handeln ist ohne Beratung als kritischer Aufklärungsprozess und Hilfe zur (selbst gefundenen) Handlungsorientierung nicht vorstellbar.

Fragt man in Anbetracht der Bedeutung der Beratungsaufgabe für den Lehrerberuf nach einschlägiger wissenschaftlicher Literatur, mit der die nötigen Qualifikationsprozesse in Theorie und Praxis initiiert und angebahnt werden können, dann stellt sich die derartige Publikationslage nicht gerade als angemessen dar. Vor allem nicht für Lehramtsstudierende, und zwar unabhängig von der gewählten Schulform. Deshalb wird diese Publikation von Stefanie Schnebel eine Lücke schließen, indem allen Interessierten ein äußerst fundiertes Basiswissen geboten wird, das einerseits beratungstheoretische Bezüge nicht vernachlässigt und andererseits optimal auf die für die Beratungspraxis erforderlichen Qualifikationen und Kompetenzen vorbereitet.

Bielefeld   Eiko Jürgens

1. Beratung als Aufgabe jeder Lehrerin und jedes Lehrers

Ein Buch zum Einstieg in ein häufig vernachlässigtes Aufgabenfeld

Zur alltäglichen Arbeit jeder Lehrkraft gehört es, mit Schülerinnen und Schülern über ihre Lernfortschritte zu sprechen, Konflikte zwischen Gruppierungen einer Klasse zu klären, mit Eltern über den weiteren Bildungsweg ihres Kindes zu beraten oder einer Kollegin, einem Kollegen zu raten, wie mit einer schwierigen Klassensituation umgegangen werden kann. Verstärkt kam in den vergangenen Jahren die Mitarbeit in Teams, die sich im Rahmen von Schulentwicklungsprozessen an der jeweiligen Schule bilden, hinzu. Alle diese Tätigkeiten enthalten wesentlich beraterische Elemente.

Bereits der Deutsche Bildungsrat stellt im Strukturplan für das Bildungswesen 1970 fest, dass Beraten eine Grundfunktion des Lehrerberufs darstellt. Auch in neueren Verlautbarungen zu den Aufgaben von Lehrkräften wird immer wieder darauf hingewiesen, dass »Beratung ein wesentlicher Bestandteil des Bildungs- und Erziehungsauftrags der Schule und damit zunächst Aufgabe jeder Lehrerin und jedes Lehrers [ist]« (MKJS B-W 2000) oder, wie das Ministerium für Schule und Weiterbildung Nordrhein-Westfalen formuliert: »Beratungstätigkeit in der Schule ist grundsätzlich ebenso wie Unterrichten, Erziehung und Beurteilen Aufgabe aller Lehrerinnen und Lehrer« (MSWB NRW 1997).

Beraten als Grundfunktion

Dass diese beinahe selbstverständliche Feststellung hier so dezidiert aufgegriffen und der Beratungsaufgabe von Lehrkräften dieses ganze Buch gewidmet wird, hat mehrere Gründe:

1. Es ist zu beobachten, dass die Anlässe und Themen, die es nötig machen, dass Lehrkräfte in den Schulen beraterisch tätig werden, zugenommen haben. Gleichzeitig ist eine Differenzierung in den Problemlagen von Schülern, Eltern und Kollegen zu beobachten. Moderne Gesellschaften werden immer komplexer. Damit einher gehen Veränderungen wie Internationalisierung, Multikulturalität und Individualisierung. Die in den sich wandelnden Gesellschaften lebenden Menschen haben mehr Wahlmöglichkeiten, gleichzeitig auch mehr Verantwortung und persönliches Risiko im Hinblick auf ihre Entscheidungen. Dies verunsichert und macht die Handlungsalternati-

Zunahme an Beratungsanlässen

ven ambivalent. Kinder und Jugendliche stehen in gleicher Weise wie Erwachsene vor einer Vielfalt an Orientierungen und an kurz- wie langfristigen Lebensentwürfen. Schülerinnen und Schüler benötigen deshalb immer mehr Beratung, die ihnen dabei hilft, ihren Bildungs- und Berufsweg zu finden aber auch ihre persönliche Entwicklung zu fördern.

weniger Fachpersonal

2. In Zeiten knapper werdender Ressourcen, darauf weisen etwa Christine Schwarzer und Norbert Posse hin, »erinnern sich in zunehmendem Maß die Kultusbürokratien der Länder an die ›normale‹ Beratungsaufgabe der Lehrerinnen und Lehrer und versuchen, die besonders qualifizierten Beratungslehrerinnen oder -lehrer nur noch beschränkt zuzulassen, denn die Ausbildung zu und die Durchführung von Beratung kosten Zeit und damit Geld, das hierfür offensichtlich nicht vorhanden ist« (Schwarzer/Posse 2005, S. 140). Beratungsaufgaben in den Schulen können vermutlich zukünftig noch weniger als bisher an speziell ausgebildetes Fachpersonal wie Beratungslehrer oder Schulpsychologen abgegeben werden, vielmehr ist damit zu rechnen, dass die Ressourcen im Beratungsbereich an den Schulen eher gekürzt als ausgebaut werden, was für die einzelne Lehrkraft bedeutet, mehr Fragen und Probleme eigenständig zu lösen.

Lehrer als Lernberater

3. Pädagogische Innovationen und ein verändertes Verständnis von Lernen führen dazu, dass Lehrkräfte heute gehalten sind, ihren Unterricht anders zu gestalten. Lehrerzentrierte, instruktive Phasen sollen ergänzt werden durch Phasen selbstgesteuerten Lernens. Offene Unterrichtsformen wie Lernwerkstätten, Stationen lernen oder Projekte bekommen ein ebenso großes Gewicht wie lehrgangsförmige Sequenzen. Die Rolle der Lehrkraft in offenen Formen wird häufig mit Moderator und Berater umschrieben. Die Lehrerin soll die Schüler darin begleiten, eigenständig zu lernen, und beraten, wenn Fragen auftreten. Es gibt aber zu wenig Literatur oder empirische Untersuchungen dazu, wie die Lehrer und Lehrerinnen Lernberatung Gewinn bringend gestalten können. In jedem Fall nimmt der Anteil beraterischer Tätigkeit von Lehrkräften im Zuge innovativer Unterrichtsformen zu.

vielfältige Reformen

4. Die anhaltenden Schulreformen, die seit der ersten PISA-Studie an Tempo zugelegt haben, erhöhen den Beratungsbedarf an den Schulen. Neue Bildungspläne, Kompetenzstufen, schulübergreifende Vergleichstests und nationale Bildungsstandards bewirken, dass sich Lehrkräfte verunsichert oder überfordert fühlen. Sollen die Reformen wirklich greifen, müssen die Schulen in ihren Umsetzungsbemühungen begleitet und unterstützt werden. Hierzu benötigen sie kompetente Beratung, die immer wieder und auch länger andauernd zur Verfügung steht.

5. Neben der Umsetzung übergreifender Bildungsreformen ist jede Schule gehalten, ein eigenes Schulprofil zu entwickeln. Die (teil-) autonome Schule soll eigene pädagogische Schwerpunkte setzen, ein Schulprogramm erarbeiten und in begrenztem Rahmen personelle und finanzielle Entscheidungen treffen. Schulen werden verstanden als »lernende Organisationen«. Auch im Bereich der Schulentwicklung spiegeln sich die gesellschaftlichen Tendenzen zu Individualisierung und Pluralisierung. Den Schulen werden mehr Individualität und Eigenständigkeit zuerkannt, sie stehen stärker in der Verantwortung für die Qualität ihrer Arbeit und müssen ihre Leitlinien nach außen hin vertreten. Gleichzeitig ist es notwendig, in den Schulen neue bzw. veränderte Kommunikationsmuster zu entwickeln und zu lernen, in Teams zu arbeiten. Dies legt »eine Inanspruchnahme interner und externer Beratung nahe, da nur so eine kontinuierliche Reflexion des eigenen Tuns gewährleistet ist und eine theoriegeleitete Praxis entwickelt und begründet werden kann (Palmowski 2002, S. 20).

Schulentwicklung

6. Schulentwicklung wird begleitet von Evaluation. Dieses neue Aufgabenfeld soll Schulen dazu dienen, ihre Qualität zu verbessern. Dies kann nur gelingen, wenn externe wie interne Evaluation von kompetenter Beratung begleitet sind. Beratungsprozesse sind notwendig, wenn eine Schule ausarbeiten muss, wie die Ergebnisse einer Evaluation in Qualitätsverbesserung überführt werden können, aber auch wenn Konflikte bei der Zielformulierung oder Widerstände während der Durchführung auftreten.

Evaluation

7. Sollen Lehrkräfte all den genannten und vielen weiteren Ansprüchen und Aufgaben gerecht werden, benötigen sie einen Rahmen, in welchem sie selbst ihre Fragen und Belastungen zur Sprache bringen können. Hier können Angebote zu Kollegialer Beratung oder zu Supervision hilfreich sein. Sich mit anderen auszutauschen, hat nicht nur eine entlastende Funktion, sondern stößt bei den Lehrkräften Lernprozesse an. Reflexion, Feedback und Lernen an den eigenen Fällen und am Beispiel anderer dienen in hohem Maß der Professionalisierung der Beteiligten.

Bedarf an kollegialer Beratung und Supervision

Lehrkräfte werden zukünftig noch stärker als bisher andere beraten. Sie werden sich aber auch immer mehr untereinander beraten. Beide Formen der Beratung benötigen professionelle Beratungskompetenzen. Diese beziehen sich zum einen auf die Gestaltung von Beratungssituationen, umfassen aber auch theoretische Kenntnisse über Hintergründe von Beratung sowie über Zusammenhänge von Beraten, Erziehen und Lernen. Oder anders formuliert, wer in der Schule kompetent beraten will, darf nicht bei Gesprächsführungstechniken stehen bleiben, sondern muss sich über pädagogische wie didaktische Bezüge genauso wie über systemische Zusammenhänge im Hinblick auf Schule, Familie und Gesellschaft Rechenschaft ablegen und diese in seine Tätigkeit einbeziehen.

Einige Fallbeispiele vorneweg

Folgende Beispiele sollen einige Aspekte von Beratungssituationen in der Schule aufzeigen:

Fallbeispiel 1

Frau T. ist Klassenlehrerin einer 2. Klasse. Sie hat schon mehrere Durchgänge mit Klasse 1 und 2 erfolgreich unterrichtet. In den vergangenen Jahren schätzten die Eltern ihre offenen Formen des Anfangsunterrichts. Nur in diesem Durchgang hat sie mit einigen Eltern massive Schwierigkeiten. Vor allem ein Elternpaar, dessen Tochter Probleme hat, den Lernstand der Klasse einigermaßen mit zu vollziehen, wirft Frau T. Inkompetenz und Ungerechtigkeit vor. Sie meinen, ihre Tochter würde nicht ausreichend gefördert und Frau T. würde sie häufig für Dinge beschuldigen, für die das Kind nichts könne. Nach einem unerfreulichen Telefonat mit der Mutter bittet die Klassenlehrerin die Eltern zu einem persönlichen Gespräch. Sie versucht den Eltern nochmals zu erklären, wie sie das Kind sieht und mit welchen Unterrichtskonzeptionen sie arbeitet. Streitpunkt ist insbesondere, dass Frau T. den Kindern in regelmäßigen Lesetests deren individuellen Lernzuwachs mit einem Kommentar in der Arbeit rückmeldet. Die Eltern wollen aber eine Note, die den Vergleich zur übrigen Klasse erlaubt. Innerhalb kürzester Zeit eskaliert die Situation, die Eltern beschimpfen die Lehrerin laut und wüst, diese bittet die Eltern, den Raum zu verlassen und geht schließlich selbst. Um die verfahrene Situation zu klären, wird die Rektorin hinzugezogen. Bei einem weiteren Gespräch erklärt die Rektorin zwar gegenüber den Eltern, dass die Lehrerin mit ihrer Unterrichtskonzeption gute Erfolge erziele und die Lerndefizite tatsächlich auch beim Kind liegen könnten, gleichzeitig weist sie die Lehrerin an, zukünftig Vergleichsnoten unter die Lesetests zu schreiben. Als die Lehrerin im Nachhinein die Rektorin fragt, warum sie diese Anweisung erteilt hätte, meint diese, um die Eltern auch zufrieden zu stellen. Frau T. fühlt sich verraten und beschließt die Schule zu wechseln.

Fallbeispiel 2

Carolin aus der 8. Klasse eines Gymnasiums hat sich über die Sommerferien sehr verändert. Sie trägt jetzt schwarze Gewänder, hat ihre Haare fast gänzlich abrasiert und schwarz gefärbt und ist stark in dunklen Farben geschminkt. Nun steht eine Klassenfahrt nach England an. Die Klassenlehrerin sucht das Gespräch mit Carolin, weil sie möchte, dass sich das Mädchen in England anders kleidet, um keinen schlechten Eindruck zu hinterlassen. Der Lehrerin liegt viel daran, Carolin zu überzeugen. Im Hintergrund steht, dass die Lehrerin miterlebte, wie ihr Neffe in die Punkszene abrutschte und erst über einen stationären Aufenthalt in der Psychiatrie von seinen Depressionen und dem Missbrauch von Psychodelika geheilt wurde. Im Gespräch versucht die Lehrerin vor allem, Carolin zu erklären, dass ihr Aussehen Assoziationen wie »Pennerin, gewaltbereite, pöbelnde Jugendliche, Drogenabhängige« wecken und damit negativ auf andere wirken könne. Sie benutzt das Bild eines faulen Apfels, der aus der Apfelkiste entfernt werden muss, um andere Äpfel nicht anzustecken. Carolin versucht ihr Recht auf ihren Stil zu verteidigen und betont, dass die Vorurteile nicht stimmen würden. Schließlich willigt die Schülerin ein, auf der Klassenfahrt normalere Kleidung zu tragen, um nicht daheimbleiben zu müssen.

Fallbeispiel 3

Die Schulleitung einer Hauptschule möchte für ihre Schule ein pädagogisches Profil formulieren. In einer Gesamtlehrerkonferenz bittet die Schulleiterin um Mitarbeit. Nur zwei Kollegen melden sich. Diese zwei Kollegen und die Schulleitung erarbeiten daraufhin an mehreren arbeitsintensiven Nachmittagen ein Papier. Sie stellen schon Bestehendes positiv heraus und formulieren weitere Zielideen. Die Schulleitung möchte in einer weiteren Gesamtlehrerkonferenz dieses Papier zur Diskussion stellen und mit dem Kollegium Ideen zur Weiterarbeit entwickeln. In der Konferenz wird das Papier vorgestellt, es kommt kaum eine Diskussion zustande. Auf Vorschlag eines Kollegen wird abgestimmt, ob das Papier so angenommen werden kann. Die Mehrheit des Kollegiums stimmt zu. Die Schulleiterin möchte nun Ideen sammeln, wie mit dem Papier gearbeitet werden könne. Daraufhin erklären mehrere Kollegen, dass sie die Leitlinien ja nun verabschiedet hätten und jeder sie in seinem Unterricht umsetzen könne. Damit ist die Diskussion über die Umsetzung der Leitlinien beendet.

Schwierigkeiten mit Beratungssituationen

Die drei Beispiele zeigen alltägliche Situationen in der Schule, die Beratungsprozesse enthalten oder notwendig machen. Zwar kommt es in allen Beispielen vordergründig zu einer Lösung, es bleibt aber der Eindruck, dass manches hätte besser laufen können. Alle drei Beispiele zeigen, dass Beratungsprozesse in der Schule die Schwierigkeit mit sich bringen, dass die Beratenden immer Teil des Systems sind, dies aber nicht wirklich realisieren, d.h. zu ihrer eigenen Perspektive nicht ausreichend in Distanz treten können. In den Beispielen mangelt es den Beratern an Modellen der Beratung und an Gesprächsführungsmethoden. Beides wäre sicher hilfreich, um die Beratungssituationen für die Beteiligten zufrieden stellender zu gestalten.

Gespräche mit Schülern oder Eltern zu führen, gehört für viele Lehrkräfte zu den belastenden Situationen ihrer Tätigkeit. Die Arbeit in Teams und Konferenzen verläuft oft unbefriedigend. Hier hilft Beratungskompetenz, die genannten Aufgaben professionell und erfolgreich zu bewältigen.

2. Was meint der Begriff »Beratung«?

Handlungen, wie »jemandem einen Rat geben« oder »sich untereinander beraten« sind Tätigkeiten, die im Alltag immer wieder vorkommen. Daher haben die meisten Menschen eine mehr oder weniger explizite Vorstellung davon, was Beratung meint: »Da geht wer hin, der Probleme hat«, »wenn ich nicht weiter weiß, hole ich mir Rat«, »eben so Dinge wie Drogenberatung oder Erziehungsberatung«, »jemand, der Schwierigkeiten hat, holt sich Hilfe«… Solche und ähnliche Äußerungen des Alltagsverständnisses spiegeln den Kern dessen, was Beratung meint.

Um professionell mit Beratung im schulischen Bereich umzugehen, ist es notwendig, den Beratungsbegriff über das alltägliche Verständnis hinaus zu umreißen. Zwar lässt sich die eine Definition von Beratung nicht festlegen, es sollte aber gelingen, zentrale Merkmale dessen, was Beratung in der Schule ist und was sie nicht ist, zu bestimmen. Dies erleichtert den in der Schule Tätigen, eine professionelle Vorstellung darüber zu entwickeln, wie sie ihre Aufgabe der Beratung verstehen können.

Definitionen von Beratung

Beratung hat in pädagogischen und psychologischen Arbeitsfeldern eine lange Tradition. In neuerer und älterer Literatur zu Beratung findet sich eine ganze Reihe von Definitionen. Einige für den schulischen Bereich einschlägige werden im Folgenden diskutiert:

Definitionen Die ältere Definition von Georg Dietrich lässt sich einordnen in die psychologische Diskussion um Beratung:

> »Beratung ist in ihrem Kern jene Form einer interventiven und präventiven helfenden Beziehung, in der ein Berater mittels sprachlicher Kommunikation und auf der Grundlage anregender und stützender Methoden innerhalb eines vergleichsweise kurzen Zeitraums versucht, bei einem desorientierten, inadäquat belasteten oder entlasteten Klienten einen auf kognitiv-emotionale Einsicht fundierten aktiven Lernprozess in Gang zu bringen, in dessen Verlauf seine Selbsthilfebereitschaft, seine Selbststeuerungsfähigkeit und seine Handlungskompetenz verbessert werden können« (Dietrich 1983, S. 2).

Im Handbuch Pädagogische Grundbegriffe schreibt Gerhard de Haan:

> »*Beratung bezeichnet heute eine Interaktion zwischen Individuen, in deren Verlauf der Rat suchenden Person ein Vorschlag zur Lösung ihres Problems angeboten wird. Jede Kommunikation kann Beratungsmomente enthalten, falls ein Problem thematisiert wird, eine Person der anderen Hilfestellungen anbietet und der Beratende Fähigkeiten oder Informationen vermittelt, die die Handlungs- und Entscheidungskompetenz des Ratsuchenden erhöhen*« (de Haan 1993, S. 160).

Aus dem Bereich der Organisationsberatung kommend, hält Geri Thomann für den pädagogischen Bereich fest:

> »*Beratung bezeichne ich in unserem Zusammenhang als definierte, situationsbezogene und spezifische Hilfestellung bei Analyse und Lösung von Problemen*« (Thomann 2003, S. 4).

Schwarzer und Posse befassen sich unter psychologischer und pädagogischer Perspektive mit dem Beratungsfeld Schule. Sie umschreiben Beratung wie folgt:

> *Beratung ist* »*eine freiwillige kurzfristige, soziale Interaktion zwischen mindestens zwei Personen. Das Ziel der Beratung besteht darin, in einem gemeinsam verantworteten Beratungsprozess die Entscheidungs- und damit Handlungssicherheit zur Bewältigung eines aktuellen Problems zu erhöhen. Dies geschieht in der Regel durch die Vermittlung von neuen Informationen und/oder durch die Analyse, Neustrukturierung und Neubewertung vorhandener Informationen*« (Schwarzer/Posse 2005, S. 139).

gemeinsame Merkmale

All diesen Definitionen ist gemeinsam, dass sie Beratung als Weg zum Umgang mit Problemen oder schwierigen Situationen verstehen. Beratung erfolgt immer in Interaktion. Sie wird definiert als Prozess, der in einem einmaligen oder wiederholten Durchlauf stattfindet. Ziel der Beratung ist es, die Handlungs- oder Entscheidungsmöglichkeiten einer Person zu verbessern, damit der Ratsuchende eigenständig und aktiv das Problem selbst lösen kann.

Unterschiede

Unterschiede treten in den Definitionen vor allem auf, wo es um die Beratungskompetenzen der Beraterin bzw. des Beraters geht. In den meisten Definitionen werden sie gar nicht genannt, andere, etwa Dietrich (1983), verweisen darauf, dass die beratende Person spezifische Beratungsmethoden anwendet.

Während die meisten Beratungsdefinitionen auch für alltägliche Beratung zutreffen, wird durch den Rekurs auf spezifische Methoden der Unterschied zu professioneller Beratung deutlich.

Professionelle Beratung ist dadurch gekennzeichnet, dass sie sich in einem ausgewiesenen Setting abspielt und durch einen dazu ausgebildeten Berater mit professionellen Methoden ausgeübt wird. Die Professionalität in der Beratung bezieht sich damit ebenso auf die Ebene der Prozessgestaltung wie auf die inhaltliche Ebene der Problemsituation. Anders formuliert: Eine Beraterin muss die Problemlage der Ratsuchenden inhaltlich verstehen, sie muss aber vor allem Expertin darin sein, den Ratsuchenden zu helfen, ihr Problem besser zu verstehen und Lösungsmöglichkeiten für sich zu entwickeln und umzusetzen.

Kennzeichen von Professionalität

Darin unterscheidet sich der wissenschaftliche Gebrauch des Begriffs Beratung vom alltäglichen, in welchem häufig der Ratgeber als Mensch mit größerem Wissen zur angesprochenen Frage gesehen wird und Beratung damit gleichgesetzt wird, einen fachlichen Rat zu geben.

Zusammenfassend können folgende vier Elemente, welche die britische Erziehungswissenschaftlerin Colleen McLaughlin in einem Überblicksartikel zu Beratung in der Schule zusammenstellt, das in diesem Band zugrunde gelegte Verständnis von Beratung definieren (McLaughlin 1999, S. 13):

vier zentrale Elemente schulischer Beratung

1. »*[Counselling] refers to a relationship in which one person aims to help another, either individually or in a group setting, to explore a problem, a developmental process or an event such as making a transition.*
2. *There are some identifiable skills that can promote this process. These skills include listening, empathising, challenging, and facilitating action. They are related to helping someone to understand their own and others' feelings, thinking and behaviours and to be able to act upon this understanding in productive ways.*
3. *There is a belief that self-awareness is helpful and its development is part of the process.*
4. *It is a process of learning which incorporates thinking, feeling and acting.«*

Mit den unterschiedlichen Definitionen von Beratung werden einige zentrale Prinzipien jeder professionellen Beratung angesprochen. Norbert Grewe (2005b) und Franz Knoll (2000) fassen sie in folgenden Punkten zusammen:

wesentliche Prinzipien professioneller Beratung

Grewe

● *Freiwilligkeit*: Der Ratsuchende entscheidet frei, ob er Beratung in Anspruch nehmen will und wer ihn beraten soll. Auch die Fortsetzung der Beratung und die Umsetzung einer gefundenen Lösung liegen in der Entscheidung des Ratsuchenden (vgl. Knoll 2000, S. 52; Grewe 2005b, S. 16; auch Dewe 1998, S. 121).

- *Unabhängigkeit und Unparteilichkeit:* Der Berater soll den Ratsuchenden unterstützen, eine passende Lösung zu finden. Dazu benötigt er ein großes Maß an Unabhängigkeit in Bezug auf das Problem und seine Lösung. Er darf weder abhängig sein von eigenen anderen Rollen noch von Erwartungen und Aufträgen anderer Beteiligter, etwa der Kollegen oder Eltern.
- *Vertrauensverhältnis und Vertraulichkeit* (Knoll 2000, S. 52); *Verschwiegenheit* (Grewe 2005b, S. 17): Ratsuchende können sich dem Berater nur öffnen, wenn sie sicher sein können, dass ihre Äußerungen vertraulich behandelt werden und nur auf ausdrückliche Erlaubnis des Ratsuchenden weitergegeben werden.
- *Professionalität:* Der Berater verfügt über fachliche und beraterische Kompetenzen (vgl. Knoll 2000, S. 53).
- *Beachten der Verantwortungsstruktur:* Institutionalisierte Beratung muss immer beachten, wer wofür verantwortlich ist. Der Berater muss möglichst früh im Prozess die unmittelbar beteiligten bzw. eigentlich zuständigen Personen einbeziehen (vgl. Grewe 2005b, S. 18).

Ziele und Funktionen von Beratung

In fast allen Beiträgen zu Beratung wird als zentrales Ziel formuliert »Hilfe zur Selbsthilfe« (u.a. Schwarzer/Posse 2005, S. 140) zu gewähren. Der Ratsuchende soll in die Lage versetzt werden, seine Probleme selbst zu lösen oder seine Entwicklungsaufgabe zu meistern und dazu die notwendigen Ressourcen zu erschließen.

„Hilfe zur Selbsthilfe"

Die Funktion von Beratungsprozessen besteht in diesem Zielverständnis darin, dem Ratsuchenden zu helfen, sein Problem und die möglichen Ursachen besser zu verstehen und durch eine Veränderung oder Erweiterung seiner Perspektive zu adäquaten Lösungsmöglichkeiten zu kommen. Damit steigert die Beratung die Sicherheit des Ratsuchenden, sich richtig zu entscheiden und richtig zu handeln. Beratung trägt dazu bei, Klarheit über Probleme und Klarheit über Bewältigungsmöglichkeiten zu schaffen. Sie dient der Weiterentwicklung der Problemlösekompetenz.

Beratung kann sowohl präventiv als auch interventiv bzw. kurativ eingesetzt werden (vgl. Sickendiek/Engel/Nestmann 2002, S. 13).

Vor allem im pädagogischen Bereich geht es bei Beratung immer auch um Prävention. Die angebahnten Lernprozesse sollen durch Beratung so unterstützt werden, dass die neu erworbenen oder veränderten Handlungsstrategien auch auf andere Situationen übertragbar sind.

pädagogische Beratung ist immer auch Prävention

Die Struktur von Beratungsprozessen

Beratungsprozesse weisen, unabhängig davon, welche theoretischen Modelle oder definitorischen Richtungen ihnen zugrunde gelegt werden, spezifische Strukturen auf.

Aus den dargestellten Definitionen lassen sich einige Bestimmungsstücke ableiten, die in allen professionellen Beratungsprozessen vorkommen (vgl. Rechtien 1998):

- Beratungsprozesse sind immer zielgerichtet.
- Es besteht eine Vorstellung darüber, wie sich der aktuelle Zustand zum angestrebten Zustand verhält.
- Möglichkeiten zur Veränderung werden mehr oder weniger explizit beschrieben.
- Die Wahrscheinlichkeit, mit der die Zielsetzung durch die vorhandenen Mittel erreicht werden kann, wird mehr oder weniger bewusst eingeschätzt.

drei Teil-prozesse von Beratung

In Beratungsprozessen spielen, wie Schwarzer und Posse ausführen, drei Teilprozesse eine wichtige Rolle (vgl. Schwarzer/Posse 2005, S. 141):

- Information,
- Begleitung,
- Steuerung.

Information

Informationen können dazu dienen, Ursachen und Wirkungen eines Problems besser zu verstehen. Häufig helfen sie dem Ratsuchenden dabei, seinen Horizont zu erweitern, wenn es darum geht, Lösungsmöglichkeiten zu finden. Beratung soll Lernprozesse bewirken. Wären diese Lernprozesse problemlos zu bewältigen, käme in den wenigsten Fällen eine Beratung zustande. Es geht also in der Beratung nicht nur darum, die Richtung der Veränderung in den Blick zu nehmen, sondern die Rat suchende Person darin zu unterstützen, die anvisierten Veränderungen in Angriff zu nehmen und umzusetzen. Die Begleitung richtet sich dabei stark nach den Ressourcen und Bedürfnissen des Ratsuchenden. Steuernd greift der Berater in Beratungsprozesse dadurch ein, dass er Methoden und Ablauf der Beratung vorgibt oder vorschlägt, also mit einem Beratungsarrangement arbeitet. Auch inhaltliche Steuerung kann manchmal notwendig werden, wenn der Ratsuchende zum Beispiel zuvor von ihm als wichtig eingestufte Aspekte übergeht oder wenn er Erfordernisse der direkten oder gesellschaftlichen Umwelt nicht einbezieht.

Begleitung

Steuerung

Schwarzer und Posse betonen, dass alle drei Aspekte immer vorhanden sind, wenn beraten wird. Eine Überbetonung eines Aspekts kann zu

Missbrauch und zu Fehlformen von Beratung führen, wie in folgender Abbildung deutlich wird.

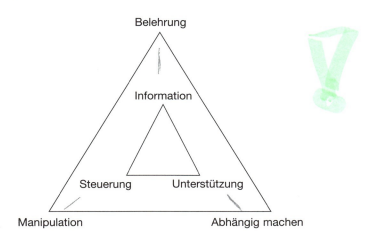

Abb. 1: Funktionen der Beratung und ihre Fehlformen (Schwarzer/Posse 2005, S.142)

Nach Schwarzer und Posse gelingt eine Beratung dann optimal,

> »… wenn die drei zentralen Aspekte der Beratung in einem funktionalen Gleichgewicht zum Beratungsproblem stehen, also wenn hinsichtlich des Problems angemessen informiert, gesteuert und unterstützt wird. Unterschiedliche Probleme erfordern eine unterschiedliche ›Mischung‹ dieser drei Aspekte, eine Schullaufbahnentscheidung wird eher durch Information vorbereitet, Versagensängste eher durch Unterstützung reduziert, unangemessene Erwartungen eher durch vorsichtige Steuerung ›abgekühlt‹. Gelingt diese Mischung aus Information, Unterstützung und Steuerung, dann wird Beratung transaktional. Sie wird einer weiteren ihr zugeschriebenen Funktion gerecht, vorbeugend für zukünftige Problemsituationen zu sein, indem die Ratsuchenden die in der Beratung erworbenen Lösealgorithmen – sich neue Informationen verschaffen oder vorhandene Informationen neu bewerten – auf zukünftige Probleme anwenden. Beratung ist – wenn sie sich diesem Ziel verpflichtet fühlt – eine genuin pädagogische Handlung« (ebenda).

Aus-balancieren der drei Teil-funktionen

Beratungsprozesse vollziehen sich als spezifische Formen von Interaktion oder Kommunikation. Aus diesem Grund stellen Interaktions- oder Kommunikationsmodelle eine wichtige Grundlage dar, um Beratungsprozesse abzubilden.

Kommunika-tionsmodelle

Die Themenzentrierte Interaktion von Ruth Cohn, die für die Arbeit von Gruppen an einem Thema entwickelt wurde, kann Anstöße dafür geben, die Struktur von Beratungssituationen zu verstehen. Dabei wird die von Ruth Cohn modellierte Interaktion zwischen »Ich«, »Wir« und »Thema« im »Globe« (vgl. Cohn 2004, S. 113f.) erweitert um die Dimension des Beraters und der Beraterin. In Beratungssituationen besteht eine Wechselbeziehung zwischen Rat suchender Person, Berater, eventuell der Beratungsgruppe und dem anstehenden Problem. Die Beratungssituation sowie die einzelnen Teilnehmer und das Problem sind eingebunden in situative Kontexte. Aus der Perspektive der einzelnen Beteiligten existiert jeweils ein »Ich«. Als »Wir« kann in Beratungssituationen sowohl die Dyade von Berater und Ratsuchendem als auch eine Beratungsgruppe verstanden werden.

Themen-zentrierte Interaktion nach Ruth Cohn

Zwar steht in Beratungssituationen ein Thema im Mittelpunkt, die Graphik (Abb. 2) verdeutlicht allerdings, dass den Beziehungen der Einzelnen zueinander und zum Thema eine zentrale Bedeutung zukommt. Die Beziehungsebene wird wesentlich gesteuert von Gefühlen. Beziehungen und Emotionen sind deshalb wichtige Komponenten in Beratungssituationen, die es wahrzunehmen und einzubeziehen gilt.

erweitertes Modell

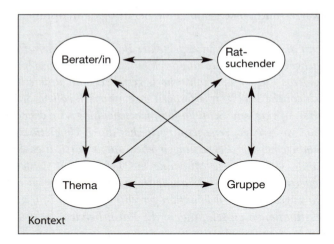

Abb. 2: Struktur einer Beratungssituation

Die Beziehungsebene greifen auch andere Kommunikationsmodelle auf: Friedemann Schulz von Thun geht in seinem Modell davon aus, dass jede Aussage (Nachricht) vier Seiten aufweist – eine Sach-, eine Selbstoffenbarungs-, eine Appell- und eine Beziehungsseite. Durch die verbalen und nonverbalen Anteile sowie den situativen Kontext der Interaktion können diese Seiten vom Sender unterschiedlich gewichtet und vom Emp-

Schulz von Thun

fänger unterschiedlich aufgenommen werden (vgl. Schulz von Thun 1999). Die Kommunikation gelingt, wenn die Anteile so gehört werden, wie sie gesendet wurden. Bei Missverständnissen muss eine Metakommunikation erfolgen, welche die gemeinten und wahrgenommenen Botschaften offen legt.

Paul Watzlawick formuliert fünf Axiome zum Verständnis von Kommunikationsprozessen: Man kann nicht nicht kommunizieren, jede Kommunikation hat einen Inhalts- und einen Beziehungsaspekt; jeder Kommunikationsprozess ist von der Interpunktion der Kommunikationspartner abhängig, d.h. jede Kommunikation weist eine Struktur aus Äußerung, Antwort, Erklärung, Rückfrage usw. auf; jeder Mensch kommuniziert gleichzeitig in digitaler (sprachlicher) und analoger (nonverbaler) Form; Kommunikationsprozesse sind entweder symmetrisch (auf gleicher Augenhöhe) oder komplementär (hierarchisch) strukturiert (vgl. Watzlawick 1985).

Kommunikationsmodell nach Paul Watzlawick

Die Kommunikationsmodelle verdeutlichen, dass die Inhalte einer Kommunikation vor dem Hintergrund der Beziehungen zwischen den Beteiligten verstanden werden müssen. Inhalts- und Beziehungsaspekte stehen in Wechselwirkung. Inhalte können dazu benutzt werden, Beziehungsaspekte zu thematisieren. Die Beziehungsseite gibt häufig Aufschluss darüber, welche Bedeutung die Inhalte für den einzelnen und die Beziehung der Interaktionspartner besitzen.

Beratung zwischen alltäglichem und professionellem Handeln

Wie bereits erwähnt, beraten Menschen sich im Alltag immer wieder, indem sie anderen einen Rat geben oder sich miteinander beraten. Der größte Teil von Problemen, Fragen, Anliegen und Krisen wird im Alltag mithilfe eines informellen sozialen Netzwerks gelöst (vgl. Sickendiek/ Engel/Nestmann 2002, S. 22). Freundinnen sprechen miteinander über Schwierigkeiten mit dem Freund, Eltern beraten mit ihren Kindern über deren berufliche Zukunft, ein Arbeitskollege sucht den Rat eines anderen wegen gesundheitlicher Probleme. Institutionalisierte Formen von Beratung kommen dann ins Spiel, wenn entweder die alltäglichen Netze nicht mehr greifen oder die Beratung mit anderen Dienstleistungen, wie etwa medizinischer Unterstützung oder Rechtsbeistand, gekoppelt ist. Die sozialen Netze greifen dann nicht mehr, wenn die Person über wenige tragfähige Beziehungen verfügt, wenn das Problem zu schwerwiegend ist, die primären Ansprechpartner auch keinen Rat mehr wissen oder wenn die wichtigen Beziehungspersonen in das Problem involviert sind.

alltägliche Beratung in sozialen Netzwerken

Formalisie-rungsgrade von Beratung

Ursula Sickendiek, Frank Engel und Frank Nestmann unterscheiden drei Formalisierungsgrade von Beratung:

Informelle, alltäg-liche Beratung	Halbformalisierte Beratung	Ausgewiesene und stark formalisierte Beratung
Beratung unter Ange-hörigen, Freunden, Kollegen im partner-schaftlichen Gespräch oder kollegialen Aus-tausch.	Beratung als genuiner Anteil unterschiedlicher sozialpädagogischer, psychosozialer, pädago-gischer, medizinischer, juristischer oder seelsor-gerischer Tätigkeit. Die Berater werden als Pro-fessionelle ihres Tätig-keitsfelds angesprochen.	Beratung durch profes-sionelle Beraterinnen mit ausgewiesener Be-ratungskompetenz in Beratungsstellen, Sprechstunden etc.
z.B. Eltern tauschen sich über die Möglich-keiten weiterführender Schulen aus.	z.B. die Lehrkraft zu Motivationsproblemen, die Pfarrerin bei der schweren Krankheit eines Angehörigen.	z.B. Familienberatungs-stellen, Beratungsstellen für Suchtkranke, Schulpsychologische Beratungsstellen.

Abb. 3: Formalisierungsgrade von Beratung (vgl. Sickendiek/Engel/Nestmann 2002, S. 23)

Professionelle Beratung ist also nicht nur dort verortet, wo ausgebildete Beraterinnen und Berater formalisiert ausschließlich Beratung betreiben, sondern auch in vielen Berufen, in denen Beratung als »Querschnittsme-thode« in das berufliche Handeln von Professionellen integriert ist (vgl. Engel/Nestmann/Sickendiek 2004, S. 34) und als Aufgabe neben Betreu-ung, Pflege, Erziehung, Unterricht … wahrgenommen wird.

Professionali-tät in halb-formalisierten Beratungs-situationen

Das weit gefächerte Themen- und Adressatenspektrum macht deut-lich, dass es nicht *die* professionelle Beratung gibt, sondern eine Band-breite an beraterischen Bearbeitungsmöglichkeiten je nach spezifischer Fragestellung.

Beraterische Professionalität lässt sich denn auch nicht inhaltlich ein-deutig festlegen, es können aber Qualifizierungsbereiche angegeben wer-den, welche professionelle von nicht professionellen Beratern abgrenzen. Professionelle Beraterinnen und Berater »benötigen eine handlungs-feldspezifische Wissensbasis und eine feldunspezifische Kompetenzbasis und erst wenn beide vorhanden sind und zusammenwirken, sind zwei notwendige Grundvoraussetzungen professioneller Beratung erfüllt« (ebenda, S. 35).

Engel, Nestmann und Sickendiek sprechen in diesem Zusammenhang von einer »Doppelverortung von Beratung« (ebenda):

> **(1) Beratungs- und Interaktionswissen**
> Kommunikationsmodelle, Handlungsmodelle, Veränderungsmodelle, Kontextmodelle, Prozessmodelle, Beratungsmethodologie, Beratungsmethoden etc.
>
> **(2) Handlungsfeldspezifisches Wissen**
> Faktenwissen zur jeweiligen Problemlage, Kausalmodelle, Interventionsformen, gesetzliche Grundlagen etc.

Abb. 4: Doppelverortung von Beratung (Engel/Nestmann/Sickendiek 2004, S. 34)

Handlungsfeldspezifisches Wissen ist erforderlich, um die jeweilige Problemlage angemessen verstehen zu können. Hierzu ist es notwendig, am fachspezifischen Diskurs (z.B. der Pädagogik, der Pädagogischen Psychologie oder der Fachdidaktik) teilzunehmen. Beispielsweise kann ein Kind mit Schwierigkeiten im Schriftspracherwerb nur angemessen beraten werden, wenn die Lehrkraft die aktuelle Diskussion über Prozesse und Störungen im Schriftspracherwerb kennt. Kenntnisse im fachlichen Bereich sagen aber alleine noch nichts über die Qualität der Beratung aus. Es ist vielmehr erforderlich, dass Beraterinnen und Berater über Wissen und Kompetenzen verfügen, die dazu dienen, dass der Beratungsprozess professionell gestaltet wird und die Kommunikations- und Interaktionsprozesse entsprechend beraterischer Grundlagen verlaufen. Beratungswissen und -kompetenz liefern »einen reflexiven, kommunikativen und prozessorientierten Rahmen von Beratung und sind eigenständiger Teil der jeweiligen professionellen Unterstützung« (ebenda, S. 36).

> Zusammenfassend können als Kennzeichen professioneller Beratung festgehalten werden:
> - methodisches Vorgehen,
> - ein aktiver Lernprozess soll in Gang gesetzt werden,
> - Symmetrie der Berater – Klient – Beziehung,
> - Freiwilligkeit und Eigenverantwortlichkeit als Grundlagen für den Beratungsprozess,
> - die Eigenbemühungen des Ratsuchenden werden unterstützt → Hilfe zur Selbsthilfe,
> - bewusste Wahrnehmung des Problems,
> - Zielrichtung der Veränderung soll sich an Kompetenzen des Ratsuchenden orientieren,
> - der Berater, die Beraterin übt die Beratung als Teil bzw. Schwerpunkt ihrer beruflichen Tätigkeit aus,
> - klares Aufgabenprofil der Beraterin, des Beraters,

Kennzeichen professioneller Beratung

> - Beraterin, Berater verfügt über Wissen und Kompetenzen bezüglich des fachspezifischen Handlungsfelds und bezüglich des Beratungsfelds,
> - klare und transparente zeitliche, räumliche und methodische Struktur.

Grundsätzliches zu Beratung in der Schule

Der Beratungsbedarf an und von Schulen nimmt zu und differenziert sich aus. Begründen lässt sich dieser Zuwachs mit gesellschaftlichen Veränderungen, von denen auch die Schule betroffen ist. Stichworte sind eine wachsende Komplexität, der Wegfall verlässlicher Strukturen und eine zunehmende Differenzierung von Lebensbereichen. Schule lässt sich hierbei unter dem Aspekt der Bildungsinstitution und dem Aspekt der Organisation betrachten. Als Bildungsinstitution muss Schule den veränderten Anforderungen der Gesellschaft und der Arbeitswelt gerecht werden. Jugendliche sollen qualifizierter, eigenständiger und flexibler sein, sind aber gleichzeitig unsicherer, welchen Stellenwert ihre Qualifizierung besitzt. »Schule hat die Aufgabe, der gesellschaftlichen Unsicherheit mit elementaren Veränderungen ihrer Bildungsanforderungen und ihrer Tätigkeiten zu begegnen. Die Menschen benötigen eine andere Form von Bildung durch welche sie in der Lage sind, widersprüchliche Situationen zu reflektieren, eigenständige Entscheidungen zu treffen und darauf aufbauend situationsangemessen zu handeln« (Spindler 1994, S. 499).

Schule als Bildungsinstitution

Als Organisation kann Schule mit den veränderten Anforderungen kaum mehr Schritt halten. Makropolitische Strategien (vgl. Rolff 1993, S. 109) greifen wenig. Von der Bildungspolitik über die Schulbehörden in die Schule transportierte Beschlüsse führen selten zu den gewünschten Ergebnissen, weil sie den Bedingungen und Bedürfnissen der Einzelschule nicht entsprechen, an jeder Schule anders interpretiert und zudem von den Lehrkräften nicht selten abgelehnt werden. Als Antwort auf die wachsenden und sich verändernden Anforderungen und auf die Ineffektivität von Vorgaben von oben, erhalten die Schulen mehr und mehr Autonomie. Im Hinblick auf die gesellschaftlichen Herausforderungen ist Schule zum einen Bildungsinstitution, die den Schülern Antworten auf die Individualisierung geben soll, zum anderen Organisation, die selbst von den Prozessen der Pluralisierung und Individualisierung betroffen ist.

Schule als Organisation

Beratung stellt unter diesen sich verändernden Rahmenbedingungen eine wichtige pädagogische Aufgabe dar und sie wird noch an Bedeutung gewinnen.

Der Auftrag der Schule, junge Menschen zu bilden und zu erziehen, bringt für die Lehrkräfte eine Vielzahl von Beratungsaufgaben mit sich. Sie benötigen aber auch selbst Beratung, um den vielfältigen Aufgaben persönlich, als Kollegium und als Schule institutionell gerecht zu werden. Gleichzeitig wirkt die Struktur und Funktion der Organisation Schule auf das beraterische Handeln von Lehrern, Schulleitungen, Schulsozialarbeitern und externen Beratern ein.

Colleen McLaughlin nennt drei Funktionen schulischer Beratung: eine erzieherische, eine reflexive und eine Fürsorgefunktion (McLaughlin 1999, S. 13). In der erzieherischen Funktion geht es darum, Schüler in ihrer persönlichen und sozialen Entwicklung im Kontext der Schule zu unterstützen. Die reflexive Funktion dient dazu, herauszufinden, welche möglichen Folgen und Beziehungen Aktivitäten im Klassenzimmer und im Schulleben bezüglich der Entwicklung und der mentalen Gesundheit der Schüler haben. Die Fürsorgefunktion der Beratung verweist auf die Verantwortung der in der Schule Tätigen, sich um das Wohl ihrer Schüler zu bemühen. Die genannten Funktionen beziehen sich primär auf die Beratung von Schülern. Betrachtet man sie allerdings genauer, wird schnell deutlich, dass die Verantwortung für das Wohl und die förderliche Entwicklung der Schüler den ganzen Kontext von Schule betreffen und damit auch andere Beratungsaufgaben wie die Beratung mit Eltern, die Weiterentwicklung der Schule, Kollegiale Beratung zur Lösung von Problemen im Unterricht und Ähnliches ansprechen.

drei Funktionen von Beratung: Erziehungsfunktion, reflexive Funktion, Fürsorgefunktion

Beratung dient im schulischen Kontext »dem wirkungsvollen und befriedigenden Lernen, Lehren, Arbeiten und Zusammenleben in der Schule durch die Beteiligung aller mit ihr verbundenen Menschen« (Fachgruppe Schulberatung 1995, S. 9; zit. nach Schwarzer und Posse 2005, S. 140). Wird Beratung in diesem Sinne als pädagogische Aufgabe verstanden, verlässt sie die enge Bindung an konkrete Problemsituationen und wird zu einem Prozess, in welchem Lehrkräfte im Austausch mit ihren Schülern und mit Kolleginnen und Kollegen das Lernen der Schüler, die gemeinsame Arbeit und die wechselseitigen Beziehungen reflektieren und weiterbringen wollen. Gudjons betont, dass eine beraterische Einstellung im Alltag als Ethos einer partnerschaftlichen Haltung der Offenheit und des Interesses für den/die anderen das Schulklima, die Lernerfolge und das Wohlbefinden aller Mitglieder der Schulgemeinschaft fördert und damit Bestandteil eines präventiven Schulmanagements wäre (vgl. Gudjons 2005, S. 7).

beraterische Grundhaltung als Ethos und Bestandteil eines innovativen und präventiven Schulmanagements

Schule ist primär keine Beratungseinrichtung. Ihre Aufgabe besteht darin, Schülerinnen und Schülern Lernen zu ermöglichen und deren persönliche Entwicklung zu fördern. Dieser gesellschaftliche Auftrag prägt die institutionelle Verfasstheit der Schule und das Selbstverständnis der Lehrkräfte. Schulische Beratung ist deshalb von einigen Merkmalen gekennzeichnet, die sie von professioneller Beratung in anderen Einrichtungen und Kontexten teilweise unterscheidet:

Merkmale schulischer Beratung

1.	Lehrkräfte sind (meist) semi-professionelle Berater.
2.	Berater/innen in der Schule sind (häufig) Teil des Systems.
3.	Die Themen der Beratung stammen ebenfalls aus dem System.
4.	Freiwilligkeit als wichtiges Element von Beratung ist nur teilweise gegeben.
5.	Häufig spielen eindeutige oder verdeckte Hierarchien eine Rolle.
6.	Verantwortlichkeiten und Zuständigkeiten sind in vielen Fällen nicht von vornherein klar.
7.	Der zeitliche Rahmen ist meist stark beschränkt.
8.	Rollenkonflikte der Lehrkräfte bestehen.
9.	Möglicherweise divergieren die Zielsetzungen der Beteiligten.

Zu 1.: Lehrkräfte als semi-professionelle Beraterinnen und Berater
Lehrkräfte beraten professionell im Sinne der erläuterten Formalisierungsgrade. Sie sind in einem halbformalisierten Beratungssetting tätig. Das bedeutet, Beratung gehört zu ihren Aufgaben, sie sind aber keine ausgebildeten Berater. Lehrkräfte sind bezüglich der Inhalte der Beratung (z.B. Lernberatung, Schullaufbahn oder Umgang mit Störungen) Profis, häufig allerdings im Hinblick auf die Gestaltung von Beratungssituationen nur ansatzweise geschult.

Zu 2.: Beratende Lehrkräfte sind Teil des Systems
Fast alle Personen, die vorwiegend in der Schule beraten – Lehrkräfte, Schulleitungen, Schulsozialarbeiter, Beratungslehrer – sind Teil des Systems Einzelschule. Auch Schulpsychologen, Pädagogische Berater oder Evaluatoren sind Teil des Schulsystems. Dies bringt den Vorteil, dass die Beratenden den Kontext und eventuell auch das Problem kennen und eine Verständigung leicht möglich wird. Vor allem wenn Lehrkräfte oder Schulleitungen beraten, können aus der Systemzugehörigkeit auch Probleme entstehen. Von den eigenen Erfahrungen und Einstellungen zu abstrahieren, ist eine sehr anspruchsvolle Aufgabe. Eine professionelle Beratung bedarf aber der Distanz des Beraters zum Problem.

Zu 3.: Systemimmanente Probleme
In Zusammenhang damit, dass die an der Beratung Beteiligten häufig alle Mitglieder des Systems sind, stammen auch die Themen der Beratung meist aus diesem. Lehrkräfte beraten sich untereinander, wie mit einer unruhigen Klasse umzugehen ist, Schüler werden beraten, wie sie sich effektiver auf Klassenarbeiten vorbereiten können, die Schulleiterin berät einen Lehrer, wie er klug mit anspruchsvollen Eltern umgehen kann usw. Auch hier gilt, dass die Systemverwandtschaft auf der einen Seite den positiven Effekt hat, dass die Berater mit den Problemen vertraut sind, auf der anderen Seite der negative Effekt eintreten kann, dass die Distanz zur Thematik schwer einzunehmen ist.

Zu 4.: Nur teilweise Freiwilligkeit

Während prinzipiell in der Beratungstheorie davon ausgegangen wird, dass Beratung freiwillig erfolgen muss, ist diese Freiwilligkeit in der Schule häufig nicht gegeben. Vor allem wenn Schüler zum Gespräch gebeten, wenn Eltern in die Schule einbestellt werden oder wenn Lehrer einen beratenden Unterrichtsbesuch der Schulleitung bekommen, erleben diese die Beratungssituation eher als Zwang und sich selbst keineswegs in der Rolle der Ratsuchenden. Es bedarf dann einiges an beraterischem Geschick und an Situationsklärung, diese einseitige Situation aufzulösen und ein grundsätzliches Einverständnis aller Beteiligten mit der Beratungssituation herzustellen.

Zu 5.: Hierarchien

Beratung in der Schule kann angeordnet werden. Dann stellen in besonderem Maße Hierarchien ein Problem dar. Lehrer empfinden Ratschläge der Schulleitung als Anordnungen, Schüler fürchten Sanktionen, wenn sie Vorschläge der Lehrkraft nicht umsetzen. Vielfältige Abhängigkeiten erschweren partnerschaftliche Settings. Auch wenn die Beratenden versuchen, im Beratungsgespräch eine symmetrische Beziehung herzustellen und Hierarchien außen vor zu lassen, beeinflussen die offenen und verdeckten hierarchischen Strukturen der Schule den Beratungsprozess.

Zu 6.: Verantwortung

Das Ziel von Beratung, Hilfe zur Selbsthilfe zu sein, beinhaltet, dass der Berater die Verantwortung für die Lösung des Problems beim Ratsuchenden belässt bzw. bewusst an diesen abgibt. Dies ist im schulischen Raum teilweise schwer zu realisieren. Lehrkräfte haben Verantwortung für das Lernen einzelner Schüler aber auch für die Klasse. Schulleitungen haben Verantwortung für die Schule und diejenigen die darin lehren und lernen. So kann eine Lehrerin es nicht dem Schüler anheim stellen, ob er seine verbalen Aggressionen gegenüber Mitschülern einstellt. Die Schulleiterin kann nur eingeschränkt den Laissez-faire-Stil eines Kollegen dulden. Die Verantwortung für die Schüler und die Schulgemeinschaft bedingen, dass Beratung häufig nur ein Schritt zur Lösung von Problemen sein kann. Wenn dieser Schritt keine Früchte trägt, müssen Sanktionsmaßnahmen folgen. Meist sind die beratenden Personen und diejenigen, welche die Sanktionen verhängen, identisch. Dies ist in den meisten Fällen allen Beteiligten bewusst, sodass Beratungssituationen dadurch beeinträchtigt werden können.

Zu 7.: Eingeschränkter zeitlicher Rahmen

Zu den Besonderheiten von Beratungssituationen in der Schule gehört auch, dass häufig wenig Zeit zur Verfügung steht. Beratungen finden während des Unterrichts, in den Pausen, an Elternsprechabenden oder nach Unterrichtsschluss statt. Wenn Zeitdruck besteht, belastet dies die Beratungssituation. Eingeschränkte Problemanalysen und vorschnelle Lösungen sind die Folge.

Zu 8.: Rollenkonflikte der Lehrkraft

Hinzu kommt, dass Lehrkräfte als Experten für die Sache gerne zu fertigen Lösungsvorschlägen neigen und den Rat suchenden Schülern, Eltern oder Kollegen wenig Möglichkeit bieten, eigene Lösungsideen einzubringen und zu diskutieren. Dahinter verbergen sich auch ungeklärte Rollen und Zielsetzungen von Lehrkräften in Beratungssituationen. Tritt die Lehrkraft eher als wirkliche Beraterin auf oder in einer eher (be-)lehrenden Funktion? Geht es um eine Beratung, eine Information oder die Aufklärung über zu erwartende Sanktionen? Ist der Ausgang offen, oder geht die Lehrkraft mit einem Auftrag in die Beratungssituation (vgl. Grewe 2005b, S. 15)? Diese Fragen müssen geklärt sein, um echte Beratungsgespräche von anderen Gesprächssituationen zu unterscheiden und sich über die eigene Rolle und die eigenen Ziele klar zu werden.

Zu 9.: Divergierende Zielsetzungen

Auch wenn die Lehrkraft sich über ihre Ziele im Klaren ist, können in Beratungsgesprächen divergierende Ziele und damit Zielkonflikte auftreten. Schüler/innen haben häufig das primäre Ziel, möglichst ungeschoren aus dem Gespräch herauszukommen. Eltern möchten vielleicht eher ihre Sorgen oder ihren Frust abladen, als konstruktiv nach gemeinsamen Lösungen zu suchen. Werden Erwartungen und Zielsetzungen nicht geklärt, kann keine befriedigende Beratung erfolgen.

Alle diese Merkmale charakterisieren beraterisches Handeln in der Schule. Sie weisen deutlich darauf hin, dass Beratung in der Schule stark in die institutionellen Bedingungen dieser Bildungseinrichtung eingebettet ist. Lehrkräfte, deren primäre Aufgabe nicht die Beratung ist, die aber dennoch sehr häufig beraten, geraten immer wieder in Konflikte hinsichtlich ihrer Rollen und ihres Professionsverständnisses. Sie können (und wollen teilweise) institutionelle Vorgaben nicht überwinden, kollidieren dann aber mit den beraterischen Elementen ihrer Tätigkeit.

institutionelle Bedingtheit

Widersprüchlichkeit von Schule

Am Thema Beratung zeigt sich, wie an vielen anderen Stellen im Schulalltag, die Widersprüchlichkeit von Schule an sich. Dies wird sich in den konkreten Beratungsfeldern in der Schule immer wieder konkretisieren.

3. Pädagogische und psychologische Grundlagen

Beratung in der Schule stellt ein spezifisches Anwendungsfeld von Beratung mit eigenen Kennzeichen und Funktionen dar. Dieses Anwendungsfeld ist in besonderem Maß in der Schnittmenge von pädagogischen und psychologischen Theorien sowie handlungsleitenden Modellen verortet.

Vielfach wurde und wird Beratung vorwiegend auf den Grundlagen psychologischer bzw. psychotherapeutischer Theorien konzeptualisiert und praktiziert. Immer wieder gab es Versuche, pädagogische, sozialpädagogische und psychosoziale Theorien zu integrieren. Heute etabliert sich Beratung mehr und mehr als wissenschaftliche Disziplin, welche Elemente verschiedener Sozial- und Gesellschaftswissenschaften aufnimmt.

Integration verschiedener theoretischer Grundlagen

In Anlehnung an die »Doppelverortung« von Beratung liegt es nahe, das handlungsfeldspezifische Wissen vorwiegend der Pädagogik und das Beratungs- und Interaktionswissen vorwiegend der Psychologie zuzuweisen. In dem Sinne etwa, dass die Inhalte einer Schullaufbahnberatung (z.B. Leistungsbeurteilung und Aufbau des Bildungssystems) der Pädagogik zugeordnet werden können, während die Modelle der Diagnose und der Gesprächsführung im Bereich der Psychologie angesiedelt sind. Einer solchen Systematisierung ist entgegenzuhalten, dass sowohl im Bereich des Beratungswissens sowie der Beratungskompetenz pädagogische Elemente eine wichtige Rolle spielen und dass im Bereich des handlungsfeldspezifischen Wissens pädagogische und psychologische Theorieansätze ineinander greifen, z.B. wenn es um Konflikte zwischen Schülern geht.

Ineinandergreifen pädagogischer und psychologischer Theorieansätze

Rahmenkonzeption einer schulpädagogischen Beratungstheorie

Beratung gehört zu den grundlegenden Formen pädagogischen Handelns (vgl. Aurin 1984, S. 13; Engel 2004, S. 103).

Beraten als pädagogisches Handeln

Eine eigenständige Theorie pädagogischer Beratung gilt es noch zu entwickeln. Bisher hat sich »hier ein Arbeitsfeld der Pädagogik quasi naturwüchsig entwickelt, dessen systematische Reflexion noch aussteht; dies ist im Zusammenhang zu sehen mit grundsätzlichen Defiziten bezüglich einer genuin pädagogischen Beratungsforschung und einer entsprechenden Theoriebildung« (Dewe 1998, S. 123). Vorliegende Ansätze befassen sich unter anderem damit, eine Unterscheidung zwischen Beratung, Therapie und Erziehung zu treffen. Diese Unterscheidungsversuche haben das Ziel, den häufig schwammig und ausgedehnt verwendeten Beratungsbegriff klarer zu umreißen und Beratungsfelder gegenüber psychotherapeutischen einerseits und erzieherischen Feldern andererseits abzugrenzen. Vor allem im sozialpädagogischen Bereich sind hier in den vergangenen zwei Jahrzehnten theoretische Weiterentwicklungen und eigenständige Konzeptionalisierung sozialpädagogischer und psychosozialer Beratung zu beobachten (vgl. Sickendiek/Engel/Nestmann 2002).

Konkurrenz von Pädagogen und Psychologen auf dem Beratungsmarkt

Es darf nicht übersehen werden, dass die Versuche, unterschiedliche pädagogische und psychologische Dimensionen von Beratung auszumachen, deutliche professionspolitische Motive beinhalten. Auf dem freien Beratungsmarkt – aber auch im schulischen Bereich – konkurrieren pädagogisch und psychologisch ausgebildete Professionelle um Aufgabengebiete und damit Arbeitsmöglichkeiten. In der Schule bedeutet dies, dass gerade in Beratungsaufgaben Personen mit unterschiedlicher Profession, z.B. Lehrkräfte, Schulsozialarbeiter/innen und Schulpsychologen/-psychologinnen miteinander kooperieren können, andererseits aber auch Konkurrenz und Unklarheit in den Aufgaben entstehen.

bisher wenig Beschäftigung der Erziehungswissenschaft mit schulischer Beratung

Die Konkurrenz auf dem Beratungsmarkt hat dazu geführt, dass in außerschulischen Arbeitsfeldern, etwa in der Sozialpädagogik, eigene Konzepte pädagogischer Beratung entwickelt wurden, während für den schulischen Bereich Beratung in der erziehungswissenschaftlichen Debatte nach wie vor randständig ist (vgl. Engel 2004, S. 104). Das geringe Interesse von (Schul-)pädagoginnen und -pädagogen an Beratung hängt vielleicht damit zusammen, dass in der Schulpraxis das explizite Beratungsfeld vorwiegend von Schulpsychologen und Beratungslehrern bedient wird, wobei Letztere meist durch Schulpsychologen ausgebildet werden. Erst in jüngster Zeit wird durch veränderte Rahmenbedingungen und veränderte Aufgabenzuschreibungen für Schulen und Lehrkräfte verstärkt in der Erziehungswissenschaft zur Kenntnis genommen, dass jede Lehrkraft in ihrer pädagogischen Funktion beraterisch tätig ist und sein muss.

Trotz des angesprochenen Theoriedefizits lassen sich Momente festmachen, die Beratung in der Schule als pädagogische Handlungsform ausweisen.

Bereits 1965 spricht Mollenhauer davon, dass Beratung ein »charakteristischer Bestandteil der Tätigkeit des Pädagogen« und »eine wesentliche Funktion jedes pädagogischen Erziehens« (Mollenhauer 1965, S. 58) sei. Seit den 1980er-Jahren wird zunehmend betont, dass beratende Aktivitäten in der Erziehung eine wichtige Rolle spielen. Ging es im schulischen Bereich zunächst vor allem darum, Lern- und Erziehungsschwierigkeiten zu beheben und Kinder und Jugendliche in Entscheidungen ihres Bildungs- und Berufsweges zu unterstützen, wurde zunehmend erkannt, dass Beratung eine Handlungsform darstellt, die wesentlich dazu beiträgt, junge Menschen in ihrer Entwicklung zu begleiten. Dabei gehen Beratung und Erziehung nicht ineinander auf, wie etwa Hofer herausstellt, wenn er zu Recht konstatiert, dass Beratung eine kurzfristige Maßnahme darstellt, um eine aktuelle Aufgabe zu bewältigen, während Erziehung langfristig angelegt ist und darauf zielt, Wissen, Verhalten und Normen zu vermitteln (vgl. Hofer 1996, S. 15). Beratung sollte nicht synonym zu Erziehung verwendet werden, vielmehr kann Beratung als eine wesentliche Möglichkeit verstanden werden, erzieherisch tätig zu sein. Es muss jedoch herausgestellt werden, dass erzieherisches Handeln häufig beratend ist bzw. sein sollte.

Beratung ist Teil erzieherischen Handelns

Als wesentliche Ziele heutiger Pädagogik in der Schule werden Eigenverantwortung, Autonomie und Selbstständigkeit genannt. Die Aufgabe der Schule besteht darin, Schülerinnen und Schüler zu selbstbewussten und eigenständigen Menschen, die autonom und verantwortlich an der Gesellschaft teilhaben können, zu erziehen und zu bilden. In der bildungstheoretischen Diskussion formuliert Klafki: »Bildung muss m.E. heute als selbsttätig erarbeiteter und personal verantworteter Zusammenhang dreier Grundfähigkeiten verstanden werden:

- als Fähigkeit zur Selbstbestimmung jedes Einzelnen …,
- als Mitbestimmungsfähigkeit …,
- als Solidaritätsfähigkeit …« (Klafki 1990, S. 95).

Betrachtet man die zentralen Begriffe des Bildungs- und Erziehungsauftrags der Schule, fällt auf, dass deutliche Parallelen zur Zielsetzung in Beratungsprozessen zu finden sind. Beratung will mit ihrer Maxime »Hilfe zur Selbsthilfe« im Hinblick auf konkrete Aufgaben oder Problemsituationen erreichen, dass der Ratsuchende fähig wird, die Herausforderung selbstständig zu meistern und Verantwortung für seine Entscheidung und sein Handeln zu übernehmen. Autonomie im Sinne der »Nicht-Bevormundung« (Dewe 1998, S. 128) kommt dem Ratsuchenden sowohl dahingehend zu, dass er entscheidet, welche Deutungen und Erklärungen seiner Situation er für sich akzeptiert, als auch dahingehend, welche Lösungsvorschläge er annimmt und realisieren will.

Selbstbestimmung als Schnittmenge von Bildung und Beratung

Auch wenn Beratung zunächst vorwiegend auf die Selbstbestimmungsfähigkeit abhebt, geht es in vielen Beratungsprozessen außerdem darum, den Einzelnen zu unterstützen, aktiv an der Gesellschaft insgesamt, bzw. an gesellschaftlichen Gruppen, teilzuhaben und mitzuwirken. Mitbestimmung und Solidaritätsfähigkeit spielen vor allem in Beratun-

schulische Beratung zielt auch auf Mitbestimmung und Solidarität

gen eine Rolle, in denen es um Konflikte, um Teamentwicklung oder Schulentwicklung geht.

Parallelen zwischen Lehr-Lern- und Beratungsprozessen

Neben Parallelen auf der bildungstheoretischen Ebene weist auch das heutige Verständnis von Lernen Bezüge zu Beratung auf. Spätestens seit dem Übergang ins 21. Jahrhundert wird nicht nur in der Erziehungswissenschaft sondern zunehmend auch in der schulischen Praxis davon ausgegangen, dass Lernen nicht durch Wissensvermittlung zu erreichen ist, sondern einen vom Individuum selbst gesteuerten Prozess darstellt. Lernen kann nicht von außen „gemacht« werden, es bedarf eines eigenen Antriebs und eigener Strategien der Lernenden. Die Lehrkraft kann die Lerninhalte nur bereitstellen, die Auswahl, die Rekonstruktion und die Aneignung der Inhalte geschieht durch die Schüler. Diese Sichtweise verändert die Relation zwischen Lehrenden und Lernenden. Lehr-Lern-Prozesse weisen in diesem Verständnis deutliche Parallelen zu Beratungsprozessen auf. Die von Schwarzer und Posse beschriebene Differenzierung von Beratung in Prozesse der Information, der Unterstützung und der Steuerung (vgl. Kap. 2) kann schulisches Lernen durch innovative Lernformen ebenfalls beschreiben. Lehrkräfte stellen Inhalte zur Verfügung, steuern die Lernprozesse, indem sie Lernumgebungen gestalten, und unterstützen die Lernenden individuell in ihren Lernfortschritten.

Huschke-Rhein (1998) greift in seinem Buch *Systemische Erziehungswissenschaft – Pädagogik als Beratungswissenschaft* auf ein konstruktivistisch-systemisches Verständnis von Lernen und Entwicklung zurück. Ausgangspunkt bildet das Theorem der Selbstorganisation.

»Selbstorganisation bezieht sich [...] auf die Entwicklung der Kompetenz der Systemsteuerung in den drei anthropologischen Grundsystemen: im biologisch-körperlichen System, im psychischen System und im sozialen System sowie auf die systematische Vernetzung dieser drei Systeme untereinander. Das Selbstorganisationstheorem besagt aber auch, dass kein Erzieher direkt in das Gehirn, in die Seele oder allgemein in die Persönlichkeit eines anderen eingreifen kann, sondern nur indirekt: Jede Erziehungsmaßnahme erhält damit den Charakter eines Angebots, das angenommen oder abgelehnt oder verändert werden kann« (ebenda, S. 26).

Die Hauptaufgabe besteht darin, bildungsrelevante Kontexte für die Entwicklung eines Menschen oder einer Gruppe zu organisieren. Diese systemische Auffassung enthält ein Paradox: Die Weiterentwicklung der Selbststeuerung soll durch Fremdsteuerung unterstützt werden. Dieses Paradox zeigt sich nicht nur in der theoretischen Diskussion. Lehrkräfte werden täglich damit konfrontiert, wenn sie zum Beispiel versuchen, ihre Schüler zur Selbstständigkeit anzuleiten oder ihnen Verantwortung zu übergeben, dabei aber selbst die Gesamtverantwortung behalten.

Für Huschke-Rhein bedeutet pädagogisches Handeln deshalb, eine Entwicklung zwischen der Stabilität erwartungskonformen Verhaltens und der möglichen Instabilität selbst gesteuerter chaotischer Entwicklungen auszubalancieren. Dies gilt sowohl für personale Bildungsprozesse als auch für professionelles Handeln im organisatorischen Rahmen pädagogischer Systeme (ebenda, S. 34). Erzieherisches Handeln kann sich, bedingt durch gesellschaftliche Entwicklungen, nicht mehr auf Autorität und Macht stützen, sondern muss die wachsende Autonomie der zu Erziehenden bzw. zu Bildenden einbeziehen. Das Verständnis von Bildung und Erziehung als Unterstützung der Entwicklung zur Selbstorganisation und -steuerung sowie die gesteigerte Autonomie der Subjekte bedingen einen veränderten Erziehungsbegriff. Lehrkräfte geben Entwicklungsimpulse und beraten die Lernenden, wie sie diese nutzen sollen. Die Aktivitäten Erziehung, Bildung und Beratung sieht Huschke-Rhein dabei als Kontinuum von der Fremdsteuerung hin zur Selbststeuerung. Beratung ist in diesem Verständnis eine genuin pädagogische Handlung, die Elemente der Steuerung und Unterstützung enthält. Mit diesem Verständnis von Erziehung und Bildung verbindet sich eine neue Definition der eigenen Berufsrolle und der damit verbundenen Aufgaben. Begriffe wie Berater oder Lernbegleiterin werden nicht mehr allein auf der methodischen Ebene offener Unterrichtsformen angesiedelt, sondern prägen schulische Arbeit insgesamt.

> **selbst gesteuertes Lernen: Impulse und Lernberatung**

> **Lehrer ist Berater und Lernbegleiter**

Einen anderen Blickwinkel auf Beratung wählt Huber (1990). Er geht vom Beratungsprozess aus und plädiert dafür, Beratung als Lehr-Lern-Konzeption zu beschreiben (Huber 1990). Dabei bezieht er sich nicht auf ein bestimmtes Verständnis von Lernen, sondern hat die ganze Bandbreite der Lerntheorien im Blick. Beratung in Lehr-Lern-Kategorien zu fassen, liegt nahe, da es bei Beratung immer darum geht, Verhalten oder Erleben zu verändern, also etwas zu lernen, umzulernen oder neu zu lernen. Dabei kommen, wie Huber am Beispiel einer psychoanalytisch orientierten Beratung aufzeigt, verschiedene Lernprinzipien, wie sie auch für schulisches Lernen charakteristisch sind, zum Tragen. Hierzu zählen z.B. Verstärkungslernen, Modelllernen, Lernen durch Einsicht (vgl. Huber 1990, S. 49ff.). Das Verständnis von Beratungsprozessen als Lernprozesse kann Lehrkräften, die sich primär mit Lernen befassen, helfen, die Mechanismen pädagogischer Beratung zu verstehen und in ihre Arbeit zu integrieren.

> **Beratungsprozess ist selbst Lernprozess**

Lehrkräfte wie Beratungspersonen stellen ihr wissenschaftliches Wissen (fachliches Wissen und pädagogisches bzw. psychologisches Wissen) zur Verfügung. Sie gestalten mit ihrer didaktischen und/oder (beratungs-) methodischen Kompetenz Prozesse, die es den Lernenden, den Ratsuchenden ermöglichen, subjektiv bedeutsames Wissen anzueignen und lebensweltbezogen zu handeln (vgl. Abb. 5). Im schulischen Unterricht wie in der Beratung stellt sich die Frage, wie der Transfer von neu erworbenem Wissen bzw. neuen Einsichten in alltagsrelevante Denk-, Entscheidungs- und Handlungszusammenhänge angebahnt werden kann.

Parallelität der Expertenaktivitäten

Schüler/in	Erwerb von Wissen	Entwicklung von Kompetenzen, Transfer
	↑	↑
Lehrkraft im Unterricht	fachlich	didaktisch
	Expertenwissen	Prozesskompetenz
Berater/in	pädagogisch-psychologisch	beratungs-methodisch
	↓	↓
Ratsuchende/r	Verständnis der Situation	Exploration, Entscheidung, Umsetzung

Abb. 5: Expertenaktivitäten und intendierte Lern- bzw. Beratungsprozesse

Die Expertenaktivitäten von Lehrkräften und Beraterinnen bzw. Beratern versuchen, Veränderungsprozesse in Gang zu setzen. Immer geht es dabei um die Integration neuer Wissensbestände und um die Entwicklung neuer Handlungsmöglichkeiten. Um diese Lernprozesse in Gang zu setzen, werden Lernumgebungen gestaltet. Eine professionell gestaltete Beratung kann ebenso als didaktisches Arrangement verstanden werden wie eine Unterrichtssequenz. Folgende ähnliche Prozessstrukturen lassen sich aufzeigen:

Ähnlichkeit der Prozessstrukturen von Beratung und Unterricht

Beratung	Unterricht
Aufgabe/Problem	Thema
Beratungsmodell	didaktisches Modell bzw. Unterrichtskonzeption
Beratungskonzept	didaktisches Arrangement
konkrete Inhalte der Beratung	konkrete Unterrichtsinhalte
(Beratungs-)Methoden	(Unterrichts-)Methoden
(Gesprächsführungs-)Techniken	Handlungsmuster

Abb. 6: Formale Analogien von Beratung und Unterricht

Diese vergleichbaren Strukturmerkmale können Lehrkräften helfen, ein pädagogisches Verständnis von Beratung aufzubauen und Beratungsprozesse bewusst zu gestalten.

schul-
pädagogischer
Beratungs-
begriff

Eckpunkte eines schulpädagogisch akzentuierten Beratungsbegriffs:

Schulisches Lernen und Beratung weisen eine Reihe an Analogien auf, die es erlauben, schulpädagogische Elemente einer Beratungstheorie zu formulieren:

- Gesellschaftliche wie schulische Veränderungen bedingen heute ein verändertes Verständnis von Lernen, Erziehung und Bildung. Lehrkräfte sind dadurch mit anderen Aufgaben und anderen Erwartungen konfrontiert. Beratung ist eine wesentliche Handlungsform, diesen Aufgaben gerecht zu werden.
- Beratung verfolgt wie Unterricht das genuine Ziel, das Individuum in seiner persönlichen Entwicklung zu fördern und es zur Teilhabe an der Gesellschaft zu befähigen. Beratung hat die Funktion, Lernprozesse in Gang zu setzen und zu unterstützen. Zwar sind die Lerninhalte in Unterricht und Beratung nicht deckungsgleich, hier wie dort spielen allerdings Strategiewissen, Problemlösekompetenz und Transfer in (andere) Alltagssituationen eine Rolle. Die gleichen Lernprinzipien kommen vor.
- Schließlich stellen Unterricht wie Beratung durch Experten bewusst gestaltete Lernsituationen dar.
- Beratungstheorien wie schulpädagogische Konzepte gehen heute in wesentlichen Teilen von den gleichen theoretischen Grundlagen aus. Hierzu zählen konstruktivistische und systemische Ansätze, Menschenbildannahmen der humanistischen Psychologie, kommunikationspsychologische Erkenntnisse sowie sozialwissenschaftliche Methoden, die der Diagnose, der Evaluation und der Forschung dienen.

**Abgrenzung
und Gefahr**

Bei aller Parallelität muss allerdings beachtet werden, dass unterrichtliches Lernen und schulische Beratung nicht ineinander aufgehen. Die Themen und Inhalte von Beratungssituationen unterscheiden sich von unterrichtlichen Themen und Inhalten vor allem dadurch, dass sie in völlig anderem Maß persönlich betreffen. Die persönliche Betroffenheit macht in der Beratung häufig andere konzeptionelle und methodische Zugänge notwendig.

Schließlich muss auf eine Gefahr hingewiesen werden, Beratung als Lehr-Lern-Prozess zu verstehen: Lehrkräfte, die Lehren und Lernen im Unterricht vorwiegend als Vermittlung von Wissen, als Unterweisung verstehen und praktizieren, könnten durch diese Parallelität dazu verführt werden, Beratung ebenfalls als Unterweisung durchzuführen und hier wie dort die Eigenständigkeit und Selbstverantwortung der Lernenden bzw. Ratsuchenden zu untergraben.

Psychologische und psychotherapeutische Grundlagen der Beratung

Die Anfänge der Beratung in der Schule, in denen vor allem Berufsberatung und Bildungsberatung zentral waren, arbeiteten vorwiegend mit »trait and factor«-Ansätzen (vgl. u.a. Benz/Caroli 1977). Diese Ansätze waren medizinisch bzw. klinisch-psychologisch fundiert und wandten testdiagnostische Verfahren an. Als Grundlage der Beratung diente die Messung und Erfassung von Persönlichkeitsfaktoren aus denen direkte »objektive« Konsequenzen abgeleitet wurden. In den 1970er-Jahren nahm die Kritik an diesen technisch und medizinisch geprägten Vorstellungen zu und die Bedeutung von Beratungsansätzen, die aus psychotherapeutischen Schulen abgeleitet waren, wuchs.

Verhältnis von Beratung und Psychotherapie

Innerhalb der Psychologie ist das Verhältnis zwischen Psychotherapie und Beratung teilweise gespannt, teilweise undurchsichtig. Viele therapeutische Richtungen haben Beratungsansätze generiert. Dabei wird häufig Beratung als kleine Therapie verstanden. Sie wird bei weniger schwerwiegenden Problemen angewandt, ist kürzer und weniger zeitintensiv und wird teilweise von weniger professionellen Personen (aus Sicht der klinischen Psychologie) durchgeführt. In dieser Vorstellung haftet der Beratung etwas Defizitäres an.

In Abgrenzung zu diesem Konzept von Beratung hat sich in den angloamerikanischen Ländern die »counseling psychology« als eigenes Wissenschafts- und Praxisfeld etabliert, das Theorie und Praxis von Beratung hin zu einer stärkeren Souveränität außerhalb »quasi-therapeutischer« Konzepte erweitert (vgl. Sickendiek/Engel/Nestmann 1999, S. 27). So schlägt etwa Feltham in seinem Beitrag »counselling studies« vor, einen eigenständigen interdisziplinären Studiengang für Beratung zu etablieren, der von Studierenden medizinischer, pädagogischer, seelsorgerischer, wirtschaftsbezogener oder juristischer Fächer parallel zum ersten Studium belegt werden soll, und sich von psychologischen oder psychotherapeutischen Ausbildungen wie von Beratungstrainings abhebt (vgl. Feltham 2001). Als wichtige Merkmale einer solchen Disziplin nennt er den Fokus auf die individuelle Person, Interdisziplinarität, humanistische Werte, angewandte und theoretische Dialektik, eine kritische Grundhaltung und eine dynamische Natur (ebenda, S. 111). Ein solcher Vorschlag hebt die Wichtigkeit von Beratung für verschiedene Berufszweige hervor. Gleichzeitig zeigt er auf, dass Beratung, die jenseits einer Kurztherapie ganz andere Funktionen erfüllt, auch auf eine erweiterte theoretische Basis gestellt werden muss und kann.

„counselling studies" als eigenständige wissenschaftliche Disziplin

Im Folgenden werden psychologische und psychotherapeutische Ansätze dargestellt, die für pädagogische Beratung relevant sind. Für die hier angestrebte Kurzdarstellung der verschiedenen Schulen möchte ich mich vorwiegend auf die folgenden vier Ebenen konzentrieren:

- Grundannahmen einschließlich Menschenbildannahmen
- Beratungstheorie
- Praxeologie
- Relevanz jedes Ansatzes für die schulische Beratung

**Kurz-
darstellung auf
vier Ebenen**

Die Auswahl der Beratungsansätze richtet sich zum einen danach, welche Schulen in der historischen Entwicklung bedeutsam waren und zum anderen, welchen Einfluss und welche Verbreitung die Ansätze im schulischen Beratungsfeld besitzen. Ähnliche Zusammenstellungen finden sich etwa bei Rechtien (1998), bei Krause, Fittkau, Fuhr und Thiel (2003) oder bei Nestmann, Engel und Sickendiek (2004).

Psychoanalytisch und tiefenpsychologisch orientierte Beratung

Tiefenpsychologie und Psychoanalyse gehen auf die Arbeiten von Sigmund Freud zurück. Auch wenn der Beitrag der Psychoanalyse für schulische Beratung als gering einzustufen ist (s.u.), wird dieser psychotherapeutische Ansatz hier als erster dargestellt, da er »ein Ausdruck unseres westlichen Denkens ist und dieses im letzten Jahrhundert in hohem Maße, insbesondere was Psychotherapie und Beratung betrifft, geprägt hat und eine Basistheorie für alle verstehenden Beratungsverfahren darstellt« (Krause/Fittkau/Fuhr/Thiel 2003, S. 96).

**Sigmund
Freuds Grund-
gedanken**

 Freud sah in der Psychoanalyse sowohl ein Verfahren zur Analyse schwer zugänglicher psychischer Vorgänge als auch eine Behandlungsmethode. Schüler von Freud entwickelten teilweise eigene tiefenpsychologische Ansätze wie etwa Alfred Adler die Individualpsychologie. Die Weiterentwicklung tiefenpsychologischer Schulen dauert bis heute fort und hat eigene Beratungsansätze hervorgebracht.

Menschenbildannahme und Persönlichkeits- und Entwicklungstheorie
In der Psychoanalyse wird der Mensch als stark von unbewussten Trieben gesteuert angenommen. Freud wendet sich damit gegen das Bild der aufgeklärten Persönlichkeit, die ihr Verhalten rein auf der bewussten Ebene kontrolliert. Viele vernünftige Tätigkeiten, wie etwa die Tätigkeit als Lehrer, können in tiefenpsychologischer Sicht auch ganz anderen Zielen als der Unterstützung junger Menschen dienen, bei Freud z.B. narzisstischen Strebungen oder bei Adler der Kompensation von Minderwertigkeitsgefühlen.

**unbewusste
Antriebe**

Die Psychoanalyse nimmt ein dreischichtiges Modell der Person aus Unbewusstem, Vorbewusstem und Bewusstem an. Im Alltag denken und agieren wir vor allem im Bereich des Bewussten. Das Vorbewusste, in dem sich Elemente wie unsere heimlichen Wünsche, Bedürfnisse, Ängste befinden, ist im Alltag häufig nicht präsent, ist aber grundsätzlich zugänglich. Das Unbewusste als erstes und ältestes System ist der Bereich der Triebe, der Quell von Bedürfnissen und Ängsten. Darüber hinaus beinhaltet es auch Elemente, die aus anderen Persönlichkeitsbereichen ins Unbewusste verdrängt wurden, weil als bedrohlich oder unerfüllbar erlebt. Inhalte des Unbewussten beeinflussen das Erleben und Handeln, sind aber nur schwer mithilfe psychotherapeutischer Methoden zu erreichen.

Unbewusstes, Vorbewusstes, Bewusstes

Als zweites Element seiner Persönlichkeitstheorie ist Freuds Unterteilung in Es, Ich und Über-Ich bekannt geworden. Das Es gilt als Quelle der psychischen Energie. Seine Funktion besteht vor allem darin, die primären Triebe und Bedürfnisse zu befriedigen. Um dies zu erreichen, benötigt das Es die Unterstützung des Ich. »Die wichtigsten Funktionen des Ichs sind neben der Wahrnehmung das Denken, Erinnern, Fühlen und das Planen und Steuern von Handlungen ... es folgt dem Realitätsprinzip« (ebenda). Im Über-Ich sind Werte, Normen und Regeln repräsentiert. Als Gewissen besitzt das Über-Ich eine beschränkende Funktion, als Ich-Ideal eine orientierende.

Es, Ich und Über-Ich

> Jede Person ist in einem fortwährenden dynamischen Prozess damit beschäftigt, im Ich die Bedürfnisse des Es und die Ansprüche der äußeren Realität wie des Über-Ichs auszubalancieren. Unbewusste, vorbewusste Elemente beeinflussen die bewusste Steuerung des Verhaltens. Aus diesen Prozessen können Konflikte und Störungen entstehen.

Beratungstheorie und Praxeologie

Ziel der tiefenpsychologischen Intervention ist es, unbewusste Ursachen von Symptomen ins Bewusstsein zu bringen und zu klären. Es wird davon ausgegangen, dass diese Klärung entscheidend und hinreichend ist, Verhalten zu verändern. Auf der Grundlage eines vertrauensvollen Arbeitsbündnisses werden für die Intervention vor allem Prozesse der Deutung, der Übertragung und der Arbeit mit Widerständen eingesetzt. Mit diesen Prozessen zu arbeiten, erfordert ein hohes Maß an therapeutischem Können. Tiefenpsychologische Therapien dauern häufig mehrere Jahre.

Veränderung durch Bewusstmachen und Klären von unbewussten Ursachen

Rechtien weist darauf hin, dass es bislang wenige Konzeptionen psychoanalytischer Beratung gibt. Sie werden im Wesentlichen als verkürzte Therapie aufgefasst. Besondere Aufmerksamkeit finden die Ansätze von Houben und Lüders, die eher im Bereich klinisch-psychologischer Arbeit angesiedelt sind, und von Junker, der eher der Sozialarbeit zuzurechnen ist. Die Darstellung dieser Ansätze würde hier zu weit führen. Sie können ausführlich nachgelesen werden bei Rechtien (1998). Das klassische Feld tiefenpsychologischer Beratung stellt seit den Anfängen die Erziehungsberatung dar. Die Charakteristika psychoanalytisch-pädagogischer Beratung sind dabei vor allem, dass sich die Beraterin bemüht, einen Zugang zur inneren Welt der Beteiligten zu finden, ein gutes Arbeitsbündnis soll das Zustandekommen positiver Übertragungen erleichtern, die Beraterin bemüht sich, auf eigene Gefühle zu achten und deren Bedeutung zu verstehen, der Fokus der Arbeit ist auch darauf gerichtet differenzierte Überlegungen anzustellen, was Kinder und Jugendliche zukünftig für ihre Entwicklung benötigen (vgl. Datler/Steinhardt/Gstach 2004, S. 617).

Psychoanalytische Beratung

Die am breitesten ausgebaute Form psychoanalytischer Beratung stellt die Supervision dar. Hier greifen Entwicklungen der Sozialarbeit in angloamerikanischen Ländern und Traditionen der Supervision von Therapeuten ineinander. Am populärsten ist vermutlich der Ansatz des Analytikers Michael Balint, der Supervision mit Fürsorgerinnen und Ärzten in Gruppensettings etablierte, um Professionelle zu befähigen, emotionale Probleme im Beruf besser zu bewältigen (vgl. ebenda). Es wird davon ausgegangen, dass sich zentrale Elemente des »Falles« durch die Bearbeitung in der Gruppe aktualisieren und damit bearbeitbar werden.

Supervision und Organisationsberatung

Auch in der Organisationsberatung finden psychodynamische Ansätze inzwischen Anwendung. Sie richten ihren Blick auf die unbewussten dynamischen Prozesse und irrationalen Kräfte in Organisationen. Dabei werden nach Lohmer (2000, S. 13) psychoanalytische und systemische Erkenntnisse verknüpft. Der Blick wird insbesondere auf den Umgang mit Risiken, Zwängen und Grenzen und die in der Organisation herrschenden Bewältigungs- und Abwehrstrategien gerichtet.

Die Bedeutung des psychoanalytischen Ansatzes für Beratung in der Schule

Tiefenpsychologische Verfahren arbeiten vorwiegend mit unbewussten Regungen und Motiven. Sie setzen dafür psychodynamische Verfahren ein, die es ermöglichen, in tiefere Schichten der Persönlichkeit vorzudringen. Darin liegt die Gefahr, für den Ratsuchenden sehr belastende Prozesse auszulösen. Fittkau rät deshalb in der pädagogischen Beratung mit tiefenpsychologischem Wissen äußerst zurückhaltend umzugehen (Krause u.a. 2003, S. 96).

Vorsicht mit psychodynamischen Verfahren in der Schule

Die Arbeit mit dem Beziehungsgeschehen in der Beratung spielt in der psychoanalytischen Beratung eine große Rolle (vgl. Datler/Steinhardt/Gstach 2004, S. 615). Dies setzt ein hohes Maß an (tiefenpsychologisch geschulter) beraterischer Kompetenz voraus. Beratungsanlässe in der Schule, die von Lehrkräften wahrgenommen werden, sind hierzu nicht geeignet. Die Beziehung zwischen Ratsuchenden und beratender Lehrkraft wird eher belasten, wenn die Lehrkraft versucht, unbewusste Bedeutungen zu ergründen oder gezielt auf die Beratungsbeziehung einzuwirken. Der Schaden für die Beziehungsgestaltung ist größer als der Wahrheitsgewinn durch den analytischen Tiefenblick (vgl. Krause u.a. 2003, S. 96).

Bedeutung am ehesten in der Supervision zur Klärung von Beziehungen

Eine höhere Bedeutung kommt tiefenpsychologisch orientierten Methoden in der Supervision zu. Unter Voraussetzung einer Vertrauensbasis können tiefenpsychologische Ansätze und Verfahren von Nutzen sein, sofern der Supervisor bzw. die Supervisorin hierzu ausgebildet ist.

In einer psychodynamisch orientierten Organisationsberatung kann für Schulen die Chance liegen, vor allem mit Widerständen und Abwehr angemessen umzugehen und der hohen Beanspruchung der eigenen Person in der Arbeit mit anderen Menschen gerecht zu werden.

Verhaltenstheoretisch-kognitiv orientierte Ansätze

Grundannahmen

Verhaltenstheoretische oder -therapeutische Ansätze stehen in der Tradition der behavioristischen Lerntheorie. Aus diesem Grund wird auch von behavioraler Beratung gesprochen. In der psychologischen Landschaft stellte die behavioristische Lerntheorie lange Zeit einen Gegensatz zur Tiefenpsychologie dar. Zwei Lernprinzipien sind zentral: das klassische und das operante Konditionieren.

klassisches Konditionieren

Beim klassischen Konditionieren wird ein zunächst neutraler Reiz mit einem Reiz, der positive oder negative Gefühle auslöst, verknüpft. Die Verknüpfung kann entweder dadurch zustande kommen, dass der unkonditionierte Reiz traumatisches Ausmaß hat, oder dass ständig eine Kopplung stattfindet. Diese Lernform wurde zuerst von Iwan Pawlow beschrieben, dessen Hundeversuche legendär sind.

operantes Konditionieren

Beim instrumentellen oder operanten Konditionieren, das vor allem mit Burrhus F. Skinner in Verbindung gebracht wird, wird ebenfalls eine Reiz-Reaktions-Kette angenommen. Ihre Festigung wird dadurch erzielt, dass auf die Reaktion ein positives Erlebnis folgt. Die positive Verstärkung kann dabei sowohl darin bestehen, dass eine Belohnung (z.B. ein Lob) eintritt als auch darin, dass ein negativer Zustand vermindert wird. So könnte etwa eine bevorstehende Klassenarbeit Angst auslösen. Der Schüler schwänzt die Klassenarbeit. Sein Schwänzen (Reaktion) wird durch das Wegfallen der Angst (negative Verstärkung) verstärkt. Eine besondere Bedeutung kommt der Regelmäßigkeit der Verstärkung zu. In Versuchen konnte gezeigt werden, dass eine unregelmäßige Verstärkung lernwirksamer ist als eine regelmäßige.

Grundannahme für die Beratung bzw. Therapie ist: »Psychische Probleme sind immer als Verhaltensstörungen interpretierbar. Sie sind meist erworben und unterliegen daher den Gesetzen der Lerntheorie« (Rechtien 1988, S. 73).

Grund-annahme

> Die Verhaltenstheorie fragt also nach den Reizen, die ein Verhalten auslösen und aufrechterhalten. Angemessenes wie unangemessenes Verhalten wird als erlernt betrachtet. Unter anderem werden deshalb keine Unterschiede zwischen Beratung und Therapie gemacht, da kein prinzipieller Unterschied zwischen der Entstehung gestörten, (»nur«) unangemessenen und angemessenen Verhaltens besteht. Durch Interventionen wird versucht, problematische Verhaltensweisen zu verlernen, umzulernen bzw. zu modifizieren.

In den 1970er-Jahren kam es zur so genannten »kognitiven Wende«. Nachdem zuvor der Mensch als »black box« betrachtet wurde, deren innere Vorgänge nicht interessieren, wurde nun das Lernen durch Einsicht in den Mittelpunkt gerückt. Kognitive Wahrnehmungs-, Interpretationsprozesse und Prozesse der Bedeutungszuschreibung und Bewertung werden als wichtig für das Verhalten beschrieben. Daneben gewinnt die soziale Lerntheorie an Einfluss. In ihr werden die sozialen Bedingungen, die das Verhalten steuern, berücksichtigt und der Mensch als aktiv, nicht nur als reaktiv angesehen. Die aktive Rolle zeigt sich darin, dass das Individuum seine Umwelt beeinflusst, Informationen kognitiv bearbeitet und zu Selbstregulation fähig ist.

Einbeziehung kognitiver Wahr-nehmungs- und Verarbeitungsprozesse

Interventions- und Beratungstheorie

Das kognitiv-behavioristische Modell ist dadurch gekennzeichnet, dass die Beratungsmethoden sich aus der experimentellen Psychologie ableiten lassen. Das Vorgehen ist dabei immer zielgeleitet, d.h. auf die Veränderung hin angelegt. Dazu wurden eine Reihe lerntheoretisch fundierter Methoden entwickelt.

enge Beziehung von Diagnose und Intervention

Die systematische Desensibilisierung ist wohl das bekannteste Verfahren. Diese Methode geht davon aus, dass sich gleichzeitig auftretende, gegenteilige Verhaltensweisen hemmen. Um z.B. problematische Angstreaktionen zu verlernen, lernt der Ratsuchende zunächst Entspannungstechniken. Im entspannten Zustand wird er dann nach und nach stärker mit dem Angst auslösenden Reiz konfrontiert, bis dieser seine auslösende Wirkung verloren hat.

»Shaping« wird ein Verfahren genannt, bei dem positive Verhaltensweisen schrittweise erlernt werden, wobei jeder einzelne Teilschritt verstärkt wird. Diese Technik ist vor allem angebracht, wenn komplexere (soziale) Verhaltensweisen erlernt werden sollen. Häufig werden hierzu Rollenspiele eingesetzt (vgl. Borg-Laufs 2004, S. 632).

Mit Selbstinstruktion, Selbstregulation oder Selbstkontrolle werden Verfahren bezeichnet, die versuchen, das Verhalten selbst zu steuern. Um diese Selbstkontrolle zu erlernen, werden Möglichkeiten der Selbstverstärkung (sich selbst loben, sich etwas gönnen) angewandt.

Veränderung unangemessener Überzeugungen

Kognitive Ansätze arbeiten sowohl mit kognitiven als auch mit verhaltensbezogenen Techniken, um die kognitiven Prozesse, die das Verhalten beeinflussen, zu verändern (vgl. Rechtien 1998, S. 130). Im Zentrum der Bemühungen steht, irrationale Überzeugungen (beliefs), wie etwa »alle anderen sind besser als ich« oder »ich mache nie etwas richtig«, durch angemessene Überzeugungen zu ersetzen. Die hierzu eingesetzten Methoden versuchen auf rationaler Ebene, durch Gegenargumente, gezielte Beobachtung oder Analyse, die Irrationalität der beliefs aufzudecken und durch begründete Überzeugungen zu ersetzen (vgl. Borg-Laufs 2004, S. 634).

Phasenmodell verhaltenstheoretisch-kognitiv geprägter Beratung

Moderne verhaltenstheoretisch-kognitiv geprägte Ansätze gehen häufig von einem Phasenmodell der Beratung aus, wie es etwa Kanfer, Reinecker und Schmelzer (1996, zit. nach Borg-Laufs 2004, S. 635) in ihrem Selbstmanagementmodell vorstellen. Sie konzipieren folgende sieben Phasen:

1. Schaffung günstiger Ausgangsbedingungen
2. Aufbau von Änderungsmotivation und vorläufige Auswahl von Änderungsbereichen
3. Verhaltensanalyse
4. Zielvereinbarung
5. Planung, Auswahl und Durchführung spezieller Methoden
6. Evaluation der Fortschritte
7. Erfolgsoptimierung und Abschluss

In diesem Modell werden alle Methoden der klassischen Verhaltenstherapie und der kognitiven Ansätze angewandt. Auffallend ist die umfangreiche Vorarbeit, die der eigentlichen Verhaltensänderung vorausgeht. Durch die Schaffung einer günstigen Beziehung und den Aufbau einer positiven Motivation werden wichtige Voraussetzungen für die Verhaltensänderung aufgebaut. Eine differenzierte Verhaltensanalyse bezieht Faktoren der äußeren und inneren Umwelt ein. Zum Ende der Intervention wird das Augenmerk dezidiert auf den Transfer in den Alltag gelegt. Zentral in diesem ausgebauten kognitiv-behavioralen Modell ist die hohe Transparenz gegenüber dem Ratsuchenden. Die Rat suchende Person wird über alle Phasen und deren Funktion sowie über die eingesetzten Methoden und deren mögliche Wirkung aufgeklärt. So wird erreicht, dass die bzw. der Ratsuchende den Veränderungsprozess aktiv mitgestalten kann. Es geht also nicht um eine manipulative Beeinflussung, sondern um bewusst herbeigeführte Veränderungen.

Kognitiv-behaviorale Ansätze in der schulischen Beratung

Dieser Ansatz zeichnet sich durch seine empirisch-wissenschaftliche Grundlage aus. Die starken Wurzeln in der Lerntheorie mit all ihren Ausweitungen in kognitive und soziale Aspekte weisen eine große Nähe zur Schule auf.

Zwar ist die direkte Übernahme experimentell gewonnener Erkenntnisse aus der Lernpsychologie in die Behandlung von Störungen nach wie vor strittig (vgl. Rechtien 1988, S. 73), gleichwohl gehört die Verhaltenstherapie zu den wissenschaftlich am besten untersuchten und vergleichsweise effektivsten Therapie- und damit auch Beratungsformen (Krause u.a. 2003, S. 119).

Die klassischen Lerntheorien betonen die Bedeutung äußerer Komponenten (Reize oder Konsequenzen) für die Verhaltenssteuerung. Diese Bedingungen lassen sich häufig beeinflussen bzw. gezielt verändern. Dadurch können Umlernprozesse in Gang gesetzt werden, ohne dass an grundlegenden Persönlichkeitsstrukturen gearbeitet werden muss. Dies ist für den schulischen Bereich eine angemessene beraterische Perspektive, da, wie im vorangegangenen Abschnitt erläutert, Lehrkräfte nicht dazu ausgebildet sind, an tieferen Schichten der Persönlichkeit zu arbeiten. Die klassische Variante der Verhaltenstherapie beinhaltet aber auch die Gefahr, menschliches Verhalten als manipulierbar zu betrachten und kognitive wie emotionale Verarbeitungs- und Steuerungsprozesse außen vor zu lassen.

Die kognitive Variante berücksichtigt im Gegensatz dazu innere Vorgänge der Verhaltenssteuerung. Im Wesentlichen sind dies Prozesse der Informationsverarbeitung, Prozesse und Strukturen des Gedächtnisses, also Informationsaufnahme und -verarbeitung, die bewusst gesteuert werden können.

Tatsächlich werden Methoden der (kognitiv orientierten) Verhaltensmodifikation immer wieder im schulischen Kontext eingesetzt. Bekannt ist etwa die *kooperative Verhaltensmodifikation* nach A. Redlich und W. Schley – eine Methode um das Arbeitsklima in unruhigen Klassen zu verbessern und das Störpotenzial zu mindern (vgl. Redlich/Schley 1992). Explizit wird hier mit kognitiven Elementen beim gemeinsamen Aufstellen von Regeln und mit Verstärkungs- und Modelllernen in der Phase der Umsetzung der Regeln gearbeitet. Die Schüler stellen Regeln auf und entscheiden sich bewusst für die Durchführung des Programms. Schüler und Lehrer kontrollieren einander und evaluieren gemeinsam die Wirkung der Maßnahme.

Der kognitiv-behaviorale Ansatz kann die Gefahr in sich bergen, in einem ohnehin schon kopflastigen Umfeld Schule, die kognitiven Elemente stark zu betonen und zu wenig darauf zu achten, welche emotionalen Prozesse im Spiel sind. Auch besteht die Gefahr, die komplexen,

Wissenschaftlich fundierte und vergleichsweise effektive Beratungsform

Beeinflussbarkeit äußerer Komponenten – günstig für schulische Intervention

die kooperative Verhaltensmodifikation

vielschichtig verwobenen Interaktionen von Personen und Institutionen im Bereich der Schule auf einfache Ursache-Wirkungs-Mechanismen zu verkürzen. Diesen Defiziten wird in jüngerer Zeit versucht zu begegnen. Es kommt zu einer weiteren Ausdifferenzierung des Ansatzes sowie zu zahlreichen Kombinationen mit anderen Therapierichtungen, welche emotionale und soziale Faktoren berücksichtigen (vgl. Krause u.a. 2003, S. 124).

Gefahr: Ausblenden emotionaler Prozesse

Der positive Beitrag der Verhaltenstheorie zur Beratung in der Schule liegt in ihrer Verwurzelung in der Lerntheorie. Krause sieht ihn im »interventionsrelevanten Wissen um Gesetzmäßigkeiten des Lernens (beispielsweise die Identifikation auslösender Reize und verstärkender Konsequenzen, das Vorbildlernen und das sozial-kognitive Lernen nach Bandura 1979) im Hinblick auf Veränderungen von problematischen Verhaltensweisen und Einstellungen durch Unterbrechung von Problem-Verhaltens-Ketten, durch den Aufbau alternativer innerer Dialoge oder neuer Verhaltensmuster« (ebenda, S. 125). Reize, Konsequenzen, Vorbilder und (teilweise) kognitive Überzeugungen sind Komponenten menschlichen Verhaltens, die Beratern in der Schule zugänglich sind und die durch Veränderung äußerer Parameter sowie der kognitiven Überzeugung und durch die Mitarbeit der Ratsuchenden bearbeitbar sind.

Vorteil: Verankerung in Lerntheorie und Zugänglichkeit der Veränderungsebenen

Ansätze der Humanistischen Psychologie

Neben Psychoanalyse und Verhaltenstherapie entwickelte sich zunächst in den USA, seit den 1970er-Jahren auch in Westeuropa, die Humanistische Psychologie als dritte psychotherapeutische Richtung. Dabei kann die Humanistische Psychologie nicht als ein einheitliches Konzept definiert werden. Sie stellt vielmehr einen Sammelbegriff dar, der vor allem durch das Grundlagenwerk Abraham Maslows (1973) bekannt wurde. Unter dem Dach der Humanistischen Psychologie versammeln sich Therapie- und Beratungsansätze wie die Klientenzentrierte Therapie Carl Rogers, die Themenzentrierte Interaktion von Ruth Cohn, die Gestalttherapie und -beratung nach Perls, das Psychodrama nach Moreno und andere. Die Grundgedanken der Humanistischen Psychologie lehnen sich an die philosophischen Traditionen des philosophischen Existenzialismus und der Phänomenologie an. Daneben spielen Elemente östlicher Philosophie eine Rolle. Dieses Gedankengut wurde von späteren Vertretern der Humanistischen Psychologie, wie Fritz und Laura Perls, Ruth Cohn u.a., aus dem Europa zwischen den Weltkriegen ins amerikanische Exil mitgenommen und entfaltete sich dort. Zu einer wechselseitigen Beeinflussung kam es mit der politischen Humanistischen Bewegung (Hippie-Bewegung). In den 1970er- und 1980er-Jahren wurden die Ansätze

Entwicklung der Humanistischen Psychologie

nach Europa reimportiert und ringen seither im Therapie- und Beratungsbereich um offizielle Anerkennung (vgl. Krause u.a. 2003, S. 105). Dennoch sind insbesondere im Beratungsbereich humanistisch-psychologische Ansätze stark vertreten, zumindest im Methodenrepertoire der Berater (ebenda, S. 106).

Kennzeichnend für diesen Ansatz ist die hohe Wertschätzung dessen »was ist« in seiner Gesamtheit. Der Mensch wird als Einheit von Körper, Seele und Geist angesehen. Die zentralen Konzepte Autonomie und Streben nach Selbstaktualisierung bzw. Selbstverwirklichung wenden sich einerseits gegen das Bild des von unbewussten Trieben und Regungen gesteuerten Menschen, andererseits gegen die einseitig auf Informationsverarbeitung bzw. Verhaltenssteuerung ausgerichtete behavioristische Schule. Fünf Postulate, die von James F.T. Bugental (1. Präsident der Association for Humanistic Psychology 1969) formuliert wurden, können den Kern der Humanistischen Psychologie umschreiben (zit. nach Schiefele/Knapp 1981, S. 170f.):

Grundgedanken

1. Der Mensch ist mehr als die Summe seiner Teile.
2. Die einzigartige Natur des Menschen wird bestimmt von seinem Zusammenleben mit anderen Menschen in irgendwie gearteten Gruppen.
3. Der Mensch mag sich nicht all seiner Fähigkeiten bewusst sein, aber Bewusstsein ist ein wesentlicher Bestandteil seiner Existenz.
4. Der Mensch hat die Fähigkeit, zu wählen und zu entscheiden; er ist sich gleichzeitig bewusst, dass seine Entscheidungen etwas bewirken, dass er nicht nur passiver Zuschauer, sondern aktiver Teilnehmer seiner Erfahrung ist.
5. Der Mensch lebt zielgerichtet (intentional), sein Leben wird durch Werte und Sinngebung bestimmt und dadurch, dass er Bedeutung schafft und erkennt.

fünf Postulate zur Umschreibung der Humanistischen Psychologie

Alle Ansätze der Humanistischen Psychologie betrachten den Menschen als autonom, rational und intentional. Menschen sind für ihr Handeln grundsätzlich verantwortlich. Sie streben danach, ihre innewohnenden Kräfte und Möglichkeiten zur Entfaltung zu bringen und ihrem Erleben und Tun Sinn zu verleihen. Beraterisches oder therapeutisches Handeln versucht, Muster in der Lebensgeschichte zu sehen. Der Fokus liegt auf der phänomenalen (vom Subjekt erlebten) Welt. Die Humanistische Psychologie möchte »normalen Menschen dazu verhelfen, ein reicheres und befriedigenderes Leben zu führen« (Zimbaro, 1988 S. 12), indem ihre Kräfte zum Wachstum und zur Selbstheilung aktiviert werden.

Personzentrierte Beratung

Das für die Beratung wohl einflussreichste Konzept der Humanistischen Psychologie stellt die personzentrierte Beratung nach Carl Rogers dar. Dieses Konzept ist auch unter den Bezeichnungen *nicht-direktive, non-direktive* oder *klientenzentrierte* Beratung bekannt. In Deutschland wurde es vor allem von Reinhard und Annemarie Tausch unter dem Begriff *Gesprächspsychotherapie* bekannt gemacht. Rogers selbst entwickelte sein Konzept seit den 1940er-Jahren immer weiter. Entstanden ist es in seiner langjährigen sozialpädagogischen und psychotherapeutischen Praxis. Rogers beobachtete bei seinen Interventionen, dass eine bestimmte Art der Gesprächsführung am ehesten zu Veränderungen bei den Klienten führt.

Entstehung

Persönlichkeits- und Entwicklungstheorie

Dynamik, Struktur und Entwicklung als zentrale Momente

Seinem Beratungsansatz legt Rogers eine Bild der Persönlichkeit zugrunde. »Rogers Theorie ist eine Theorie der Entwicklungs- und Veränderungsprozesse« (Rechtien 1998, S. 41). Die Persönlichkeitstheorie lässt sich unter die Aspekte Dynamik, Struktur und Entwicklung fassen (Alterhoff 1983, S. 37). Das dynamische Moment der Persönlichkeit steht im Mittelpunkt.

> *»In jedem Organismus, auf welcher Entwicklungsstufe er auch stehen mag, sind Kräfte wirksam, die ihn zu einer konstruktiven Erfüllung seiner inhärenten Möglichkeiten drängen. Der Mensch hat eine angeborene Tendenz zur vollständigen Selbstentfaltung«* (Rogers 1978, zit. nach Rechtien 1998, S. 42).

Die Aktualisierungstendenz findet ihren Gegenpart im Bedürfnis des Menschen nach Anerkennung.

> *»Während das erste Prinzip die egozentrische Seite der Entwicklung beschreibt (Autonomie, Entfaltung, Verwirklichung), umfasst das zweite Prinzip die sozialzentrische Seite (Angenommen-Werden, Geachtet-Werden, Beachtung-Finden usw.). Beide Prinzipien sind dialektisch aufeinander bezogen und erklären einen großen Teil menschlicher Antriebe, menschlicher Konflikte und gesellschaftlicher Prozesse«* (Sander 1999, S. 52).

Strukturell nimmt Rogers als Persönlichkeitskomponenten das Selbst und den Organismus an. Zur Entwicklung eines ausdifferenzierten Selbst ist das Kind auf Interaktion mit seiner Umwelt angewiesen. Drei Bereiche sind im personzentrierten Ansatz hierzu wichtig: Akzeptierung,

Wärme und Zuneigung, Achtung vor den Rechten des Kindes innerhalb definierter Grenzen, Vorhandensein eines selbst bestimmten Handlungsspielraumes innerhalb dieser Grenzen (Rechtien 1998, S. 43).

Psychische Störungen entstehen, wenn Erfahrungen nicht mit dem Selbst bzw. dem Selbstkonzept übereinstimmen und zur Bedrohung werden. Die Erfahrungen werden dann verzerrt oder geleugnet.

Störungen

Beratungstheorie

In seinem Standardwerk zu Beratung und Therapie, das Rogers 1942 veröffentlicht hat und welches 1972 in der deutschen Übersetzung erschien, charakterisiert er seinen Beratungsansatz wie folgt:

> »Er zielt auf die größere Unabhängigkeit und Integration des Individuums ab, statt zu hoffen, dass sich diese Resultate ergeben, wenn der Berater bei der Lösung des Problems hilft. Das Individuum steht im Mittelpunkt der Betrachtung und nicht das Problem. Das Ziel ist es nicht, ein bestimmtes Problem zu lösen, sondern dem Individuum zu helfen, sich zu entwickeln, sodass es mit dem gegenwärtigen Problem und mit späteren Problemen auf besser integrierte Weise fertig wird. Wenn es genügend Integration gewinnt, um ein Problem unabhängiger, verantwortlicher, weniger gestört und besser organisiert zu bewältigen, dann wird es auch neue Probleme auf diese Weise bewältigen« (Rogers 1972, S. 36).

In diesem Beratungs- und Therapieverständnis kommt stark Rogers Persönlichkeitstheorie zum Tragen. Der Wille und die Kraft zur Selbstentfaltung stehen im Mittelpunkt. Das Problem wird im Sinne der Ganzheit als Teil der persönlichen Entwicklung gesehen und löst sich in Rogers Verständnis dadurch, dass die Entwicklungskräfte der Person gestärkt werden.

Aus diesem Grund stehen nicht Problemlösemodelle oder Konzepte zur Verhaltensänderung im Mittelpunkt von Beratung, sondern die Beziehung zwischen Berater und Ratsuchendem. »Dabei entscheidet nicht die technische Verwirklichung des Beziehungskonzeptes, sondern die reale Qualität der Beziehung« (Sander 1999, S. 54). Hierzu sieht Rogers drei Grundhaltungen auf Seiten des Beraters als zentral: Empathie, Akzeptanz, Echtheit. Sie werden teilweise auch mit »einfühlendem Verstehen«, »emotionale Wärme/Wertschätzung« und »Selbstkongruenz« (vgl. Tausch/Tausch 1979, Alterhoff 1983, S. 78) bezeichnet.

Beziehung Ratsuchender – Berater steht im Mittelpunkt

Empathie, Akzeptanz und Echtheit als zentrale Grundhaltungen

● *Empathie:* diese Haltung meint, sich gedanklich und gefühlsmäßig zu öffnen und in die Sicht- und Erlebensweise des Anderen zu versetzen. Der Berater versucht, die Position des Ratsuchenden, seine Gedanken und Wertungen zu übernehmen und zu verstehen.

- *Akzeptanz:* Die Beraterin versucht mit dieser Haltung, dem Ratsuchenden Wertschätzung, die nicht an Bedingungen geknüpft ist, zukommen zu lassen. Sie nimmt den Ratsuchenden in seiner aktuellen Situation mit seinen Gedanken, Verhaltensweisen, Gefühlen und Einstellungen an.
- *Echtheit:* Wer in der Beratung echt ist, versucht seine inneren Regungen, Haltungen, Gedanken mit seinen verbalen und nonverbalen Äußerungen in Deckung zu bringen. Was nach außen gezeigt wird, soll kongruent sein zum Inneren. Kongruenz bedeutet also nicht grenzenlose Offenheit sondern Aufrichtigkeit.

Echtheit ist die Grundlage der beiden Haltungen Empathie und Akzeptanz. Sie verhindert, dass einfühlendes Verstehen und Wertschätzung nur als Technik eingesetzt werden, ohne eine wahrhaftige Beziehung aufzubauen.

Eine ausführliche Darstellung der Grundhaltungen und ihrer Zusammenhänge geben Sander (1999) oder Alterhoff (1983).

Die klientenzentrierte Beratung konzentriert sich also auf die subjektive Erfahrungswelt der Ratsuchenden. Emotionale Elemente stehen dabei gegenüber den intellektuellen Aspekten im Vordergrund. Dadurch wird der Erkenntnis Rechnung getragen, dass Fehlanpassungen häufig nicht durch mangelnde kognitive Einsicht zustande kommen, sondern weil emotionale Prozesse ein angemessenes Handeln blockieren (vgl. Rogers 1972, S. 37). Dabei wird die beraterische Beziehung als eigentliche Intervention im Sinne einer Entwicklungserfahrung verstanden, in welcher »das Individuum lernt, sich selbst zu verstehen, unabhängig zu entscheiden und sich erfolgreich und auf erwachsenere Weise in Beziehung zu einer anderen Person zu bringen« (ebenda).

emotionale Prozesse durch beraterische Beziehung verändern

Der personzentrierte Ansatz und die Humanistische Psychologie in der schulischen Beratung

Der personzentrierte Ansatz ist der am weitesten verbreitete. Strautmann spricht dem theoretisch und methodisch fundierten Konzept einen »hohen Stellenwert in der Professionalisierung von Beratung zu, es hilft Fachkräften, ihre Arbeit auf allgemein überprüfbare und transparente Theorien und Methoden der Beziehungsgestaltung und der dialogisch geprägten Diagnostik, Hilfeplanung und Hilfedurchführung zu setzen« (Strautmann 2004, S. 647). Der personzentrierte Ansatz realisiert in stringenter Weise die allgemeine Zielsetzung von Beratung, Hilfe zur Selbsthilfe zu sein. Durch seine methodischen Komponenten bietet er auch Beratern, die nicht über eine therapeutische Ausbildung verfügen, Möglichkeiten, theoretisch und methodisch fundiert zu beraten. Mit den Grundhaltungen Empathie, Akzeptanz und Echtheit beschreibt Rogers

hoher Stellenwert in schulischer Beratung

Elemente im Verhalten des Beraters, welche für die Beziehungsgestaltung in jeder Form von Beratung grundlegend sein dürften. Das klientenzentrierte Gespräch erhöht nachhaltig die differenzierte Wahrnehmungskompetenz von Beratern und ermöglicht, differenzielle Problemanalysen vorzunehmen (ebenda, S. 649). Ob eine nachhaltige Veränderung im Verhalten bzw. eine Problemlösung allein schon durch die neue Beziehungserfahrung im Beratungsprozess zustande kommen kann, wird in empirischen Untersuchungen zum Konzept unterschiedlich beantwortet (vgl. Rechtien 1998, S. 62). Häufig sind im beraterischen Feld Konzepte zu finden, die sich an Rogers anlehnen bzw. seinen Ansatz weiterentwickeln. Im schulischen Bereich bekannt und wiederholt eingesetzt ist die »Lehrer-Schüler-Konferenz« von Thomas Gordon (1977; 1995), die sich auf den personzentrierten Ansatz stützt. Außerdem finden sich in vielen neueren Beratungskonzepten sowie in praxisorientierten Beiträgen zur Beratung in der Schule, Anlehnungen an das Modell von Rogers – teilweise, ohne dies explizit zu benennen. Insbesondere bezogen auf Gesprächsführung wird Rogers häufig bemüht. **häufige Anlehnungen an das Modell von Rogers**

Auch andere Beratungsansätze der Humanistischen Psychologie finden im schulischen Bereich Anklang. So haben die Themenzentrierte Interaktion (TZI), der Gestaltansatz oder das Psychodrama starke pädagogische Komponenten, was sowohl für Beratungsprozesse als auch für unterrichtliche und außerunterrichtliche Lehr-Lern-Prozesse genutzt wird. **Nutzung weiterer Ansätze in der Schule**

Der hohe Stellenwert der Humanistischen Psychologie im Vergleich zu anderen psychologischen Konzepten hat vermutlich damit zu tun, dass die Grundannahmen dieser Richtung starke Parallelen zu Erziehungs- und Bildungszielen in der Schule aufweisen. Begriffe wie Autonomie, Rationalität und Eigenverantwortung bilden wesentliche Elemente in beiden Bereichen. Die Humanistische Psychologie betont die Beziehung zwischen den Beteiligten in unterschiedlichen Facetten. Dadurch macht sie einen im schulischen Alltag wichtigen Erlebensbereich durch anschlussfähige, theoretisch abgesicherte Konzepte fassbar. Auch der Blick auf die Emotionalität und die Körper-Seele-Geist-Einheit ist für viele Fachkräfte in der Schule wichtig, um die Überbetonung des Kognitiven ein Stück weit aufzubrechen. **Parallelen zu Erziehungs- und Bildungszielen**

> Insgesamt kann festgehalten werden, dass die Humanistische Psychologie und insbesondere der personzentrierte Ansatz von Carl Rogers wesentliche Impulse für die Beratung in der Schule setzen. Vor allem die Gesprächsführungsmethoden, aber auch andere Methoden aus der Humanistischen Psychologie wie Imagination und Rollenspiel, beleben gemeinsam mit ihren theoretischen Grundlagen Beratungs- und Lehr-Lern-Prozesse in der Schule.

Systemische Ansätze

Grundlegende Annahmen

Der systemische Ansatz hat in der Beratungstheorie ein neues Paradigma eröffnet. Seit den Anfängen der Systemtheorie in den 1950er-Jahren haben vielfältige Entwicklungen stattgefunden. An dieser Stelle werden aber nur einige zentrale Grundsätze, die für die meisten systemischen Ansätze zutreffen, skizziert. Systemische Beratungsansätze greifen auf Theoriebestände verschiedener Quellen zurück. Insbesondere ist zu beachten, dass die Systemtheorie zunächst keine psychologische oder psychotherapeutische Theorie darstellt, sondern wichtige Ursprünge in der Biologie, der Kybernetik und der Soziologie aufweist. »Chaostheorie, Synergetik, dissipative Strukturen, Autopoiese-Konzept und Konstruktivismus haben großen Einfluss auf die Diskussion und Praxis systemischer Therapie und Beratung seit Anfang der achtziger Jahre« (von Schlippe/Schweitzer 1996, S. 52). Im beraterischen Kontext wurde die Systemtheorie zuerst in der Familientherapie aufgenommen.

verschiedene Quellen

Der systemische Ansatz arbeitet mit dem Konstrukt komplexer, dynamischer Systeme. Dabei sind Systeme gekennzeichnet durch die Merkmale und Wechselwirkungen ihrer Elemente. Lebende Systeme sind in dauernder Veränderung. Bleiben Aspekte erhalten, werden diese aktiv aufrechterhalten. Grenzen, die ein soziales System von seiner Umwelt trennen, entstehen durch Vereinbarungen darüber, was und wer zum System gehört. Darüber definiert ein soziales System stets auch, was den Kern seiner Identität und Sinngebung ausmacht (von Schlippe/Schweitzer 1996, S. 59).

Kennzeichen von Systemen

Gegenüber anderen Modellen rückt der systemische Ansatz Interaktionen und Kontexte ins Zentrum der Betrachtung. Er fragt danach, welche Regeln und Vernetzungen im System wirken und seine Interaktion mit der Umwelt bestimmen. Damit wird ein reines Ursache-Wirkungs-Denken zugunsten einer Perspektive, die Zusammenspiele, Kreisläufe und Wechselwirkungen betrachtet, aufgegeben. Grundsätzlich haben lebende Systeme eine unendliche Zahl an Möglichkeiten, sich zu verhalten. Irgendwie müssen sie aber für eine gewisse Ordnung sorgen, um vorhersagbar zu werden. »Die Einschränkungen der Verhaltensoptionen der Mitglieder eines Systems lassen sich gut über Regeln beschreiben (von Schlippe/Schweitzer 1996, S. 60). Diese Regeln bestimmen zu einem wichtigen Teil, wie ein System funktioniert.

Interaktionen und Kontexte, Regeln und Vernetzungen

In der systemischen Sichtweise haben Probleme eine veränderte und unterschiedliche Bedeutung. Winfried Palmowski etwa schreibt dem Symptom eine positive Funktion zu, da es zur Stabilisierung und damit zum Überleben des Systems beiträgt (Palmowski 1995, S. 55). Christina Krause sieht das Symptom als jenen Faktor, der ein soziales System in

verändertes Problemverständnis

eine neue Richtung schiebt, also Vorbote für Veränderung ist (Krause u.a. 2003, S. 132). Beide Sichtweisen verbindet, dass ein Symptom nicht mehr als grundsätzlich negativ betrachtet, sondern bewusst die im jeweiligen Kontext positive Funktion eines Verhaltens wahrgenommen wird.

Der Konstruktivismus trägt zum systemischen Beratungsansatz u.a. die Idee bei, dass jedes lebendige System sich selbst organisiert, seine Wirklichkeit selbst schafft. Damit kann es auch von außen nicht direkt beeinflusst werden, sondern lediglich Anregungen zur Nutzung seiner Möglichkeiten erhalten.

Beratungsansatz

Jedes Verhalten von Mitgliedern lebendiger Systeme, etwa einer Schulklasse, läuft nach den Spielregeln ab, die in diesem System gelten. Die Spielregeln »steuern unser Verhalten und aus ihnen ergeben sich die Positionen der einzelnen Mitglieder eines Systems. Und wenn das Verhalten eines Menschen sich ändern soll, dann müssen die Spielregeln verändert werden« (ebenda, S. 59).

Systemische Beratung zielt deshalb nicht auf die Person als Ursache eines Problems, sondern nimmt die Regeln und Interaktionsmuster in den Blick. Über Fragetechniken, Systemaufstellungen, Rollenspiele oder andere Methoden wird versucht, Muster und Regeln aufzudecken, um sie dadurch veränderbar zu machen. Dabei hat jedes Mitglied des Systems die Möglichkeit, durch Veränderungen bei sich die Spielregeln des ganzen Systems zu verändern. So kann etwa eine Lehrkraft, indem sie ihr Verhalten gegenüber einem Schüler mit auffälligem Verhalten modifiziert, das ganze System der Schulklasse verändern. Schwierig dabei ist, dass aus systemischer Sicht eine Veränderung nicht linear-kausal zu einem gewünschten Ergebnis führt, sondern den Horizont an Möglichkeiten für alle Mitglieder im System wieder öffnet. Veränderungen können bewirkt werden, wenn Unterschiede erzeugt werden, die einen Unterschied machen (ebenda, S. 67). Insbesondere durch verschiedene Formen von Fragen sollen Möglichkeiten geschaffen werden, bisherige Sichtweisen zu »verstören« und neue Informationen zu generieren (vgl. von Schlippe/Schweitzer 1996, S. 137). Arist von Schlippe und Jochen Schweitzer unterscheiden für ein systemisches Vorgehen typische Frageformen (vgl. ebenda, Kapitel 7; ähnlich auch Palmowski 1995, Kapitel 5):

Regeln und Interaktionsmuster als Ursachen von Problemen

Fragen als Weg zu neuen Sichtweisen

- *Zirkuläre Fragen:* Das sind Fragen, welche die Perspektive auf die Funktion von Verhaltensweisen im Beziehungsgeschehen lenken. Z.B. wird ein Schüler gefragt: »Was glaubst du, denkt dein Lehrer über dich, wenn du zu spät aus der Pause kommst?« Oder eine Lehrkraft: »Was denken Sie, was es bei der Schulleiterin auslöst, wenn sich die Kollegin weigert, die neue Leistungsbewertung mitzutragen?« Es geht also bei zirkulären Fragen nicht um das Symptom an sich, sondern darum, es als Kommunikations- und Handlungsprozess im Beziehungskontext zu verstehen. Dadurch werden neue Informationen gewonnen, die über den Austausch von Sichtweisen der einzelnen Beteiligten deutlich hinausgehen. Zirkuläre Fragen werden teilweise als das Herzstück bzw. die wichtigste Innovation systemischer Beratung angesehen.

- *Frageformen, die Unterschiede verdeutlichen:* Dazu gehören Fragen nach Übereinstimmungen und Unterschieden in Sichtweisen, Fragen zur quantitativen Einordnung, z.B. »Zu wie viel Prozent ist Meike unordentlich? Woran erkennen Sie die ordentlichen Prozent?«
- *Fragen zur Wirklichkeitskonstruktion:* Diese Fragen sollen die aktuellen Muster verdeutlichen. Z.B. »Wer reagiert wie auf das Problem, welche Bedeutung hat das Problem für …«, Fragen nach dem Kontext des Symptoms (wem wird wann wie unter welchen Umständen das Symptom gezeigt).
- *Fragen zur Möglichkeitskonstruktion:* Sie richten den Blick in die Zukunft in Richtung möglicher Lösungen. Z.B. Fragen nach Ausnahmen vom Problem, Fragen nach Ressourcen, die Wunderfrage, die Frage, woran zu merken wäre, dass ein Symptom oder ein Problem verschwunden ist.
- *Fragen zum Beginn und zum Abschluss eine Beratung:* Anfangsfragen sollen die gemeinsame Suche nach Lösungen betonen, z.B. »Welche Vorstellungen haben Sie davon, was heute hier passieren soll?«, Abschlussfragen führen das Ende einer Beratung in die Beratungsbeziehung ein, z.B. »Wie viele Treffen benötigen Sie noch?«

weitere Methoden Neben Fragen arbeiten systemische Ansätze mit Geno- und Organigrammen, mit Skulpturen und anderen Formen symbolischer Darstellung, auch mit Metaphern, Geschichten, Cartoons sowie mit dem Reflektierenden Team, auf die an dieser Stelle nicht näher eingegangen werden kann (ausführlich hierzu von Schlippe/Schweitzer, 1996).

Einen wichtigen Stellenwert nimmt in systemischen Beratungsansätzen die Erkenntnis ein, dass Beratung nie Instruktion, sondern immer nur ein Angebot zu einer veränderten Auseinandersetzung sein kann. Palmowski fasst dies in dem doppelten Schlagwort »vom Operieren zum **Beratung als Angebot zu verändertem Umgang** Kooperieren, vom Behandeln zum Verhandeln« (Palmowski 1995, S. 78) zusammen, oder anders formuliert, Beratung in systemischer und konstruktivistischer Perspektive zielt darauf, sich selbst gegenüber verantwortlich und anderen gegenüber tolerant zu sein. Darin spiegelt sich die konstruktivistische Erkenntnis, dass die Mitglieder eines Systems sowohl ihre Wirklichkeit als auch die zukünftige Nutzung ihrer Möglichkeiten immer selbst konstruieren und dass Veränderung nur über die aktive Rekonstruktion der Muster und Regeln im System möglich ist. Der Berater oder die Beraterin hat die Aufgabe, den Raum für neue Perspektiven und Möglichkeiten zu öffnen. Beratung kann nicht geradlinig vorher festgelegte Ziele verfolgen, sondern lediglich Anstöße geben, deren Dynamik ungewiss ist und deren Nutzen letztlich nur von den Betroffenen, die die eigentlich Aktiven sind, beurteilt werden kann.

Systemische Beratung im Kontext der Schule

Systemische Ansätze erfreuen sich in der Schule einiger Beliebtheit. Dies liegt zum einen an ihrer Nähe zur konstruktivistischen Lerntheorie, welche ebenfalls wichtige theoretische Impulse für Didaktik und Pädagogik gibt. Zum anderen ist die Systemtheorie in besonderem Maß geeignet, Prozesse in Klassen, Kollegien, Schulen begreifbar zu machen. So finden sich systemische Gedanken in verschiedenen Veröffentlichungen zu Beratung in der Schule (etwa Hatto 1990; Palmowski 1995; Hennig/Ehinger 2003; Huschke-Rhein 1998 u.a.).

Der systemische Ansatz wird häufig als Erklärungsmodell genutzt, um deutlich zu machen, dass ein störendes Verhalten in einem Netz von Personen und Regeln verortet ist. Indem einfache Ursache-Wirkungs-Ketten durchbrochen werden, werden die einzelnen Beteiligten entlastet. Es gibt dann nicht mehr den Problemschüler, oder den unfähigen Pädagogen. Gleichzeitig nimmt der systemische Ansatz alle Betroffenen mit in die Verantwortung, ihren Teil zur Veränderung der Spielregeln, zur Neuorganisation des Systems beizutragen. Die Aufforderung »beginne bei dir selbst« kann für Lehrkräfte gleichzeitig befreiend und belastend sein. Außerdem verhindert der systemische Ansatz, einfache Schuldzuweisungen zu machen und sich selbst aus der Verantwortung zu ziehen. **systemischer Ansatz als Erklärungsmodell**

Der systemische Ansatz wird damit der Komplexität schulischer Realität gerecht, er birgt aber auch die Gefahr, sich in der Vielzahl miteinander vernetzter Systeme zu verlieren. Gleichzeitig ist es schwer auszumachen, wo die Grenzen der eigenen Möglichkeiten liegen. Die Frage nach der Funktion von störendem Verhalten und die Perspektive, es für positive Neuorganisation zu nutzen, ermöglicht es Lehrkräften und Schulen als dynamische Systeme Innovationsimpulse aufzunehmen. Unklar bleibt im systemischen Ansatz teilweise, welchen Stellenwert das System »Einzelperson« gegenüber sozialen Systemen einnimmt. Der Bereich der Emotionalität und der individuellen Geschichte werden ebenso wenig berücksichtigt wie das Konzept der Selbstaktualisierung oder Modelle der Lerntheorie. Während die symbolischen Methoden etwas ganzheitlicher arbeiten, sind die Methoden systemischen Fragens stark kognitiv orientiert. **Gefahren und Grenzen**

Einen großen Einfluss haben systemische Beratungsansätze im Bereich der Schulentwicklung. Da die Organisationsberatung heute in wei- **große Bedeutung für Schulentwicklung** ten Teilen systemisch orientiert ist, lässt sich systemisches Denken aus der Schulentwicklungsberatung nicht mehr wegdenken.

Ressourcen- und lösungsorientierte Beratungsansätze

Verstärkt finden in jüngerer Zeit lösungs- und ressourcenorientierte Modelle Beachtung. Verbunden sind sie vor allem mit Steve de Shazer, Insoo Kim Berg (1989) und im deutschsprachigen Raum mit Günter Bamberger (2001). Da die lösungs- und ressourcenorientierte Beratung dem weiten Feld systemischer Ansätze zuzurechnen ist (Bamberger 2004, S. 740), kann direkt auf die Besonderheiten im Beratungsgeschehen eingegangen werden.

Der lösungsorientierte Ansatz unterscheidet sich von den bisherigen Ansätzen vor allem dadurch, dass er der Problemanalyse einen deutlich geringeren Raum lässt, als der Lösungsfindung. Die von de Shazer entwickelte Kurzzeittherapie (de Shazer 1989) exploriert Probleme, Konflikte oder Störungen nicht vertieft, sondern fokussiert möglichst rasch auf beim Klienten vorhandene Kompetenzen und Ressourcen. Sie versucht, diese umfangreich zu nutzen, um möglichst direkt zu einer Problemlösung zu kommen (vgl. Bamberger 2001, S. 10). Prominent ist dabei das Bild von de Shazer, dass es zwar viele Schlösser gibt, dass aber weniger die Beschäftigung mit dem Schloss und mit der Frage, warum es sich nicht öffnen lässt und warum der Schlüssel verloren ging, weiterhilft, als ein Satz Dietriche. Wobei wenige Dietriche auf viele verschiedene Schlösser passen (vgl. de Shazer 1989; wiedergegeben nach Palmowski 1995, S. 66). Die konsequente Blickrichtung auf die Lösung hin verhindert, dass Ratsuchende und Berater im Problem gefesselt bleiben und »durch das Verstehen das Verstandene verstärken« (Krause u.a. 2003, S. 144). Stattdessen werden die Ressourcen, die als vorhanden vorausgesetzt werden (von Schlippe/Schweitzer 1999, S. 35), betont und zum Vorschein gebracht.

Als Beratungsmethoden dienen vor allem Fragetechniken, Komplimente und Vereinbarungen (Bamberger 2004, S. 740). Bamberger nennt folgende Fragevarianten:

weg von Problemtrance hin zum Blick auf Ressourcen und Lösungen

Fragen als zentrale Methode

- *Pre-session-change-Fragen:* Hierunter sind Nachfragen zu verstehen, was sich seit dem Entschluss, Beratung in Anspruch zu nehmen bereits geändert hat.
- *Ausnahme-Fragen:* Fragen wie: »Wann tritt das Problem nicht auf? Was sind Ausnahmen von der Problemsituation?«
- *Hypothetische Fragen:* »Angenommen, es träte eine Veränderung ein, woran würden Sie diese erkennen?« Die prominenteste Form ist die Wunderfrage: »Wenn in der Nacht ein Wunder geschehen wäre, das Ihr Problem gelöst hätte, woran würden Sie dies am Morgen bemerken?«

● *Ressourcen-Fragen:* Was tut der Ratsuchende, wenn eine kleine Veränderung, eine Ausnahme, eine Vision auftritt? Was macht, denkt, fühlt er dann anders?

Komplimente bestärken den Ratsuchenden in seinen Bemühungen und heben seine Ressourcen hervor. Vereinbarungen werden oft im Sinn von »Hausaufgaben des Lösens« (ebenda) getroffen. Der Ratsuchende erhält konkrete Aufgaben, etwa alle Ausnahmen bewusst wahrzunehmen und zu notieren oder einen Tag »zu tun, als ob«. Alle drei Methoden zeichnen sich dadurch aus, dass sie den Perspektivwechsel vom Problem zur Lösung anstreben und die Ressourcen aktivieren. **Komplimente als weitere Methode**

Bamberger entwickelt dazu ein Beratungssetting, das über vier Phasen läuft (Bamberger 2004, S. 744; ausführlich Bamberger 2001):

1. Synchronisation: In dieser Phase bewegen sich Berater und Ratsuchender physisch und psychisch aufeinander zu. Der Ratsuchende berichtet über sein Problem bzw. sein Anliegen. Dies wird vom Berater nicht zur Problemanalyse genutzt, sondern vor allem dazu, ihm zu vermitteln, dass man ihn versteht und respektiert und die bisherigen Lösungsversuche wertschätzt. **lösungsorientiertes Phasenmodell**
2. Lösungsvision: Bereits in der zweiten Phase erfolgt der Perspektivwechsel auf die Lösung als Kern der lösungsorientierten Beratung. Die Zentralfrage lautet dabei: »Woran werden Sie merken, dass Ihr Problem gelöst ist? Was werden Sie dann tun, was Sie jetzt noch nicht tun?« (ebenda). Durch lösungsorientiertes Fragen soll ein Lösungsprozess in Gang gesetzt werden.
3. Lösungsverschreibung: Die Lösungsideen werden in Verhaltensaufgaben konkretisiert.
4. Lösungsevaluation: In einer folgenden Sitzung werden Verbesserungen in den Blick genommen.

> Lösungsorientierte Beratung zielt auf eine möglichst kurze und begrenzte Intervention. Sie soll keine »Runderneuerung« der Ratsuchenden darstellen, sondern gezielt eine Lösung für ein konkretes Problem entwickeln.

Ressourcenorientierte Beratung bietet darüber hinaus weitere Anknüpfungspunkte. Probleme stellen den Gegenpol zu Ressourcen dar. Damit wird die immer noch dominierende Problemorientierung in der psychosozialen Praxis in Frage gestellt und relativiert (Lenz 2003, S. 248). Zwar greifen alle Beratungsansätze mehr oder weniger explizit auf Möglichkeiten des Einzelnen zur Veränderung zurück, die Orientierung bleibt aber oft im Defizitären. Dem wird ein Ansatz gegenüber gestellt, der gezielt die personalen, sozialen und materialen Ressourcen in den Blick nimmt. In der Beratung wird dann bewusst mit diesen Ressourcen gearbeitet. Dabei steht die Ressourcendiagnostik (Erfassung persönlicher Stärken, soziale Netzwerk- und Unterstützungsanalysen, Organisations- und Institutionsdiagnosen) gleichberechtigt neben der Problemdiagnostik (Nestmann 2004, S. 732). Zur Bewältigung von Problemen werden sowohl Personen- als auch Umweltressourcen benötigt. Schwierigkeiten entstehen dann, wenn Ressourcen nicht in ausreichendem Maß zur Verfügung stehen, wenn auf inadäquate Ressourcen zurückgegriffen wird oder wenn der Einsatz der Ressourcen keinen angemessenen Effekt erzielt.

Ressourcendiagnostik ergänzt Problemdiagnostik

Das soziale Umfeld wird nicht nur im Hinblick auf seine Beiträge zur Entstehung eines Problems hin beleuchtet, sondern vor allem auch dahingehend, welche Unterstützung und welche Chancen es für die Entwicklung einer Person bietet. So kann etwa der Freundeskreis eines Schülers nicht nur negativen Einfluss auf seine schulischen Leistungen haben, sondern es kann auch gefragt werden, welche positiven Werte – etwa Zuverlässigkeit – in der Peergroup etabliert sind, die auch für die Schule genutzt werden können. In der Beratung wird versucht, eine Verknüpfung individueller und sozialer Ressourcen zu erreichen (Lenz 2003, S. 246). Ziel der Beratung ist es, Ressourcen zu aktivieren. Mit dem Beratungskonzept wird sowohl die Ressourcensicherung für gefährdete Ratsuchende mit geringer Ressourcenkapazität als auch eine Ausweitung von Ressourcen für alle verbunden. Interventive und präventive Zielsetzungen von Beratung werden parallel verfolgt.

Beratungsziel: Ressourcensicherung und -aktivierung

Lösungs- und ressourcenorientierte Beratung in der Schule

Lösungsorientierte Ansätze gewinnen für die Schule große Bedeutung. Indem sie keine tief greifenden Problemanalysen vorsehen, vermeiden sie, die Beratung in Bereiche zu bringen, die nur in länger angelegter, therapeutischer Intervention zu bearbeiten sind. Gerade in der Schule kann ein lösungsorientiertes Vorgehen Lehrkräften, Schülern und Eltern ermöglichen, aus den problemlastigen Interaktionsmustern herauszutreten und zu neuen Beziehungsdefinitionen zu kommen. Alle Beteiligten müssen zu einer Lösung beitragen. Zudem schafft die Lösungsorientierung eine positive Arbeitsatmosphäre, indem sie den Blick auf Ausnahmen, positive Wünsche und Visionen richtet. Dies kann zum einen Lehrern helfen, Burnout-Symptomen zu begegnen, zum anderen für Schüler eine Möglichkeit bieten, eigene positive Verhaltensweisen und Fähigkeiten stärker zu beachten. In besonderer Weise wird das Selbstwirksamkeitserleben der Beteiligten gefördert. Auch das Moment der zeitlichen und thematischen Begrenzung lösungsorientierter Beratung eignet sich für die Beratungssituationen in der Schule. Zwar sollte sich schulische Beratung

wertvoller Beratungsansatz für Schule

nicht dem Diktat mangelnder Zeit unterordnen, gleichwohl hat Schule keine Ressourcen für längerfristige Beratungsprozesse. Auch die Perspektive, dass ein konkretes Problem gelöst und nicht die Person verändert werden soll, entlastet Lehrkräfte ebenso wie Schüler oder Eltern und begrenzt den Beratungsprozess auf ein in der Schule leistbares Maß.

entlastende Funktion

Ressourcenorientierung wird und sollte in schulischer Beratung ebenfalls eine große Rolle spielen. Durch die Betonung der Möglichkeiten der Beteiligten wird die Beratung in Richtung eines eigenverantwortlichen Lernprozesses akzentuiert. Die Stärkenorientierung dieses Beratungsansatzes korrespondiert mit den heute favorisierten, individualisierenden didaktischen Konzepten, die die Stärken der Schüler betonen und förderorientiert ausgerichtet sind. Wenn Ressourcenaktivierung als Ziel der Beratung vor allem eine ressourcenorientierte Wahrnehmungs- und Denkweise auf Seiten der professionell Handelnden voraussetzt (Lenz 2003, S. 247), verweist diese Haltung direkt auf pädagogisches Handeln.

Ressourcenorientierung korrespondiert mit Förderorientierung

Bernd Fittkau plädiert ausdrücklich dafür, dass Pädagogen problemorientierte Vorgehensweisen den Psychologen überlassen und für ein eigenständiges und zukunftsweisendes pädagogisches Beratungsfeld die Chancen des ressourcenaktivierenden Paradigmas für ihre Profession nutzen und weiterentwickeln sollten (Krause u.a. 2003, S. 145). Er weist darauf hin, dass die Ressourcenorientierung anschlussfähig an die Tradition sozialpädagogischer Beratung, an systemisch-organisationsorientierte Beratung und an Ansätze lösungsorientierter Supervision ist (ebenda). Dadurch bietet dieser Ansatz eine gute Möglichkeit, im schulischen Bereich die Kooperation mit sozialpädagogischen Einrichtungen wie Schulsozialarbeit oder Jugendhilfe zu erleichtern (vgl. Kap. 5), gleichzeitig lässt er sich in weitere wichtige Beratungsfelder wie Schulentwicklungsberatung oder Kollegiale Beratung integrieren.

Eklektizismus oder integratives Vorgehen?

Beratung im schulischen Bereich ist meist eklektizistisch angelegt. In praxisnahen Veröffentlichungen finden sich häufig Elemente unterschiedlicher Beratungsansätze vereint. So schlägt etwa Alexander Redlich in seinem Konzept zur schulklassenbezogenen Beratung explizit die Verbindung von Elementen der Gesprächsführung, der systemischen Sichtweise und der Verhaltensmodifikation vor (Redlich 2005, S. 103). Diese Elemente nehmen im Beratungsprozess unterschiedliche Funktionen ein. Auch Hennig und Ehinger arbeiten in ihrer Handreichung zu Elterngesprächen mit unterschiedlichen theoretischen Beratungsansätzen. Gesprächsführungsmethoden und systemischer Blick spielen eine wichtige

Verbindung verschiedener theoretischer Elemente

Rolle (Hennig/Ehinger 2003). Andere, wie etwa Udo Kliebisch (1995), Kai Busch und Matthias Dorn (2000) oder Wolf-Dieter Zimmermann (2003), integrieren Teile aus verschiedenen Ansätzen, teilweise ohne auf die jeweiligen theoretischen Grundlagen näher einzugehen.

Weiterentwicklung zu integrativem Ansatz

Die Tendenz, nicht explizit nach einem theoretischen Beratungsansatz vorzugehen, sondern Verbindungen oder Kombinationen herzustellen, hängt zum einen mit den Merkmalen von Beratungssituationen in der Schule zusammen, zum anderen damit, dass in den einzelnen Beratungsansätzen selbst in jüngerer Zeit eine Integration stattgefunden hat. Damit wird die scharfe Trennung verschiedener (psychologischer) Schulen ein Stück weit aufgegeben.

Wagner plädiert dezidiert für einen integrativen Ansatz in der Beratung. Seiner Ansicht nach ist »ein reines Nebeneinander verschiedener Schulen willkürlich und für die Weiterentwicklung der Beratung unbefriedigend« (Wagner 2004, S. 663). Er entwirft deshalb ein meta-theoretisches Rahmenmodell (vgl. ebenda, S. 664), auf das hier nicht näher eingegangen werden kann. Er spricht sich dafür aus, eine Rat suchende Person und ihr Anliegen unter verschiedenen theoretischen Perspektiven zu betrachten, die sich im Hinblick auf die Problematik als erfolgreich erwiesen haben. Dahinter steht die Erkenntnis, dass kein Beratungsparadigma den Anspruch erheben kann, allein das gesamte menschliche Verhalten zu erklären (ebenda, S. 671).

Reflexivität und partnerschaftliche Beratungsbeziehung

Ein integrativer Ansatz betont die reflexiven Aspekte des Menschen und eine partnerschaftliche Berater-Ratsuchender-Beziehung. Die Betonung der Reflexivität und einer ausbalancierten Beziehung ist im schulischen Bereich ein hoher Anspruch und ein Muss zugleich. Werden Hilfe zur Selbsthilfe und eine Erziehung zu Eigenverantwortung und Mündigkeit angestrebt, muss Beratung in der Schule immer die partnerschaftliche Mit- und Selbstverantwortung der Ratsuchenden anstreben, seien es Schüler, Eltern oder Kollegen und Kollegengruppen.

Zusammenfassung

Beratung in der Schule profitiert von den unterschiedlichen psychologischen Beratungskonzepten. Die theoretischen Grundannahmen können Problemsituationen und Beratungsbeziehungen erhellen, die methodischen Konzepte fundieren das Beratungshandeln. Aufgrund der Vielfalt der Themen, Situationen und Beteiligten eignet sich für die Schule ein

Integrative Konzeption schulischer Beratung

integrativer Beratungsansatz, der variabel Elemente verschiedener Konzepte aufnimmt.

Alle, die im schulischen Bereich beraten, werden nicht umhinkommen, Kompetenzen in Gesprächsführung zu entwickeln, was Methoden des klientenzentrierten Ansatzes nahe legt. Auch haben systemische und konstruktivistische Perspektiven auf Menschen, Gruppen und ihr Verhalten im Kontext heute eine so weite wissenschaftliche Fundierung, dass Beratung in der Schule nicht hinter diese Sichtweise zurück kann. Das Konzept der Ressourcenorientierung stellt mit ihrer Nähe zu pädagogischen Grundgedanken ein wichtiges aktuelles Paradigma für schulische Beratung dar.

Jenseits der Auswahl eines bestimmten Beratungsansatzes oder der Konzeption von schulischer Beratung als integratives Modell scheint es sinnvoll, Beratung in der Schule als Lehr-Lern-Prozess zu konzipieren. Dies entlastet Lehrkräfte davon, sich einer beraterischen Theorie verpflichtet zu fühlen, und ermöglicht, pädagogisch begründete Zielsetzungen und Konzeptionen schulischen Lernens in die Beratungsprozesse zu integrieren. Grundlage dazu bietet die Übereinstimmung des Grundgedankens von Beratung als Hilfe zur Selbsthilfe und der Zielrichtung schulischer Bildung, die unter anderem zu Eigenverantwortung und Selbstbestimmung beitragen soll. Gleichzeitig kann Beratung als wichtige Form erzieherischen und bildenden Handelns verstanden werden, wenn davon ausgegangen wird, dass Lernen und Entwicklung Prozesse sind, die vom Individuum selbst vollzogen werden müssen und von Lehrerinnen und Lehrern nur begleitet und unterstützt werden können.

Beratung als

… Lehr-Lern-Prozess

… Form erzieherischen und bildenden Handelns

> Zentrale Zielsetzungen der Schule wie Förderung der Eigenständigkeit, der Autonomie und der Eigenverantwortung verweisen auf Prinzipien der Beratung wie Akzeptanz, Entscheidungsfreiheit, Nicht-Bevormundung und Hilfe zur Selbsthilfe. Zur Grundlegung schulischer Beratung ist es notwendig, auf solchermaßen anschlussfähige pädagogische wie psychologische Theorieansätze zurückzugreifen. Damit stellt Beratung eine angemessene Form erzieherischen und unterrichtlichen Handelns in der Schule dar.

4. Felder und Aufgaben von Beratung in der Schule

Beratung in der Schule ist keine einheitliche oder klar definierte Aufgabe. Sie hat ebenso verschiedene Beteiligte wie unterschiedliche Themenfelder. Im Folgenden wird versucht, die Aufgaben und Felder von Beratung anhand der Adressaten zu systematisieren. Die verschiedenen Gruppen, die beraten werden, haben jeweils unterschiedliche, teilweise auch sich überschneidende Beratungsthemen. Je nach Thema und nach Stand im Beratungsprozess sind unterschiedliche Berater und Beraterinnen zuständig. Grundsätzlich kann Beratung eingeteilt werden in:

formale Einteilung

- Einzelberatung
- Gruppenberatung
- Institutions- bzw. Organisationsberatung

Dieser sehr formalen Einteilung lassen sich für den schulischen Bereich Personen oder Personengruppen zuordnen. Auch die Beratungsthemen oder Anliegen lassen sich auf einer abstrakten Ebene benennen. Hier gibt es viele Überschneidungen. So können z.B. Probleme in der Kommunikation oder der Kooperation zwischen allen Mitgliedern der Schulgemeinschaft auftreten. Verhaltensprobleme können zugleich ein Thema für einzelne Lehrkräfte, für ein ganzes Kollegium wie für Eltern, einzelne Schüler oder eine ganze Klasse sein (Abb. 7).

Wer berät?

Wer im jeweiligen Fall als Beraterin oder Berater hinzutritt, ist im schulischen Bereich teilweise genau geregelt, teilweise überhaupt nicht reglementiert. Eine wichtige Rolle für schulische Beratung spielen die Beratungslehrerinnen und -lehrer sowie die Schulpsychologinnen und -psychologen. Sie werden häufig unter die Bezeichnung Schulberatung gefasst. Es fällt auf, dass in verschiedenen grundsätzlichen Beiträgen zur Beratung in der Schule zwar von der Aufgabe aller Lehrkräfte zu beraten die Rede ist, im weiteren Verlauf aber nur noch auf Beratungslehrerinnen und -lehrer eingegangen wird (vgl. Schwarzer/Posse 2005; Knoll 2000; Heuer 2000). Andere Veröffentlichungen sehen (pädagogische) Beratung im schulischen Kontext vor allem als schulpsychologische Beratung (Krause/Fittkau/Fuhr/Thiel 2003; Nestmann/Engel/Sickendiek 2004). Dies hängt damit zusammen, dass diese beiden Gruppen qua Profession beraterisch tätig sind und einen großen Teil der offiziellen Beratungssituationen in der Schule wahrnehmen. Beratungslehrkräfte und Schulpsychologen sind immer professionell für ihre Beratungstätigkeit ausgebildet und verfügen über fundiertes Know-how in allen Beratungskompetenzbereichen (vgl. Kap. 5). Auch sind ihre beraterischen Aufgabenbereiche über gesetzliche Bestimmungen und Verordnungen in weiten Teilen geregelt (vgl. § 90 Schulgesetz für Baden-Württemberg; § 4 und § 8 Allgemeine Dienstordnung und Beratungserlass vom 08.12.1997 des Ministeriums für Schule und Weiterbildung Nordrhein-Westfalen).

Darüber sollte nicht übersehen werden, dass viele andere Personengruppen, die in der Schule tätig sind, beraterische Aufgaben übernehmen (vgl. Abb. 7). Es wäre zu kurz gegriffen, Beratungslehrkräften und Schulpsychologen allein beraterische Kompetenzen zuzugestehen und ihre Aufgaben theoretisch wie empirisch zu erfassen. Vielmehr bedarf es einer genaueren Analyse der Beratungsfelder und -aufgaben aller, die in der Schule beraten.

Ein systematischer Überblick zeigt, mit welchen Beratungsthemen Lehrkräfte, Schulberatung, Schulleitung und andere Personengruppen konfrontiert bzw. betraut sind und wo ihre beraterischen Schwerpunkte und Grenzen liegen. Dabei ist es sinnvoll von den verschiedenen Gruppen der Ratsuchenden auszugehen.

systematischer Überblick

Systematik der Beratungsfelder

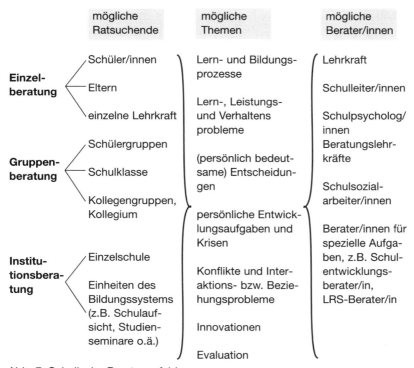

Abb. 7: Schulische Beratungsfelder

Die unterschiedlichen Konstellationen von beratenden und Rat suchenden Personen in der Schule bewirken unterschiedliche Strukturen in den Beratungsbeziehungen. Eine Beratungssituation zwischen Schülerin und Schulsozialarbeiterin hat eine andere Struktur als ein Lehrer-Eltern-Gespräch.

Beratung von Schülerinnen und Schülern

Beratungs-situationen für Schüler

Kern und Schwerpunkt schulischer Beratung liegt in der Beratung von Schülerinnen und Schülern. Schüler besuchen die Schule, mit dem Ziel zu lernen. Lernprozesse zu fördern und zu unterstützen, ist primäre Aufgabe der Lehrkräfte. Das Lernen kann aus unterschiedlichen Gründen ins Stocken geraten. Außerdem bringen Schüler ihre Persönlichkeit, ihre individuellen Fragen und Entwicklungsaufgaben mit. Sie handeln in der Schule mehr oder weniger erfolgreich und interagieren mit ihren Mitschülern und den Lehrkräften. Sie sind in der Schule wie außerhalb in verschiedene Umweltsysteme eingebunden, die auf ihr Lernen und Arbeiten Einfluss nehmen.

Im Laufe ihres Schullebens begegnen Schülerinnen und Schüler vielen Situationen, in denen sie teils gewünscht, teils erzwungen, teils dezidiert, teils nebenbei beraten werden. Schüler und Schülerinnen suchen nur zum Teil freiwillig die Beratung durch eine Lehrkraft oder eine andere Person im schulischen Bereich. Gleichzeitig nehmen sie an vielen Beratungssituationen teil, ohne dass diese bewusst anberaumt oder offiziell vorgesehen sind.

Entscheidungen: Schullaufbahn, Berufsfindung, Kurs- und Fächerwahl

Wichtige schulische Entscheidungen haben Schüler zusammen mit ihren Eltern im Hinblick auf den Bildungsweg bzw. die Schullaufbahn zu treffen. Übertritte in der Schullaufbahn stellen dabei für die Schüler und ihre Eltern meist tief greifende Einschnitte dar, die mit vielfältigen Überlegungen, Wünschen und Ängsten verbunden sind. Drei Übergänge sind dabei von besonderer Bedeutung.

schulische Übergänge

- der Schuleintritt,
- der Übergang von der Grundschule in eine weiterführende Schule,
- die Frage nach dem weiteren Bildungsweg im Anschluss an die Sekundarstufe I bzw. II.

Zusätzlich kommen auf Schülerinnen und Schüler immer wieder spezifische Fragen zu, etwa, ob die Schulform gewechselt werden soll, ob eine

Privatschule sinnvoll wäre, ob eine Klasse wiederholt werden soll, welcher Schwerpunkt im beruflichen Schulwesen sinnvoll ist usw.

Die allgemeine Schulpflicht beginnt in der Bundesrepublik mit sechs Jahren. Derzeit werden die Stichtage zur Einschulung flexibilisiert und vorverlegt, um das Einschulungsalter zu senken. Alle Kinder eines Jahrgangs, die bis zum jeweiligen Stichtag sechs Jahre alt geworden sind, müssen zum neuen Schuljahr eingeschult werden. Gleichzeitig werden die Möglichkeiten, jüngere Kinder einzuschulen, ausgeweitet. Mit dem Schuljahr 2007/2008 können alle Kinder, die bis zum Stichtag fünf Jahre alt geworden sind, eingeschult werden. Die Möglichkeiten, ein Kind später einzuschulen, werden erschwert zugunsten einer verstärkten Förderung in der Schule (zur Diskussion um den Schuleintritt vgl. etwa Knörzer/Faust-Siehl/Speck-Hamdan 2001). **Schuleintritt**

In verschiedenen Ländern Deutschlands laufen derzeit Modellversuche, die Flexibilisierung der Eingangsstufe pädagogisch und didaktisch Gewinn bringend zu gestalten. Die jahrgangsgemischte Eingangsstufe oder ein weiterer Einschulungstermin im Februar sind nur zwei Beispiele hierfür.

Der Schuleintritt ist seit ihren Anfängen ein wichtiges Feld der Schulberatung. Die Entscheidungen, ob ein Kind mit fünf oder sechs Jahren eingeschult werden soll, ob besondere Fördermaßnahmen ergriffen werden sollen, ob das Kind die Grundschulförderklasse oder ein weiteres Jahr den Kindergarten besuchen soll, bringen einen erheblichen Beratungsbedarf mit sich. Im Allgemeinen sind hierfür zunächst die Kooperations- und die Beratungslehrkräfte zuständig. Grundlage für die Beratung bilden die gängigen Schulfähigkeitsüberprüfungen (wie etwa das Kieler Einschulungsverfahren) sowie die subjektiven Einschätzungen von Eltern, Erziehungs- und Lehrkräften. Soll ein Kind außerhalb des schulrechtlich vorgesehenen Rahmens eingeschult werden oder bestehen erhebliche Zweifel, dass das Kind die schulischen Anforderungen bewältigt, werden Schulpsychologen hinzugezogen, welche über zusätzliche Testverfahren Aufschlüsse über den aktuellen Stand des Kindes erlangen können. In diesen Ausnahmefällen wird die Beratung auf eine breitere (test-)diagnostische Grundlage gestellt.

Da in allen Bundesländern ein dreigliedriges Schulsystem vorherrscht, ist im 2. Halbjahr der 4. Klasse (Berlin: 6. Klasse) die Entscheidung zu fällen, welche weiterführende Schule ein Kind besuchen soll. Wie der Übergang von der Grundschule in die Sekundarschule geregelt ist, soll exemplarisch am Beispiel Baden-Württembergs aufgezeigt werden. **Übergang weiterführende Schule**

Auf der Grundlage der Leistungen in den Fächern Deutsch und Mathematik beschließt die Klassenkonferenz aller Lehrkräfte der Klasse für jedes Kind eine Grundschulempfehlung. Sind die Eltern mit der Grundschulempfehlung nicht einverstanden, können sie sich an den Beratungslehrer wenden. Dieser führt Beratungsgespräche mit den Eltern und dem Kind und testet das Kind, wobei vor allem sein sprachlicher und/oder mathematischer Könnensstand getestet wird sowie Tests zu Konzentration, Aufmerksamkeit und Lernmotivation angewandt werden. Anhand der verschiedenen Informationen berät der Beratungslehrer die Klassenkonferenz, die dann unter seiner Mitwirkung eine gemeinsame Bildungsempfehlung abgibt. Stimmen die Eltern auch dieser nicht zu, kann das Kind an der gewünschten aufnehmenden Schule eine Aufnahmeprüfung absolvieren. Spätestens dieses Ergebnis ist bindend.

Dieses Beratungsverfahren wird angewandt, um eine möglichst fundierte und für alle Seiten tragbare Entscheidung zu finden. Durch die Tests, die die Beratungslehrerin durchführt, kann das Bild der Klassenlehrerin oder des Klassenlehrers unter Umständen objektiviert werden. Für die Eltern besteht die Möglichkeit, sowohl mit der vertrauten Lehrkraft als auch mit einer neutralen Person Beratungsgespräche durchzuführen und dadurch klarer in ihren Bildungswünschen für ihr Kind zu werden.

Fächer- und Kurswahl Während der Schulzeit stehen für die meisten Schüler Entscheidungen zur Wahl bestimmter Fächer, Kurse oder Schwerpunkte an. Auch hier ist Beratung notwendig. Meist findet sie in Form von Informationsveranstaltungen für die Eltern der Klassenstufe statt, die Schüler werden in den Klassen informiert. Wer die Information und die Beratung für Schüler und Eltern durchführt, wird fast immer an der Einzelschule geregelt. Häufig übernehmen die entsprechenden Fachlehrerinnen, die Schulleitung oder die Klassenlehrer diese Aufgabe.

nach Abschluss der Sek. I Nach dem Haupt- oder Realschulabschluss stellt sich für die Jugendlichen die Frage, einen Beruf zu ergreifen oder weitere Schulen zu besuchen, um einen höheren Bildungsabschluss zu erreichen und die beruflichen Perspektiven zu verbessern. Der Bereich der Berufsfindung nimmt in den Klassen 8, 9 und 10 einen breiten Raum ein. Die Schulen kooperieren hier stark mit Berufsberatern der Agentur für Arbeit. Daneben kommt insbesondere den Klassenlehrerinnen und -lehrern sowie den Lehrkräften in den Fachbereichen Wirtschaft, Politik und Technik bzw. Haushalt/Textil eine wichtige Bedeutung zu. Beratungslehrkräfte organisieren Informationsveranstaltungen und stehen für persönliche Gespräche und Tests zur Verfügung. In den Bildungsplänen der Bundesländer sind Themen zur Orientierung in der Berufswelt und zur persönlichen berufsbezogenen Lebensplanung vorgesehen. Auch in praxisbezogenen pädagogischen und fachdidaktischen Zeitschriften wird das Thema regelmäßig aufgegriffen (vgl. schulmagazin 5 bis 10, Themenheft Berufsfindung 1998), von Schulbuchverlagen, Verbänden und der Agentur für Arbeit werden Materialien für den Unterricht und die Beratung von

Schülern bereitgestellt. Schülerinnen und Schüler haben neben der unterrichtlichen Auseinandersetzung einen hohen Gesprächs- und Beratungsbedarf. Hier haben Lehrkräfte häufig den direkteren Draht als externe Berufsberater.

Bei allen Themen zur Schullaufbahnberatung spielen die Beratungskomponenten *Information, Unterstützung und Steuerung* (vgl. Kap. 2) eine Rolle. Gegenüber anderen Beratungsanlässen kommt bei Bildungswegsberatungen der *Information* große Bedeutung zu. Häufig kennen Eltern und Schüler die differenzierten Möglichkeiten des Bildungssystems nicht oder unzureichend. Über Profile und Anforderungen verschiedener Schularten muss informiert werden. Auch benötigen Schüler und Eltern Hinweise, wie bestimmte Übergangsverfahren und Bildungsentscheidungen ablaufen. Schülerinnen und Schüler brauchen Informationen, wie sich eine bestimmte Berufswahl auswirkt, welche weiteren schulischen Abschlüsse für sie möglich und sinnvoll sind. Über die Informationen hinaus können Lehrkräfte Schüler und Eltern in der anstehenden Entscheidung *unterstützen*, indem sie deren Erwartungen, Hoffnungen und Ängste im Hinblick auf den Bildungsweg thematisieren und herausarbeiten, welche Beweggründe eine Entscheidung wie beeinflussen. Unterstützend wirkt auch, weniger die Defizite des Kindes bzw. Jugendlichen zu fokussieren, als auf seine Ressourcen und zukünftigen Möglichkeiten abzuheben. Das Moment der *Steuerung* spielt ebenfalls eine gewichtige Rolle. Sowohl im Hinblick auf die Schullaufbahn als auch auf die beruflichen Perspektiven gilt es unter Umständen, Schüler und Eltern zu einem realistischen Blick zu verhelfen und neben den Möglichkeiten auch die Grenzen aufzuzeigen. Die Beratung steuert auch dahingehend, dass sie die selektive Funktion der Schule zwar ein Stück abfedert, aber grundsätzlich nicht anzweifelt und das dreigliedrige Schulsystem mit seiner frühen Selektion stützt.

Information, Unterstützung, Steuerung

Beratung in schulischen Entscheidungssituationen wird vorwiegend von den Klassenlehrern und den Beratungslehrkräften ausgeübt. Teilweise sind die Zuständigkeiten klar geregelt, wie am Beispiel des Übergangsverfahrens in Baden-Württemberg gezeigt, teilweise sind die Übergänge fließend und die Beratungslehrkraft wird dort hinzugezogen, wo es Unklarheiten etwa im Leistungsprofil eines Jugendlichen gibt oder wo Eltern und zuständige Lehrkraft nicht weiterkommen. In kritischen Fällen wird die schulpsychologische Beratungsstelle hinzugezogen.

Klassenlehrer und Beratungslehrer als Ansprechpartner

Lern-, Leistungs- und Verhaltensprobleme

Dieser Bereich von Schülerschwierigkeiten stellt quantitativ vermutlich den größten Teil der Beratung mit Schülern dar. Meist betreffen Lern- oder Leistungsprobleme nicht nur die einzelne Schülerin, den einzelnen Schüler, sondern wirken sich auf die Beziehung zu Mitschülern oder zu Lehrkräften aus. Nicht selten treten Lern- und Verhaltensprobleme in Kombination auf.

„Wer Schwierig-keiten macht, hat zuerst welche"

Schüler, die Schwierigkeiten machen, haben zuerst welche. Dieser Ausspruch soll die Verantwortlichkeit von Schülerinnen und Schülern für ihr Verhalten nicht klein reden, aber er soll deutlich machen, dass selten reine Böswilligkeit negative Verhaltensweisen hervorruft, sondern dass hinter Lern- und Verhaltensproblemen häufig schulische oder familiäre Phänomene stecken, die dem Schüler Probleme verursachen.

Lernschwierig-keiten statt Lernstörungen

In jüngerer Zeit hat sich im pädagogischen Sprachgebrauch zunehmend durchgesetzt, statt von Lernstörungen von Lernschwierigkeiten zu sprechen. Damit wird gegenüber dem Begriff »Störung« einer Stigmatisierung vorgebeugt und stärker betont, dass eine Schwierigkeit zum einen den Beteiligten Probleme macht, zum anderen als Herausforderung zur Bewältigung verstanden werden kann. Insgesamt hat sich in der Pädagogik die Grundannahme verbreitet, dass »Lern- und Leistungsstörungen vor dem Hintergrund eines strukturellen Gefüges komplexer Wechselwirkungen entstehen« (Pschenny 1995, S. 11). Lineare Ursache-Wirkungs-Konzepte wie etwa die Erklärung, dass Teilleistungsschwächen allein durch beeinträchtigte Funktionen des Gehirns entstünden (Milz 1989, S. 6), können heute als unzureichend betrachtet werden. Dennoch werden in der Literatur, vor allem aber in der diagnostischen und beraterischen Praxis nach wie vor individuumsbezogene Erklärungsmodelle herangezogen (vgl. Milz 1997, S. 13). Zwar spielen neuropsychologische Faktoren eine Rolle, daneben dürfen aber soziale und schulische Faktoren für die Entstehung von Lernschwierigkeiten nicht außer Acht gelassen werden. Aus diesem Grund wird heute immer mehr eine systemische Sichtweise vertreten. Marita Bergsson und Heide Luckfiel beschreiben diese Sichtweise auf Lernstörungen in drei Feldern (Bergsson/Luckfiel 1998, S. 14):

systemische Sichtweise

- Unangemessene Gestaltung der Lernumwelt, hauptsächlich in der Schule,
- Schwierigkeiten in der Lebensgeschichte und Lebensumwelt des Kindes,
- Probleme in der Entwicklung der Wahrnehmung und der Motorik.

Es liegt eine ganze Reihe an Konzepten vor, die spezifische Lernschwierigkeiten benennen, beschreiben oder erklären und häufig auch diagnostizierbar machen. Eine umfassende Einführung in die Thematik bietet Werner Zielinski (1998). Exemplarisch sollen hier Lese-Rechtschreib-Schwäche und Rechenschwäche kurz skizziert werden:

Lese-Rechtschreib-Schwierigkeiten

Zum Phänomen der Lese-Rechtschreib-Schwäche liegt eine Fülle fundierter Fachliteratur vor. Wissenschaftliche Untersuchungen befassen sich mit Fragen nach Entstehung und Entwicklung sowie nach der Wirksamkeit von Fördermethoden (zusammenfassend Klicpera/Gasteiger Klicpera 2005). Handreichungen für Lehrkräfte sollen informieren und Fördermaterial bereitstellen (z.B. Naegele/Valtin 1997; Bergsson/Luckfiel 1998; Ganser 2000). Ratgeber für Eltern versuchen ebenfalls zu informieren und Eltern Möglichkeiten aufzuzeigen, ihr Kind zu unterstützen (z.B. Ramacher-Faasen 1998; Höglinger 2002) Die Palette der Experten, die sich mit dem Phänomen befassen, reicht von Lernpsychologen bis zu Deutschdidaktikerinnen.

Hinweis auf Fachliteratur

In der aktuellen Diskussion wird der Begriff relativ weit gefasst. Er umfasst alle Schüler, die Schwierigkeiten im Schriftspracherwerb aufweisen – unabhängig von ihren sonstigen Leistungen. Christian Klicpera und Barbara Gasteiger Klicpera unterscheiden Worterkennung bzw. mündliches Lesen, Rechtschreiben, Leseverständnis und schriftlicher Ausdruck (Christian Klicpera/Barbara Gasteiger Klicpera 2005, S. 676). Die Zahlen der Grundschüler, die Lese-Rechtschreib-Schwierigkeiten haben, schwanken von 2% bis 4% (Christian Klicpera/Barbara Gasteiger Klicpera 2005, S. 656) und etwa 10% bis 15% (Richter 2005, S. 230), also durchschnittlich 1 bis 4 Kinder pro Klasse. Deshalb befassen sich vor allem Grundschullehrkräfte mit diesem Thema. Auch in den Hauptschulen spielen Lese-Rechtschreib-Schwierigkeiten eine Rolle. Neben der Rechtschreibproblematik kommt hier vor allem das Leseverständnis in den Blick.

heterogenes Erscheinungsbild

Die Heterogenität des Erscheinungsbildes und die nicht seltene Kombination mit Schwierigkeiten in anderen Lernbereichen oder im Verhalten bringen einen hohen Beratungsbedarf für Lehrkräfte, Eltern und Schüler mit sich.

Rechenschwäche

Im Vergleich zu LRS wurde der Rechenschwäche eher eine untergeordnete Aufmerksamkeit geschenkt. Erst im Zuge eines neueren Verständnisses von Lernschwierigkeiten wurden vermehrt Untersuchungen und Fördermaßnahmen entwickelt. Schülerinnen und Schüler mit Rechenschwäche weisen Defizite in den mathematischen Grundfertigkeiten auf und verfügen über ein unzureichend ausgebildetes Mengen- und Zahlverständnis. Untersuchungen zeigen, dass in Grundschulen eine Rechenschwäche häufiger zu beobachten ist als eine Lese-Rechtschreib-Schwäche (Porps 2005, S. 208). Gerhard Porps nennt eine Reihe an Erscheinungsformen und Ursachen von Rechenschwäche (vgl. ebenda, S. 209). Zur Diagnose ist es sowohl notwendig, die erforderlichen Grundfertigkeiten zu überprüfen als auch typische Schülerfehler zu untersuchen. Porps betont, dass durch präventives Vorgehen, eine sich verfestigende Rechenschwäche vermieden werden kann. Als mögliche Maßnahmen schlägt er eine rechtzeitige Fachkonsultation, eine genaue Feststellung des vorschulischen Entwicklungsverlaufs, standardisierte Rechentests, sofortiges helfendes Eingreifen des Erstklasslehrers, besonnene häusliche Nachhilfe und Zusammenarbeit zwischen Klassenlehrkraft und Beratungslehrkraft vor (vgl. ebenda, S. 214).

> **Rechenschwäche muss mehr beachtet werden**

Vor allem für Eltern gibt es bisher noch wenig fundierte Literatur, die über dieses Phänomen Auskunft gibt und Möglichkeiten zur Förderung zu Hause aufzeigt. Auch Lehrkräfte verfügen über noch wenige Erfahrungen und können erst nach und nach auf Experten oder auf entsprechende Literatur zurückgreifen, etwa auf das Handbuch von Annemarie Schmitz, Gabi Ricken und Siegbert Schmidt (2003), die Handreichung für Lehrer und Eltern von Ingeborg Milz (1999) oder die Sammlung von Bernd Ganser (2004).

> **Literaturhinweise**

Leistungsstarke Schüler

Ein Problem für Lehrkräfte stellt auch das Gegenteil der Lernschwierigkeit, die Hochbegabung, dar. Diesen besonderen Lernvoraussetzungen wurde in den letzten zehn Jahren vermehrt – auch in der schulpraxisbezogenen Literatur – Aufmerksamkeit geschenkt (vgl. Grundschule 1996, Themenheft *Besondere Begabungen*; Pruisken u.a. 2001; Reichle 2003; Grewe 2005).

In der Diskussion um Hochbegabung setzt sich der Grundsatz durch, dass es notwendig ist, besonders leistungsstarke Kinder zu fördern, um ihre Lernmotivation und ihre Leistungsfähigkeit zu erhalten, dass aber eine gezielte Diagnose nur Sinn macht, wenn die Möglichkeit zu gezielten Fördermaßnahmen besteht und gewünscht wird. Ansonsten trägt die Diagnose »hoch begabt« für leistungsstarke Kinder eher dazu bei, dass Etikettierungen stattfinden und falsche Erwartungen auf allen Seiten geweckt werden (Grewe 1996, S. 35). Wird eine testdiagnostische Einordnung teilweise eher kritisch gesehen, ist es dennoch von großer Bedeutung, dass Lehrkräfte erkennen, welche Leistungsmöglichkeiten Schüler besitzen und sie entsprechend fördern. Kinder, die in der Schule wie zu Hause häufig intellektuell unterfordert sind, können zu so genannten »Underachievern« werden, also deutlich hinter den möglichen Leistungen zurückbleiben. Underachiever fallen oft durch undiszipliniertes Ver-

> **besser fördern statt etikettieren**

halten auf. Neue Untersuchungen aus dem anglo-amerikanischen Raum zeigen, dass für Schüler mit besonderen Begabungen die Beziehung zu den Lehrkräften – vor allem zum Klassenlehrer – von besonderer Bedeutung ist und einen wichtigen Anteil daran hat, welche Leistungen sie erbringen (Kesner 2005). Aus den Forschungsergebnissen der letzten 20 Jahre lassen sich für Lehrkräfte vermutlich vor allem zwei Schlussfolgerungen ziehen: die Beobachtung, dass Kinder besonders leistungsstark oder begabt sind, sollte differenzierende Maßnahmen für diese Kinder nach sich ziehen. Bei Kindern mit Störungen im Verhalten sollte immer überlegt werden, ob eventuell eine Unterforderung vorliegt.

Probleme im Verhaltensbereich

Abhandlungen über »problematische Schüler« füllen ganze Bibliotheken. Meist sind damit Kinder und Jugendliche gemeint, bei denen Probleme im Verhaltensbereich im Vordergrund stehen. Häufig treten die Probleme im Verhalten in Verbindung mit Lernschwierigkeiten auf. Die Erscheinungsformen und die Ursachen sind vielfältig und können hier nicht diskutiert werden. So fächert etwa das Themenheft Pädagogik »Problemschüler« (2003) die Thematik von Hochbegabten bis zu Schulverweigerern. Einige häufige und für die Beteiligten sehr belastende Verhaltensweisen sind:

häufig Verbindung von Lern- und Verhaltensschwierigkeiten

Aggressionen gegen Mitschüler, Lehrkräfte oder Sachen, verbale Attacken, häufiges Umherlaufen, starke motorische Unruhe, häufige Regelverstöße, Auflehnung gegen Autorität, Fernbleiben oder zu spät kommen, Autoaggressionen, Ablehnung von Kommunikation, starke Introvertiertheit, Leistungsverweigerung.

Begriffe wie häufig oder stark weisen darauf hin, dass es keine eindeutige Definition oder Klassifikation dafür gibt, was verhaltensauffällig bzw. problematisch ist und was nicht. Ob ein Verhalten als auffällig oder problematisch eingestuft wird, hängt von den Erwartungen und dem Toleranzbereich von Schülern und Lehrkräften einerseits und von der situativen Wahrnehmung und Bewertung der Beteiligten andererseits ab.

keine eindeutige Definition

Schwierigkeiten im Verhalten lassen sich wie folgt umschreiben: Abweichungen zeigen sich als Störungen im Lern-, Leistungs- und Sozialverhalten verbunden meist mit ausgeprägten Strategien sozialen Handelns und einem Repertoire an Ausweichhandlungen, um Verpflichtungen und Bindungen zu entgehen, Verhaltensweisen anderer Personen zum eigenen Vorteil auszunutzen, Anordnungen zu unterlaufen. Kinder und Jugendliche mit auffälligem Sozial- und Leistungsverhalten haben gelernt, sich gegen Pflichten erfolgreich durchzusetzen, Gehorsam zu verweigern, mit einer Fülle von Ausreden auszuweichen, Druck auf andere durch Drohungen auszuüben (vgl. Apel 1993, S. 9).

… aber einige Umschreibungen

Diese Beschreibung redet keiner einseitigen Schuldzuweisung in Richtung Schüler das Wort, nach dem Motto, »wenn sie nur wollten, könnten sie …«. Vielmehr sind Schuldzuweisungen wie: »die Familie ist schuld«, »die Schule ist schuld«, »die Gesellschaft ist schuld oder das Kind«, zu vermeiden, es gibt keine einfachen Ursache-Wirkungs-Prinzipien. Es besteht ein kompliziertes Beziehungsgeflecht zwischen Umwelt, Familie, Schule und Kind (Saueressig 1993, S. 211), wenn es um die Frage geht, wie problematisches Verhalten entsteht und aufrechterhalten wird. Auffälliges Verhalten spielt sich nicht isoliert ab, sondern wird wie auf einer Bühne vor anderen und mit anderen im Sozialraum Klasse inszeniert (vgl. Apel 1993). Dabei spielen die Lehrkräfte genauso eine Rolle wie die vermeintlichen Hauptdarsteller.

systemische Sichtweise auf Ursachengeflecht

Häufig sind Schüler, die über Jahre als lernschwierig und verhaltensauffällig beschrieben werden, durch traditionelle pädagogische, didaktische und methodische Verfahren nicht mehr erreichbar (Saueressig 1993, S. 215). Betroffen sind neben der Schülerin bzw. dem Schüler die Lehrkräfte, die Mitschüler und die Eltern. Sie alle benötigen Beratung und Intervention.

Beratung bei Lern- und Verhaltensschwierigkeiten

Lern- und Leistungsstörungen bauen sich nach und nach auf. Sie werden vom einzelnen Schüler, der einzelnen Schülerin, dem unterrichtlichen und schulischen sowie dem sozialen Umfeld beeinflusst und wirken auf diese zurück. Dadurch werden so genannte Teufelskreise in Gang gesetzt. Dieter Betz und Helga Breuninger entwickelten dazu das *Teufelskreismodell einer Lernstörung* (Betz/Breuninger 1987). Ingrid Neumann erläutert die Entstehung in vier Stadien (Neumann 2005, S. 192ff.). Sie zeigt, dass Lernlücken bei Schülern und Umwelt zu Erklärungen, Misserfolgserwartungen und verstärkten Anstrengungen nach dem Motto »mehr desselben« führen, woraus Blockierungen entstehen, die weitere Lücken hervorrufen. Das Selbstwertgefühl sinkt, Selbststigmatisierung, Angst und Vermeidungsverhalten bewirken weitere Defizite und münden häufig in auffälliges Verhalten. Auch Lehrkräfte und Eltern stehen unter Druck, sie werden selbst in ihrem Selbstwertgefühl beeinträchtigt und versuchen über Kompensation und Repressionen dem Kind und sich zu helfen. Misserfolgserwartungen auf allen Seiten machen letztlich Erfolge unmöglich.

Teufelskreismodell von Lernschwierigkeiten

Die systemische Sichtweise insgesamt und das Teufelskreismodell im Besonderen zeigen, dass Beratung und Förderung in diesem Bereich immer einen ganzheitlichen Ansatz verfolgen muss. Aus diesem Grund sind zwar für die verschiedenen Lernschwierigkeiten durchaus differenzierte Diagnose- und Fördermaßnahmen (vgl. Klicpera/Gasteiger Klicpera 2005) notwendig, auf der beraterischen Ebene und auf der

Notwendigkeit ganzheitlicher Beratung und Förderung

Ebene einer breit angelegten Grundintervention (vgl. Leitner 1995, S. 144) kann jedoch durchaus von einem übergeordneten Ansatz ausgegangen werden.

Liegen Lern- und/oder Verhaltensschwierigkeiten vor, sind häufig sowohl die Kinder bzw. Jugendlichen als auch die Lehrkräfte und die Eltern in Not. Auch Mitschüler sind durch Störungen und Attacken betroffen.

Die Beratung von Schülern und Eltern setzt auf drei Ebenen an (vgl. u.a. Pschenny 1995; Neumann 2005):

1. Die soziale Situation der Schüler verbessern, dazu ist Elternarbeit notwendig.
2. Das Selbstwertgefühl der Schüler verbessern und ihre Vermeidungs- und Blockademechanismen aufbrechen.
3. Veränderte Lernmöglichkeiten schaffen und gezielte Lerntechniken und -strategien erlernen.

Beratung auf drei Ebenen

Ingrid Neumann betont, dass neben der förderorientierten Arbeit mit den Schülern, die vor allem dem 3. Punkt dient, das persönliche Beratungsgespräch mit ihnen grundlegend für den Beratungserfolg ist (Neumann 2005, S. 198).

Auf der Informationsebene können Schüler etwa mit dem Teufelskreismodell oder anderen Darstellungen Einblick in ihre Schwierigkeiten erhalten, die Lehrkraft kann über Fördermöglichkeiten in und außerhalb der Schule informieren und darüber, was geschehen kann, wenn keine Maßnahmen ergriffen werden.

Information

Die wichtigste Beratungsdimension für Schüler ist vermutlich die Unterstützungsfunktion. Die Schüler müssen darin unterstützt werden, alte Verhaltensmuster aufzubrechen und neue Strategien zu entwickeln. Dazu können die verschiedenen im vorherigen Kapitel diskutierten Beratungsansätze je einen eigenen Beitrag leisten. Der personzentrierte Ansatz kann dazu beitragen, Momente wie Wertschätzung, Achtung, Akzeptanz in besonderem Maß in den Beratungsprozess zu integrieren und dadurch eine positiv wertschätzende Beziehung aufzubauen. Akzeptanz fußt dabei auf einer umfassenden Wahrnehmung der Schülerin, des Schülers und ihrer bzw. seiner Entwicklungsmöglichkeiten (vgl. Danner 1998, S. 460). Auch der Ansatz der Ressourcenorientierung ermöglicht, den negativen Fokus auf den »Problemschüler« zu verändern. Über die Betonung dessen, was gut läuft kann einem Schüler mit Lern- oder Verhaltensschwierigkeiten gezeigt werden, dass nicht alles von Misserfolg begleitet sein muss, was er anpackt. Es kann für Schüler in Beratungssituationen sehr entlastend wirken, nicht länger auf die Defizite zu schauen, sondern in Richtung produktiver Lösungen. Die Verhaltensmodifikation wird häufig bei Lern- und Verhaltensschwierigkeiten eingesetzt, um Ver-

Unterstützung

meidungsverhalten und Blockaden durch positive Lernstrategien zu ersetzen. Wichtig ist ein kleinschrittiges Vorgehen, das mit konsequenten Verstärkungen arbeitet. Immer wieder wird betont, dass es bei der Beratung von Schülerinnen und Schülern mit Lern- oder Verhaltensschwierigkeiten darauf ankommt, eine tragfähige Beziehung aufzubauen. Dies muss bei allen Versuchen, beraterisch tätig zu sein als zentrales Ziel angestrebt werden.

Steuerung Die beratende Lehrkraft übernimmt Unterstützungs- und Steuerungsfunktionen, indem sie den Schüler z.B. begleitet, Maßnahmen und Förderpläne zu erarbeiten und umzusetzen. Steuerung erfolgt daneben immer dann, wenn die persönlichen Wünsche und Ziele mit Anforderungen der Schulklasse, der Schule, der Wirtschaft oder der Gesellschaft kollidieren. So muss etwa einem Schüler aufgezeigt werden, dass er, um seinen Berufswunsch »Graphiker« zu realisieren, hart an seiner Arbeitshaltung und seiner Zuverlässigkeit arbeiten muss. Einer anderen Schülerin muss vielleicht deutlich gemacht werden, dass sie mit ihren Sprachkenntnissen keine Ausbildung zur Erzieherin machen kann. Zur Steuerungsfunktion von Beratung gehört auch, Schülerinnen und Schüler, evt. auch die Eltern, an andere Beratungsinstitutionen zu verweisen. So kann bei einem Fall von Schulangst die Schulpsychologin aufgesucht oder die Schulsozialarbeit kontaktiert werden. Die Beraterin sollte eine koordinierende Funktion zwischen Maßnahmen, die zu Hause, in der Schule und evt. an anderen Stellen getroffen werden, einnehmen.

Fachlehrkraft als erste Beratungsinstanz Bei Lern- und Verhaltensschwierigkeiten sind zunächst die betroffenen Lehrkräfte, zuvorderst die Klassenlehrerin oder der Klassenlehrer gefragt. Sie erleben die Probleme meist zuerst und sind die direkten Ansprechpartner für Schüler und Eltern. Lehrkräfte können in ihrer Beratungsfunktion aber auch überfordert sein. Sie sind meist selbst in die Problemlage involviert, was eine Sichtweise von außen erschwert. Außerdem kann, wenn die Schwierigkeiten schon weiter fortgeschritten sind, die Beziehung zwischen Schüler und Lehrkraft stark belastet sein. Zwar kann ein Beratungsgespräch wichtige Dienste leisten, um die Beziehung zu verbessern, die belastete Beziehung kann ein Beratungsgespräch aber **Belastung durch persönliche Involviertheit und begrenzte Kompetenz** auch unmöglich machen. Lehrkräfte stoßen daneben auch auf die Schwierigkeit, dass sie im Bereich von Lernschwierigkeiten über zu wenig Fachkompetenz verfügen, um angemessene Fördermaßnahmen anregen und unterstützen zu können. Bei Problemen vorwiegend im Verhaltensbereich kommt es immer wieder vor, dass die betroffenen Lehrkräfte ihre pädagogischen Möglichkeiten ausgeschöpft oder zwar Ideen haben, aber fachliche und persönliche Unterstützung für die Umsetzung benötigen.

Sind solche Grenzen auf der fachlichen, der persönlichen oder der Beziehungsebene erreicht, werden andere schulische Beratungsinstanzen hinzugezogen oder der »Problemfall« wird weitergegeben. In diesem Bereich liegen keine rechtlichen Regelungen vor, wer konkret zuständig ist. Bei Lernschwierigkeiten werden zunächst meist die Beratungslehrkräfte eingeschaltet. In Fallbeispielen wird auch immer wieder berichtet, dass sich Eltern direkt an die Beratungslehrkraft wenden. Auch bei Verhaltensschwierigkeiten sind die Beratungslehrkräfte gefragt, daneben spielen gerade in diesem Bereich die Schulsozialarbeiter eine zentrale Rolle. Schwerwiegende Problemfälle, z.B. Schüler, die Suizidgedanken äußern, Schüler mit massiver Schulangst oder sehr aggressive Jugendliche werden häufig an die Schulpsychologischen Beratungsstellen weitergeleitet. In den meisten Fällen verfügen Beratungslehrkräfte und Schulpsychologen über mehr Know-how, welche Fördermaßnahmen in welchem Fall günstig sind und können diese mit Schülern, Eltern und Lehrkräften gemeinsam planen. Schulpsychologen können darüber hinaus in begrenztem Rahmen auch psychologische Einzelfallhilfe leisten, etwa bei Kindern mit massiven Lernblockaden. Daneben gibt es inzwischen fast flächendeckend auf der Ebene der unteren Schulbehörden spezielle Fachkräfte für Lernschwierigkeiten.

Hinzuziehen von Fachkräften

Vor allem im Bereich der Lernschwierigkeiten lassen sich hinsichtlich von Beratung und Intervention zwei unterschiedliche Trends konstatieren. Eher psychologisch orientierte Ansätze fordern eine verstärkte und differenziertere Diagnostik, um ganz gezielt auf die unterschiedlichen Arten und Ausprägungen der Lernschwierigkeit einzugehen (vgl. Klicpera/Gasteiger Klicpera 2005, S. 676). Andere Autoren kritisieren die begrenzte Aussagekraft spezifischer Tests und plädieren für einen »dialogischen Prozess zwischen Lehrkraft und Schüler«, der eher auf Beobachtung statt Diagnose und Lernraum statt (Förder-)Lehrgang beruht (Brügelmann/Brinkmann 2006, S. 31).

Lernberatung

In jüngerer Zeit kommt als Beratungsfeld für alle Lehrkräfte verstärkt die Lernberatung in den Blick. Dies hängt vor allem mit zwei sich ergänzenden Forderungen an Unterricht zusammen. Zum einen soll im Unterricht stärker selbst gesteuert gearbeitet werden, zum anderen sollen alle Schüler nach ihren Möglichkeiten gefördert werden. Offene Lernformen, die Selbststeuerung erfordern und differenzierende Lernformen, die individuelles Arbeiten und Lernen ermöglichen, werden deshalb vermehrt in den Unterricht integriert. Hierzu gibt es viele Anstrengungen von Seiten der Lehrkräfte, der Schulen und der Bildungsbehörden, Lernformen wie Wochenplanarbeit, Lernwerkstätten, Freiarbeit oder Projektunterricht im Unterricht zu etablieren.

innovative Lernformen

Soll allen Schülern spezifisch weitergeholfen werden, reichen offene und differenzierte Lernangebote allein nicht aus. Die Schülerinnen und

Schüler müssen im Unterricht beraten werden. Dies ist eine Aufgabe jeder Lehrkraft. In der didaktischen und der methodenorientierten Literatur zu offenem bzw. differenziertem Unterricht wird fast immer darauf hingewiesen, dass Lehrkräfte die Rolle der Lernberater und -begleiter einnehmen. Es gibt aber bisher kaum konzeptionelle und so gut wie keine empirischen Beiträge dazu, wie Lernberatung in innovativen Unterrichtsformen gestaltet sein soll. Als Ausnahme können Veröffentlichungen gelten, die Lernberatung unter dem Label »das Lernen lernen« (Keller 1996) fassen, also einen etwas anderen Begriff von Lernberatung ansprechen als den hier diskutierten.

Konzeptualisierung steht noch aus

Um Schüler Gewinn bringend zu beraten, benötigt die Lehrkraft Wissen um die jeweiligen Lernprozesse (z.B. Schriftspracherwerb), um didaktische Maßnahmen und um Förderkonzepte, d.h. handlungsfeldspezifisches Wissen. Sie braucht aber auch Kenntnisse über Beratungstheorien und -prozesse, also Prozesswissen. Sonst bewegt sich Lernberatung allzu schnell auf der Ebene von Tipps und Ratschlägen, welche Zielen wie Selbststeuerung und Eigenverantwortung der Schüler entgegenwirken.

Auch wenn im Unterricht vor allem von Unterstützung der Schüler gesprochen wird, finden in Lernberatungssequenzen ebenso Information und Steuerung statt. Die Lehrkraft informiert die Schüler über ihren Lernstand, zeigt ihnen auf, was richtig und was falsch ist, informiert über ihre Erwartungen usw. Unterstützend wirkt die Lehrkraft, indem sie mit der Schülerin oder dem Schüler überlegt, welche Bereiche gut laufen und wo welche Schwierigkeiten oder Lücken bestehen. Sehr wichtig ist die Unterstützung des Lehrers vor allem, um die Schüler dazu anzuhalten, über ihr eigenes Lernverhalten und über ihre Lern- und Lösungsstrategien zu reflektieren. Dadurch werden Metakognitionen aufgebaut, die bedeutsam sind, um eine lebenslange Lernfähigkeit aufzubauen. Die Lehrkraft steuert im Beratungsprozess, indem sie mit den Schülern Förderpläne erstellt. In offenen oder differenzierenden Unterrichtssequenzen besteht die Steuerungsfunktion auch darin, den Schülern nahe zu legen bestimmte Themen, Aufgaben oder Übungen zu bearbeiten, in denen sie noch Bedarf haben bzw. bestimmte Vorgaben zu machen, welche Aufgaben noch zu erledigen sind. Steuerung kann auch darin bestehen, bestimmte Lerntandems oder -gruppen zu bilden, die sich mit entsprechenden Aufgaben befassen.

Information, Unterstützung, Steuerung

Gerade in der Lernberatung spielt die Ressourcenorientierung eine wichtige Rolle. Gehen Lehrkraft und Schüler mit den Fragen »Was kannst du schon, worauf baust du auf, was klappt bereits, wie weit bist du gekommen?« an das Lernergebnis heran, fällt es leichter, die Weiterarbeit zu planen, als wenn vorwiegend auf Fehler und Defizite geachtet wird. Eine positive Fehlerkultur (vgl. Schoy 2005) ermöglicht zudem, Fehler nicht als

ressourcenorientiert beraten

auszumerzende Defizite, sondern als Lernchancen zu begreifen. Um diese Lernchancen jedoch nutzen zu können, benötigen Schüler die beratende Unterstützung der Lehrkraft.

Die Aufgabe von Lehrkräften zu begleiten und zu unterstützen, konsequent unter dem Beratungsaspekt zu betrachten, ermöglicht auch, Gründe für eine zurückhaltende Haltung der Lehrkraft in offenen Formen anzugeben. Da Beratung Hilfe zur Selbsthilfe sein soll, ist es notwendig, dass Lehrkräfte eine gewisse Abstinenz üben und im Regelfall erst in die Lernprozesse von Schülern eingreifen, wenn dies von diesen gewünscht wird. Diese Haltung der Lehrkraft unterstützt die Schüler darin, ihre Lernprozesse selbst zu steuern.

Lernberatung erst auf Anfrage

Die Schüler in ihrem Lernen zu beraten – im weiten Sinne des Begriffs – stellt die Grundaufgabe der Lehrkraft im offenen Unterricht dar. In diesem Überbegriff sind die Prozesse von Diagnose und Fördermaßnahmen enthalten (siehe Abb. 8). Lernberatung im engeren Sinn ist gleichzeitig eine Handlungseinheit in diesem Prozess. Beratung findet statt, nachdem die Lehrkraft sich über den Lernstand einzelner Schüler einen Überblick verschafft und sich erste Gedanken über mögliche didaktische Maßnahmen gemacht hat. Gemeinsam mit dem Schüler sollen dann angemessene weitere Lernschritte entworfen werden.

Einbettung in Diagnose-Förderkonzept

An dieser Stelle wird eine Schwierigkeit von Lernberatung deutlich. Beratung setzt die Bereitschaft und Offenheit des Adressaten voraus. Sonst handelt es sich um einen Rat (vgl. etwa Bollnow 1950, S. 80), der eher einer Verhaltensaufforderung ähnelt als einer Unterstützung zur eigenständigen Lösung eines Problems. Soll aber das zentrale Ziel offenen Unterrichts verfolgt werden, die Schüler darin zu fördern, eigenständig und selbstverantwortlich zu lernen, muss Beratung nicht als Ratschlag sondern im hier vertretenen Sinn der Hilfe zur Selbsthilfe eingesetzt werden.

Lernberatung braucht Bereitschaft des Schülers

Lernberatung im Offenen Unterricht

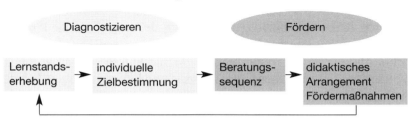

Abb. 8: Lernberatung als Prozess

Thorsten Bohl gibt folgende Hinweise zur Gestaltung von Beratungssituationen im offenen Unterricht (Bohl 2004, S. 99):

**Gestaltungs-
hinweise**

- *Die unterschiedlichen Beratungsmöglichkeiten und Hilfen bei Lernproblemen müssen bekannt und vorbereitet sein.* Bei Schwierigkeiten kann der Schüler selbst versuchen, das Problem zu lösen, in geeigneten Medien z.B. Lexika, Schulbücher, Lösungskarten nachschauen, Mitschüler um Hilfe bitten, die Lehrkraft um Rat fragen.
- *Beratung benötigt Zeit.* Da Beratung einen wesentlichen Bestandteil der Aufgaben der Lehrkräfte im Unterricht darstellt, muss hierfür ausreichend Zeit eingeplant werden.
- *Im Regelfall geht das Beratungsgesuch von den Schülern aus.*
- *Die Lernumgebung ist beratungsfördernd.* Durch eine vorbereitete, strukturierte Umgebung, in der Lösungshilfen bereitstehen, Regeln und Lernschritte visualisiert sind und die Aufgaben ansprechend und angemessen sind, werden unnötige Hilfestellungen durch die Lehrerin vermieden.
- *Das aktive und gezielte Aufsuchen von Beratung ist ein positives Merkmal selbstständigen Lernens.* Gezielt Beratung einfordern zu können, zeigt Selbst- und Kooperationskompetenz. Lehrkräfte sollten deshalb die Schüler dazu ermutigen, Fehler und Schwierigkeiten zu benennen. Es sollte nicht negativ bewertet, sondern eher honoriert werden, wenn Schüler Beratung wünschen.
- *Lernberatung muss systemisch unterstützt werden.* Viele Lernprobleme sind komplex und über Beratungsmaßnahmen im Unterricht nicht lösbar. Es müssen weitere Ressourcen wie Förderkurs für Schüler oder Beratung für Eltern bereitgestellt werden, um gezielte Beratungs- und Fördermaßnahmen zu ermöglichen.

**Lernen
lernen**

Neben der Lernberatung, die sich gezielt auf Inhalte und Aufgaben des Unterrichts bezieht, wird Lernberatung auch im Zusammenhang mit dem Schlagwort »das Lernen lernen« verwandt. Das Lernen lernen als lernmethodische Qualifizierung wird heute als Antwort auf die Pluralisierung von Lernprozessen und auf die Öffnung von Unterricht und Schule diskutiert. Die Vermittlung von Lerntechniken wird als wichtige Vorbereitung auf ein Leben in der Wissens- und Informationsgesellschaft und auf die Teilhabe am Wirtschaftsleben gesehen. Dabei unternahm schon in der Reformpädagogik etwa Hugo Gaudig den Versuch, die Schüler schrittweise in Arbeitstechniken einzuführen, um ihnen dadurch Selbstständigkeit in der Schularbeit zu ermöglichen (vgl. Kowalczyk 1999, S. 63). Wenn Schüler lernen, wie man lernt und arbeitet, so die Hoffnung auch heute, sind sie in der Lage, Gelerntes auf neue Bereiche zu übertragen und lebenslang weiter zu lernen. Des Weiteren ist dieses

Konzept getragen von der Erkenntnis, dass viele Schülerinnen und Schüler Lern- oder Leistungsschwierigkeiten haben, weil sie nicht über geeignete Lernstrategien verfügen, z.B. ihre Zeit zu knapp einteilen, planlos und zu kurzfristig lernen oder versuchen, monoton auswendig zu lernen.

Wenn man von »Lernen lernen« spricht, ist damit meist gemeint, nicht fachgebundene Methoden des Lernens bzw. Arbeits- und Lerntechniken zu erwerben. Lernmethoden haben höchst unterschiedliche Reichweiten: »Sie können sich auf allgemeine Voraussetzungen beziehen wie die Herstellung einer grundlegenden Lernmotivation, sie können aber auch so speziell sein wie Mnemotechniken zum Vokabel-Lernen, es gibt Methoden, die eher das Lernen Einzelner stützen, wie auch solche, die auf soziale Situationen gemünzt sind« (Heymann 1998, S. 8).

Erlernen von Lernmethoden

Lernberatung kommt in diesem Zusammenhang vor allem ins Spiel, wenn es darum geht, mit Schülern geeignete Lernmethoden zu entdecken und einzuüben. Diagnose und Fördermaßnahmen im Hinblick auf Lernstrategien ergänzen sich auch hier. Keller stellt fest, dass eine konkrete und hilfreiche Lernberatung eine Lerndiagnose voraussetzt. Diese sollte durch Befragung das Lernverhalten des Schülers in Erfahrung bringen (Keller 1993, S. 106). Die allgemeine Lernberatung befasst sich vor allem mit folgenden Punkten:

Teilbereiche von „Lernen lernen"

- Der Frage nach Lerntypen und Lernwegen – auch wenn heute kaum noch von stark abgegrenzten Lerntypen wie visuellem oder auditivem Typ die Rede ist und für eine Ergänzung verschiedener Lernwege plädiert wird, macht es Sinn, herauszufinden, welche Lernwege ein Schüler, eine Schülerin benutzt und welche Erfahrungen er bzw. sie damit macht, um gezielt Lernwege zu stärken bzw. zu ergänzen.
- Die Einteilung der Lernzeit – eine sinnvolle Planung spielt hierbei die größte Rolle.
- Gestaltung und Organisation des Arbeitsplatzes und der Lernmittel.
- Erlernen von Lerntechniken für bestimmte Lernaufgaben, etwa Strategien zum Verstehen von Texten, zum Vokabel-Lernen usw.
- In Lerngruppen lernen.

Allen Ebenen der Lernberatung ist gemeinsam, dass sie in engem Zusammenhang mit Diagnose und Fördermaßnahmen stehen. Die nach Pisa 2000 (Deutsches PISA Konsortium, 2001) verstärkt einsetzende Diskussion um die Förderorientierung von Schule zeigt die besondere Bedeutung der Lernberatung auf. Dabei bilden nicht mehr die Defizite, sondern die Stärken und Ressourcen der Schüler den Ansatzpunkt. Die Förderung der Selbstständigkeit und Eigenverantwortung fordert die Lehrkräfte zudem heraus, Beratung als dialogisches Geschehen zu praktizieren und auf Ratschläge weitgehend zu verzichten.

Lernberatung ist notwendig für Förderorientierung

Beratung bei persönlichen Entwicklungsaufgaben und Krisen

Schülerinnen und Schüler haben im Laufe ihrer Schulzeit eine Reihe von Entwicklungsaufgaben zu bewältigen. Einige hängen mit schulischen Ereignissen zusammen wie etwa der Schuleintritt oder ein Schulwechsel. Andere werden von Außen in die Schule hineingetragen, so etwa die Bewältigung der Pubertät, familiäre Veränderungen, Krankheiten oder Süchte.

Hier grenzt die (schul-)pädagogische Beratung an sozialpädagogische und psychosoziale Beratungsarbeit. Immer wieder sind Lehrkräfte Ansprechpartner für Kinder und Jugendliche in schwierigen persönlichen Lebensabschnitten. Dies zeigt der Lehrkraft zunächst, welches Vertrauen die Schülerin, der Schüler hat und in welcher Notsituation sie bzw. er sich befindet. Es stellt die Lehrkraft aber auch vor die Aufgabe, die Anfrage des Kindes oder Jugendlichen aufzunehmen und mit ihr umzugehen.

verantwortungsvolle Aufgabe für Lehrkräfte

In der Literatur gibt es eine große Zahl von Veröffentlichungen, die sich mit Problemen von Kindern und Jugendlichen von Drogengefährdung über Trennung und Scheidung, Pubertät und Identitätsfindung bis zu Misshandlung und Missbrauch befassen. Lehrkräften steht dabei sowohl Literatur aus dem sozialpädagogischen und psychologischen Bereich als auch populärwissenschaftliche Ratgeberliteratur zur Verfügung. Einen Überblick zu Lebensproblemen von Schülern geben Arnulf Hopf (2001) oder Andreas Hundsalz, Hans-Peter Klug und Herbert Schilling (1995), zu Konflikten in der Familie Matthias Weber, Hans-Werner Eggemann-Dann und Herbert Schilling (2001), zu Problemsituationen von Kindern und Jugendlichen die Handbücher zur Erziehungsberatung von Wilhelm Körner und Georg Hörmann (1998), zu Missbrauch Gabriele Ramin (1993). Ein großer Teil dieser Literatur bezieht sich jedoch nicht oder nur am Rande auf die Schule und lässt für Lehrkräfte damit Fragen offen.

Literaturhinweise

Da schulisches Lernen immer in die Lebensbewältigung hineinragt und zur Persönlichkeitsentwicklung beiträgt, kommen Lehrkräfte nicht umhin sich auch mit krisenhaften Entwicklungen einzelner Schülerinnen oder Schüler auseinanderzusetzen. So betont etwa Klaus Hurrelmann, dass eine gute Schule mit einem angenehmen Schulklima ein sozialer Raum mit präventiver Wirkung für jede Form von Verhaltensauffälligkeit und Gesundheitsbeeinträchtigungen ist (Hurrelmann 1988, zit. nach Schäfer-Koch 1992, S. 51). Die Aufgabe der Schule in diesem Kontext besteht darin, dem Schüler auch bei Belastungen, die er aus seinem außerschulischen Umfeld mitbringt und die sich auf die Schularbeit auswirken, soziale Unterstützungsleistungen in Form von Beratungskontakten anzubieten (Schäfer-Koch 1992, S. 52).

Unterstützung für persönliche Entwicklung

Auf die Schule bezogene Veröffentlichungen arbeiten fast immer mit Fallbeispielen (vgl. z.B. Pädagogik 2003, H. 10). Es wird aufgezeigt, wie Lehrkräfte mit einer Schwierigkeit umgegangen sind. Analysiert man die Fallbeispiele wird deutlich, dass die Hinweise zur Beratung vielfach in die gleiche Richtung gehen. Im Mittelpunkt der Aussagen steht, dass die Lehrerinnen und Lehrer für die Anliegen der Schüler offen sein und deren momentane Situation und Sichtweise dazu ernst nehmen sollen. Es wird also die Beziehungsebene angesprochen. Dabei spielen die Grundhaltungen der personzentrierten Gesprächsführung – Empathie, Akzeptanz und Echtheit – eine besondere Rolle.

Lehrkräfte können für Schüler in schwierigen Lebenslagen erste Ansprechpartner sein. Sie stellen verlässliche, manchmal die einzigen, Erwachsene im direkten Umfeld der Schüler dar und erleben deren Entwicklung tagtäglich. Sie sind deshalb für Kinder und Jugendliche eher greifbar als Mitarbeiter von Beratungsstellen. Wenn Kinder oder Jugendliche mit einer Lehrkraft über ihr Problem sprechen, ist es häufig der erste Versuch, außerhalb der Familie und des Freundeskreises Hilfe zu suchen. Auch wenn die Lehrkraft von sich aus einer Schülerin, einem Schüler ein Gespräch anbietet, ist dies nicht selten das erste Mal, dass ein Erwachsener sich des Themas annimmt.

Lehrkraft als erste Ansprechpartnerin

Aus diesem Grund kommt solchen Gesprächssituationen eine große Bedeutung zu. Es ist vor allem wichtig, dass die Ratsuchenden sich ernst genommen fühlen. Auch genügend Zeit und die Bereitschaft, angemessen zuzuhören, sind für den weiteren Verlauf der Beratung von großer Bedeutung. Vorschnelle Ratschläge oder gar Bagatellisierungen wirken kontraproduktiv.

Im Bereich psychosozialer Einzelfallberatung von Schülern stoßen Lehrkräfte an ihre Grenzen. Sie sind in den meisten Fällen keine Spezialisten für Themen wie Trennung und Scheidung, Süchte oder Jugendkriminalität. Ihre Aufgabe besteht nicht und kann nicht darin bestehen, Schüler durch Lebenskrisen zu begleiten. Wenn der Lehrkraft das Kind oder der Jugendliche am Herzen liegt, ist es nicht immer einfach, sich diese Grenze einzugestehen. Sie kann aber gleichzeitig entlasten, wenn sich die Lehrkraft darüber im Klaren ist, was sie leisten kann und was nicht. Handelt es sich um einen leichteren Fall, kann die Lehrkraft dem Schüler mit ein oder zwei Gesprächen wieder auf die Sprünge helfen. Liegen jedoch schwerwiegende Probleme wie Süchte, Delinquenz oder auch familiäre Krisen vor, die das Kind nicht bewältigen kann, ist es auf jeden Fall geboten, den Schüler an entsprechende Fachpersonen weiter zu vermitteln. Der Lehrkraft kommt hier eher die Aufgabe zu, den Schüler in der Suche nach Hilfe zu unterstützen als selbst diese Hilfeleistung zu übernehmen. Zeigt die Lehrkraft dem Schüler dabei klar, dass sie seine Schwierigkeiten sieht und ihm helfen will, dass sie aber über begrenzte

Grenzen der Lehrkraft

Kompetenzen und ein definiertes Aufgabengebiet als Lehrer verfügt, kann vermieden werden, dass der Schüler sich abgeschoben fühlt.

Beratung von Schülergruppen: Interaktions- und Beziehungsfragen

Beratung von Klassen als genuine Aufgabe

Anders gestaltet sich die Situation, wenn es um Konflikte und Interaktions- bzw. Beziehungsprobleme geht, die das Zusammenleben in der Schule betreffen: Probleme in der Lehrer-Schüler-Beziehung, Probleme unter Mitschülern, Mobbing, Freundschaften und Klassen- sowie Schulklima. Hier sind die Lehrkräfte einer Schule unmittelbar gefragt. Häufig reicht eine einzelfallbezogene Beratung nicht aus, vielmehr muss die Interaktion der ganzen Klasse ins Blickfeld gerückt werden.

Es gibt eine Reihe von Konzepten, die sich damit befassen, wie Beziehungsschwierigkeiten in Schülergruppen oder in Klassen bearbeitet werden können (z.B. verschiedene Beiträge in Grewe 2005). Hierbei sind Beratungshandlungen meist verbunden mit Maßnahmen, die in das große Feld sozialen Lernens fallen. Eingehen möchte ich besonders auf Konzepte zur Mediation bzw. Streitschlichtung und zur schulklassenbezogenen Beratung.

Mediation und Streitschlichtung haben zwar nicht völlig den gleichen theoretischen Hintergrund, sollen hier aber synonym gebraucht werden, da die Konzepte im Bereich Schule sich kaum unterscheiden lassen. Mediation wird im Kontext von Schule als Möglichkeit diskutiert, Konflikte konstruktiv zu lösen und damit zur Gewaltprävention beizutragen. Ein positiver Umgang mit Konflikten stellt ein wichtiges soziales Lernfeld dar. Das Konzept der Mediation sieht dabei vor, dass im Konfliktfall zu den Streitparteien eine dritte Person hinzugezogen wird, welche eine mo-

Mediation und Streitschlichtung

derierende und beratende Funktion einnimmt und die Parteien darin unterstützt, möglichst zu einer win-win-Lösung (vgl. Faller 1998, S. 35; Kappacher 2002) zu kommen. Wird Mediation an einer Schule etabliert, ist sie meist mit einer Reihe an Maßnahmen verbunden. Jamie Walker stellt in ihren Büchern zum gewaltfreien Umgang mit Konflikten sechs Bereiche vor, an denen mit den Schulklassen gearbeitet wird: Kennenlernen, Förderung des Selbstwertgefühls, Kommunikation, Kooperation, geschlechtsbezogene Interaktion, gewaltfreie Konfliktaustragung (vgl. Walker 1995). Kurt Faller arbeitet mit einem Hexagon zur konstruktiven Konfliktbearbeitung mit den Elementen: Konstruktive Konfliktbearbeitung, begleitende Programme, Soziales Lernen im Unterricht, Trainings zum Lehrerverhalten, Öffnung der Schule, Prävention und Schulprogramm (vgl. Faller 1998, S. 8).

Beratung spielt im Hinblick auf Mediation eine doppelte Rolle. Zum einen kann Mediation selbst als ein Beratungskonzept für Konflikte in oder zwischen Schulklassen bzw. zwischen Schülern und Lehrkräften oder zwischen Lehrkräften verstanden werden. Zum anderen können Beratungsprozesse hilfreich und notwendig sein, um in einer Klasse bzw. an einer Schule Mediation als Teil des Schulprofils zu etablieren. Sowohl Lehrkräfte als auch Schüler müssen lernen, eine veränderte Form der Interaktion, des Interessensausgleichs und der Konfliktlösung zu üben. Berater können hier Informationen vermitteln, die verschiedenen Gruppen an der Schule unterstützen, ihre Kompetenzen verbessern und dahingehend steuern, welche Themenbereiche und Prozesse in einer Klasse bzw. an der Schule besonders geübt und thematisiert werden müssen und wie Streitschlichtung in das Schulprofil eingebunden wird. Zahlreiche Fortbildungseinrichtungen bieten solche Beratung für Schulen an.

Am Beispiel Mediation wird deutlich, dass immer dann, wenn die Frage »Wie gehen wir miteinander um? Wie lösen wir unsere Konflikte?« angegangen wird, Beratung sehr schnell von der individuellen auf die schulklassenbezogene bzw. die ganze Schule betreffende Ebene ausgeweitet wird.

Das Konzept »schulklassenbezogene Beratung« von Alexander Redlich (Redlich 1990; 2005), baut auf seiner »Pädagogischen Verhaltensmodifikation« auf. Es stellt ein echtes Beratungskonzept in dem Sinne dar, dass hier ein außenstehender schulischer Berater mit einer Klasse und deren Lehrkraft arbeitet. Dabei stehen Störungen der sozialen Interaktion im Mittelpunkt. Redlich kombiniert in seinem Ansatz Elemente der personzentrierten Gesprächsführung, der Verhaltensmodifikation und des systemischen Ansatzes zur Diagnose und der Moderationsmethode. Dadurch findet insbesondere eine »Verbindung von Verständigung und Veränderung, von Dialog und Training« (Redlich 2005, S. 110) statt. Verständigung ist notwendig, um die verschiedenen Interessen und Werte in einer Klasse einschließlich Lehrkraft zur Sprache zu bringen. Methoden personzentrierter Gesprächsführung können hierzu dienen. Die lerntheoretisch begründeten Methoden der Verhaltensmodifikation verhindern, dass der Verständigungsprozess in einem reinen »Reden-über« ohne Konsequenzen stecken bleibt. Erst wenn neue Interaktionsmuster eingeübt werden, kommt es zu einer Verhaltensänderung. Die systemische Sichtweise sieht die Schulklasse als dynamisches System, das seine Interaktionsregeln selbst erzeugt (ebenda, S. 103). Beratung in diesem Ansatz stellt also ein vielschichtig fundiertes Konzept dar, das über Zusammenhänge in der Klasse informiert, Verständigung unterstützt sowie das Training neuer Interaktionsmuster steuert. Redlich sieht hierzu insbesondere Beratungslehrkräfte vor.

**Schulklassen-
bezogene
Beratung**

Zusammenfassung

**Schüler-
beratung
als wichtigstes
Beratungsfeld**

Die Beratung von Schülerinnen und Schülern nimmt innerhalb der Beratungsaufgaben von Lehrkräften den breitesten Raum ein. Verschiedene Themenbereiche sind Gegenstand solcher Beratung. Häufig kommt es dabei zu Überschneidungen zwischen dem Lern- und Verhaltensbereich, zwischen persönlichen Schwierigkeiten und Schwierigkeiten mit anderen oder mit den schulischen Anforderungen.

**jede Lehrkraft
gefragt**

Bei der Beratung von Schülerinnen und Schülern ist zunächst fast immer die Fachlehrerin oder der Klassenlehrer gefragt. Bei speziellen Fragen wie Schullaufbahnentscheidungen, dem Verdacht auf Lernstörungen oder massiven Verhaltensproblemen wird die Beratungslehrkraft hinzugezogen. Bei komplexeren Problemen oder wenn eine mittelfristige Intervention angezeigt ist, übernimmt die Schulpsychologin oder der Schulpsychologe die Einzelfallhilfe.

Schülerinnen und Schüler suchen teilweise auch gezielt die Beratung bei einer Lehrkraft, von der sie nicht unterrichtet werden. Ebenso sehen Lehrkräfte, die selbst in ein Schülerproblem involviert sind, es oft als hilfreich an, wenn eine außenstehende Fachkraft die Beratung übernimmt.

> Nach Norbert Grewe hat Beratung für Schüler drei Funktionen (Grewe 2005, S. 10):
>
> ● Eine Lösung wird gesucht.
> ● Die Beziehung zur Lehrkraft steht auf dem Prüfstand.
> ● Wichtiges für das weitere Leben wird gelernt.
>
> Damit wird deutlich, dass es in Beratungssituationen für Schüler auch immer darum geht, ob die Lehrkraft für sie wirklich Zeit hat und sie ernst nimmt. Diese Beziehungsdimension ist mit ausschlaggebend dafür, ob gefundene Lösungen umgesetzt werden. In der Beratungssituation lernen Schüler auch einen anderen Umgang mit Problemen kennen. Lehrkräfte haben die Chance, Beziehungen zu ihren Schülern zu verbessern, deren Stärken besser kennen zu lernen, die Problemlösefähigkeit zu verbessern und Einfluss auf die Beratungskultur und das Klassenklima zu nehmen (ebenda, S. 11).

**Ambivalenz
der Lehrer-
rollen**

Ein schwieriges Feld in der schulischen Beratung von Schülern bleibt, dass Lehrkräfte als Funktionsträger immer verschiedene Funktionen zu erfüllen haben – wie die Schule als gesellschaftliche Institution. Lehrkräfte und Schule weisen Chancen zu, beurteilen Leistungen, verhängen Sanktionen und entscheiden über weitere Bildungs- und Berufswege. Diese Aufgaben können in der Beratung vorübergehend ausgeblendet und es kann den Schülern aufgezeigt werden, welche Einflussmöglichkeiten ihnen offen stehen. Die Ambivalenz der schulischen Beratungssituation wird aber nie ganz aufzuheben sein.

Beratung von und mit Eltern

Ein wichtiges und für Lehrkräfte häufig mit Belastung verbundenes Beratungsfeld stellt die Beratung von bzw. mit Eltern dar. Dass es sowohl Beratung von als auch Beratung mit Eltern gibt, weißt auf die verschiedenen möglichen Strukturen von Elternberatungen hin.

Themen von Lehrer-Eltern-Beratungen

Der größte Teil von Beratungen zwischen Lehrerinnen und Eltern dreht sich um zwei Themenbereiche:

- Schullaufbahn- und Bildungswegentscheidungen.
- Einzelfallberatung über Lernen, Leistung, Verhalten, soziale Einbindung des Kindes.

Beratungsthemen mit Eltern

Beide Bereiche überschneiden sich. Schullaufbahnentscheidungen hängen selbstredend genuin insbesondere mit dem Lern- und Leistungsverhalten von Schülerinnen und Schülern zusammen. Aber auch Probleme im Verhalten und Fragen der sozialen Einbindung haben direkt und über ihre Auswirkungen auf die Schulleistungen mit Schullaufbahnentscheidungen zu tun. Dennoch sind die inhaltlichen Schwerpunkte in beiden Bereichen unterschiedlich gelagert.

Schullaufbahn- und Bildungswegentscheidungen
In diesem Bereich unterscheidet Neubauer in Anlehnung an Heller (1975) zwei Funktionen von Beratung: Beratung als Orientierungshilfe und Beratung als Entscheidungshilfe (Neubauer 1998, S. 10).

- Als Orientierungshilfe versucht Beratung eine allgemeine Orientierungsbasis sicherzustellen. »Wichtige Inhalte sind vor allem mögliche Bildungsziele und Informationen über individuelle und institutionelle Voraussetzungen bestimmter Ausbildungswege, aber auch über das örtliche Schulangebot. In diesem Sinne trägt Beratung zur Entscheidungsvorbereitung bei.«
- Entscheidungshilfe bietet Beratung, indem Lehrkräfte »eine Aussage darüber machen, wie sich ein Kind in einer bestimmten Schulform bzw. sogar einer bestimmten Schule in Zukunft verhalten wird«. Diese Prognose ist eine schwierige Angelegenheit. Sowohl etwa die Grundschulempfehlungen als auch zusätzliche Tests können mit einiger Treffsicherheit nur kurz- bis mittelfristige Vorhersagen machen (vgl. Zielinski 1998, S. 155). Viele gegenwärtige und zukünftige Faktoren, die der Lehrkraft nur sehr begrenzt zugänglich sind, spielen für

Schullaufbahnberatung als Orientierungshilfe

... als Entscheidungshilfe

den zukünftigen Schulerfolg eines Kindes eine Rolle. Je früher eine solche Prognose getroffen werden soll und je länger der zu prognostizierende Zeitraum ist, desto schwieriger sind stichhaltige Aussagen.

Information   Im Bereich der Schullaufbahnberatung nehmen die *informierenden* Anteile einen großen Raum ein. Eltern werden über Möglichkeiten und Bedingungen weiterführender Schulen oder Bildungswege informiert. Außerdem werden sie darüber aufgeklärt, welche Entscheidungswege vorgesehen sind und wie viel Entscheidungsbefugnis den Eltern zukommt. So ist etwa derzeit die Grundschulempfehlung in Baden-Württemberg verbindlich, während sie in Nordrhein-Westfalen die Grundlage für die freie Entscheidung der Eltern für eine weiterführende Schule bildet. Informieren können und müssen Lehrkräfte, Beratungslehrer oder Schulpsychologinnen die Eltern auch darüber, wie der Leistungsstand und das Lernverhalten der Schülerin, des Schülers diagnostisch einzuschätzen ist. Hier ist es bei schwierigen Entscheidungen sinnvoll, über den Lernstand hinaus weitere Bereiche diagnostisch zu erheben, um ein umfassenderes Bild des Kindes zu erhalten.

Unterstützung   Die Lehrkräfte können Eltern in ihrer Entscheidung unterstützen. Bei Schullaufbahnentscheidungen sind auf Seiten der Eltern Pläne, Erwartungen und Ängste im Hinblick auf die Zukunft ihres Kindes im Spiel. Diese zu artikulieren und im Spiegel des Kindes und seines schulischen Erscheinungsbildes zu beleuchten, kann Eltern helfen, die richtigen Wege für das eigene Kind zu finden. Das bedeutet aber, dass die Lehrkraft ihre Idee vom schulischen Werdegang des Kindes zurückstellt und gegenüber den Vorstellungen der Eltern offen ist.

Steuerung   Steuernd greifen Lehrkräfte in Schullaufbahnberatung dort ein, wo sich die Pläne der Eltern als unmöglich erweisen. So können Eltern ihr Kind nicht einfach an einer beliebigen Schule anmelden, sondern es müssen die hierfür vorgesehenen Maßgaben eingehalten werden. Stützen die Eltern ihre Vorstellungen auf ein völlig anderes Bild, was das Lern- und Leistungsvermögen des Kindes anbelangt, können Beratungslehrkräfte und Schulpsychologen dahingehend steuernd wirken, dass sie die Durchführung bestimmter Tests vorschlagen.

In Fragen der Schullaufbahn steuern Schule und Lehrkräfte insgesamt sehr stark. Die Schule kommt damit ihrer Selektionsfunktion (vgl. Fend 1981) nach. Als institutionalisierte Mechanismen der Selektion dienen die jeweiligen Übertrittsverfahren, in denen die Einschätzungen und Empfehlungen der Lehrkräfte großes Gewicht haben. Liegt bereits im Vorfeld der Beratung mit den Eltern ein hohes Maß an Steuerung durch Schule und Lehrkraft vor, ist es sinnvoll, in der Beratung den Steuerungsanteil möglichst gering zu halten, um den Entscheidungsspielraum der Eltern nicht zusätzlich einzuschränken. So sollten Lehrkräfte Informationen über das Kind zunächst wertneutral formulieren und nur auf Nachfrage der Eltern wertende Urteile abgeben.

Berücksichtigt man als Lehrkraft die grundsätzlich eingeschränkte Validität von Schullaufbahnprognosen, dann hat die Schullaufbahnberatung mit Eltern insgesamt das Ziel, alle Argumente für und wider eine bestimmte Schulform möglichst neutral zu sammeln und gemeinsam mit den Eltern zu bewerten (vgl. Grewe 2005, S. 11).

Einzelfallhilfe

Immer wieder haben Lehrkräfte die Aufgabe, Eltern auf negative Entwicklungen ihres Kindes aufmerksam zu machen. Meist verbinden die Lehrkräfte mit einem solchen Gespräch Erwartungen an die Eltern. Die Eltern ihrerseits werden auf Probleme gestoßen, die sie vielleicht kennen, die ihnen vielleicht auch neu sind. In jedem Fall sind sie mit einer unerfreulichen Situation konfrontiert. Aus systemischer Sicht spielen bei Lern- und Verhaltensproblemen oft familiäre und schulische Bedingungen ineinander. Diese Wechselbeziehung schulischer und familiärer Faktoren machen die Beratungsgespräche schwierig. Häufig werden Eltern und Lehrkräfte eine unterschiedliche Sicht dahingehend vertreten, welche Faktoren welches Gewicht haben. Eltern betonen meist die schulischen Ursachen, während Lehrkräfte auf die familiären Ursachen fokussieren. Durch den systemischen Blickwinkel wird deutlich, dass Eltern und Lehrkräfte kooperieren müssen, wenn sie nach dauerhaften Lösungen suchen.

systemische Wechselwirkung verschiedener Faktoren

Werden Lernprobleme angesprochen, besteht auf der fachlichen Ebene meist ein klares Kompetenzgefälle. Die Eltern erleben sich als wenig kompetent und die Lehrkraft als Experten. Die Eltern haben das Gefühl, ihr Kind nicht angemessen unterstützen zu können. Die erlebte Unzulänglichkeit kann dazu führen, dass die Eltern entweder aggressiv oder hilflos der Lehrkraft die alleinige Verantwortung für das Weiterkommen des Kindes übertragen. Nach dem Motto »Sie müssen es ja wissen« wünschen sich die Eltern Tipps und Ratschläge von der Lehrkraft oder wollen die Unterstützung für ihr Kind gleich ganz der Schule und der Lehrerin übertragen. Immer wieder kommt es auch vor, dass sich Eltern als die größeren Experten fühlen. Dann versuchen sie häufig, der Lehrkraft Vorschläge oder gar Vorgaben zu machen, wie die Förderung ihres Kindes aussehen soll.

Kompetenzgefälle Lehrkraft – Eltern

Ziele von Beratungsgesprächen, die sich um das Lernen und die Leistungen von Schülern drehen, sind vor allem:

Ziele der Beratung

- Gemeinsame Fördermaßnahmen und -pläne zu entwickeln,
- die Zuständigkeiten für die Maßnahmen festzulegen,
- evt. Fragen der Schullaufbahn zu klären (z.B. Versetzung, Überspringen einer Klasse, Wechsel der Schulform …).

Stehen Verhaltensprobleme im Mittelpunkt der Beratung, geht es nicht nur um den Lern- bzw. Bildungs-, sondern um den Erziehungsbereich. Hier ist es besonders schwierig, klare Zuständigkeiten und Grenzen zu formulieren. Je schwieriger die Situation, desto größer meist die wechselseitigen Erwartungen. Die Eltern wollen, dass die Schule »ihre« Probleme mit dem Schüler selbst löst, die Lehrkräfte fühlen sich und die Schule in die Position einer Reparaturwerkstatt gedrängt, die leisten soll, was die Eltern nicht können oder wollen. Es wird offensichtlich, dass neben der persönlichen hier auch eine gesellschaftliche Dimension mit ins Spiel kommt, wenn es um die Frage geht, welche erzieherischen Funktionen Schule ausüben muss und kann.

Frage der Zuständigkeit

Teilweise trifft man als Lehrkraft auf hilflose Eltern, die im Gespräch zugeben, keinen Einfluss mehr auf ihr Kind zu haben und sich machtlos zu fühlen. Damit wird die Lehrkraft mit dem Problem allein gelassen oder zur Erziehungsberaterin gemacht. Zwar erfordert es Mut von Eltern, ihre Machtlosigkeit einzuräumen, es ist aber nicht Aufgabe der Lehrkraft, die familiäre Erziehung zu übernehmen. An dieser Stelle muss mit den Eltern gemeinsam überlegt werden, welche zusätzlichen Möglichkeiten der Hilfe es gibt. Hier kommen zum Beispiel innerschulische Angebote wie Schulsozialarbeit, besondere Integrationsklassen, der Besuch der Sonderschule für Erziehungshilfe oder außerschulische Angebote wie Erziehungsberatung, Suchtberatung, therapeutische Hilfe in Betracht.

Grenzen pädagogischer Arbeit

Eine für Lehrkräfte schwierige Aufgabe im Umgang mit verhaltensschwierigen Kindern und Jugendlichen besteht darin, zu entscheiden, welches Maß an Unterstützung und Hilfe sie im Einzelfall als möglich und sinnvoll erachten und wo die Grenze der individuellen pädagogischen Arbeit liegt. Bei schwerwiegenderen Lern- oder Verhaltensschwierigkeiten kann es für Lehrkraft und Eltern weiterführend sein, wenn Experten wie etwa Schulpsychologen, Beratungslehrkräfte oder außerschulische Stellen hinzugezogen werden. Zusätzliche Informationen durch eine weiter reichende Diagnostik und der neutralere Standpunkt einer dritten Person können den Beratungsprozess entlasten und voranbringen.

Hinweise für schwierige Beratungsthemen

Grewe gibt einige Hinweise, wie Lehrkräfte schwierige Themen und Kritik gegenüber Eltern ansprechen können (vgl. Grewe 2005, S. 12):

- Positives in Erinnerung rufen – dies führt zu einer ausgewogeneren Grundhaltung der Lehrkraft im Gespräch.
- Kritik situativ formulieren – dadurch werden die Punkte konkreter und allgemeine Verurteilungen der Person werden vermieden.
- Interesse an der Person zeigen – Äußerungen von Sympathie und Verständnis helfen, den Eindruck abzuwenden, der Schüler würde nur als Störer gesehen.

- Zukünftiges steht im Mittelpunkt – Kritik sollte sich nur kurz mit dem Vergangenen beschäftigen und dann den Blick in die Zukunft richten.
- Das Problem bleibt die gemeinsame Sache – Schüler und Eltern mit den kritisierten Schwierigkeiten allein zu lassen, führt meist nicht weiter, Veränderungen fallen leichter, wenn die Suche nach Alternativen als gemeinsame Aufgabe formuliert wird.

Ziele von Beratungen über Verhaltensschwierigkeiten sind:

- Gemeinsame Maßnahmen finden und deren Umsetzung planen.
- Zuständigkeiten klären.
- Zusätzliche unterstützende Angebote ausloten.
- Über außerschulische Hilfe informieren.

Struktur von Lehrer-Eltern-Gesprächen

Beratungen zwischen Lehrern und Eltern stoßen immer wieder auf Schwierigkeiten. Diese liegen vor allem in der Struktur bzw. der besonderen Konstellation dieser Beratungen begründet.

Drei Punkte spielen hierbei eine besondere Rolle:

1. Die Frage nach den jeweiligen Kompetenzen oder »Wer ist wofür Experte?«
2. Die Frage nach der Verantwortung oder »Wer ist wofür zuständig?«   **Strukturelle**
3. Die Frage nach der Freiwilligkeit und der Autonomie der Entschei-   **Merkmale**
dungen oder »Wer kann was autonom entscheiden?«

1. Expertentum und Kompetenzgerangel
Claudius Hennig und Wolfgang Ehinger beginnen ihre Handreichung zum Elterngespräch mit der Schilderung eines Falles aus unterschiedlichen Perspektiven (vgl. Hennig/Ehinger 2003, S. 5). Darin machen sie deutlich, dass eine schulische Situation und das Verhalten einer Schülerin von der Lehrerin und der Mutter ganz unterschiedlich wahrgenom-   **Wer ist wofür**
men und interpretiert werden. Lehrkraft und Eltern kennen das Kind in   **Experte?**
unterschiedlichen Situationen, sie bekommen vom Kind Unterschiedliches berichtet und interpretieren ihre Informationen auf verschiedene Art und Weise (vgl. Abb. 9).

Die Eltern kennen ihr Kind zu Hause. Sie hören seine Berichte aus der Schule und erleben sein häusliches Lern- und Arbeitsverhalten. Die Lehrerinnen und Lehrer erleben das Kind in der Schule. Sie nehmen sein Lern- und Arbeitsverhalten im Unterricht wahr und stellen seine Leistungen fest. Teilweise erleben sie den Schüler in der Pause und erfahren Eindrücke von Kolleginnen.

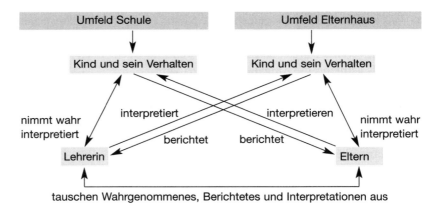

Abb. 9: Perspektiven von Lehrkräften und Eltern

Beide Seiten gehen häufig mit der Überzeugung in das Gespräch, das Kind zu kennen und über seine Situation und Entwicklung Bescheid zu wissen. Meist haben beide Seiten auch schon mehr oder weniger klare Vorstellungen davon, wie mit der Situation, welche den Gesprächsanlass bietet, am besten umzugehen ist. Immer wieder sind dann die Lehrkräfte überrascht, dass ihre Sicht auf die schulischen Belange des Kindes von den Eltern nicht einfach übernommen wird. Anstatt sich gegenseitig zu informieren, wie das Kind sich im jeweiligen Lebensbereich verhält, können die unterschiedlichen Wahrnehmungen und Interpretationen in der Frage münden, wer hat Recht? Spätestens an diesem Punkt haben sich Eltern und Lehrkraft in einen Machtkampf verstrickt, der einen konstruktiven Umgang mit der Situation des Schülers stark behindert. Hier können vor allem folgende Haltungen der Lehrkraft im Gespräch weiterhelfen:

sich wechselseitig informieren

hilfreiche Haltungen der Lehrkraft

● Anerkennen, dass die Eltern das Kind gut kennen und Experten für seine Erziehung sind.
● Offen sein für die Sichtweisen der Eltern.
● Die eigenen Kompetenzen und das eigene Expertentum realistisch einschätzen und vertreten.

Die tabellarische Gegenüberstellung zeigt, dass Lehrkräfte und Eltern in je eigenen Bereichen Experten sind und über Kompetenzen verfügen. Ist sich die Lehrkraft im Gespräch darüber im Klaren, können Kompetenzrangeleien vermieden werden. Um das schulische Lernen eines Kindes zu fördern, ist es unumgänglich, dass sich Lehrkraft und Eltern im Gespräch über ihre Sichtweisen austauschen und klären, welche Maßnahmen sie in ihren Kompetenzbereichen bisher unternommen haben. Ziel ist es, ein gemeinsames Verständnis für die Situation des Schülers zu etablieren, auf dessen Grundlage gemeinsam nach Lösungen gesucht werden kann.

Lehrerinnen und Lehrer sind Experten für	Eltern sind Experten für
Das Arbeiten und Lernen einer Schülerin, eines Schülers in der Schule	Das Arbeiten und Lernen ihres Kindes zu Hause
Das soziale Verhalten einer Schülerin, eines Schülers in der Schule	Das soziale Verhalten ihres Kindes außerhalb der Schule
Die schulische Entwicklung einer Schülerin, eines Schülers	Die gesamte kindliche Entwicklung
Die Leistungsbeurteilung	Die Interessen des Kindes außerhalb der Schule
Fragen zur Klasse bezüglich Sozialgefüge und Leistung	Die familiäre Situation
Lehrerinnen und Lehrer haben Kompetenzen in folgenden Bereichen	**Eltern haben Kompetenzen in folgenden Bereichen**
Unterricht didaktisch sinnvoll planen und durchführen	Erziehungsmaßnahmen für ihr Kind wählen und durchführen
Lern- und Leistungsverhalten diagnostizieren und beurteilen	Mit ihrem Kind dessen Freizeit gestalten
Fördermaßnahmen kennen, auswählen	Seine körperliche und seelische Gesundheit fördern
Förderpläne erstellen	Die häusliche Arbeit für die Schule überwachen
Pädagogische Maßnahmen im Rahmen der Schule ergreifen	Für ein lernförderliches Umfeld zu Hause sorgen
Pädagogisch und didaktisch sinnvolle Hausaufgaben stellen	
→ Profis für pädagogische und didaktische Maßnahmen, welche die schulische Entwicklung des Kindes im Lernen und Verhalten beeinflussen	→ Natürliche Erziehungspersonen, (meist) keine Profis für schulische Lernprozesse

Expertentum und Kompetenzen von Lehrer/innen und Eltern

Abb. 10: Kompetenzbereiche von Lehrerinnen und Eltern

2. Verantwortung

Die dargestellte Abgrenzung darf nicht darüber hinwegtäuschen, dass es wesentliche Überschneidungsbereiche sowohl hinsichtlich der Erziehung als auch der Bildung des Kindes gibt. Hier kommt die Frage der Verantwortung ins Spiel.

Verantwortung wird zuge- schoben

Häufig sind Lehrer-Eltern-Gespräche davon geprägt, dass direkt oder unterschwellig versucht wird, jeweils dem anderen Gesprächspartner die Verantwortung für die Schwierigkeiten des Kindes zuzuschieben. Lehrkräfte glauben, dass die Eltern das Kind zu wenig unterstützen, es zu wenig streng erziehen, es überfordern. Eltern glauben, dass die Lehrerin das Kind zu wenig fördert, zu lasch ist, zu viel, zu wenig oder die falschen Hausaufgaben gibt. Im Gespräch nehmen Lehrer und Eltern dann die Haltung ein »das ist Ihr Bereich, ich habe damit nichts zu tun« und beschränken sich darauf, Forderungen an die andere Partei zu richten. Diese Haltung führt in eine Sackgasse, Lehrer wie Eltern sind damit beschäftigt, sich gegenüber den Forderungen der anderen Seite abzugrenzen, eine Kooperation kommt nicht zustande.

In einer von Konkurrenz geprägten Gesprächssituation ist das Zuschieben von Verantwortung im Sinne von Schuld komplementär zur Frage des Expertentums und der Kompetenzen.

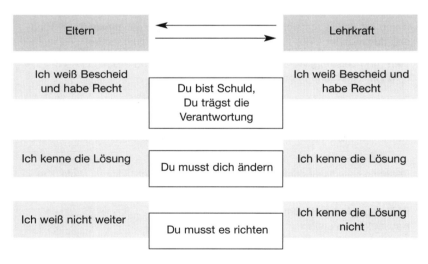

Abb. 11: Wechselseitige Zuweisungen

Transaktions- analyse

Hennig und Ehinger erklären Kommunikationsmuster wie in der Abbildung mit dem Modell der Transaktionsanalyse. In den ersten beiden Mustern versuchen die Gesprächspartner aus einer Eltern-Ich-Position die Oberhand zu behalten. Es entsteht ein eskalierendes Gesprächsmuster (vgl. Hennig/Ehinger 2003, S. 34). Nehmen beide Gesprächspartner die Kind-Ich-Position ein wie im dritten Beispiel, »endet das Gespräch ebenfalls in Frustration und Enttäuschung, beide wollen dann den anderen in der Unterlegenheit, der Hilflosigkeit übertrumpfen« (ebenda).

Die Kommunikation gelingt, wenn ein Gesprächspartner in der Eltern-Ich-Position der andere in der Kind-Ich-Position verbleibt. Dann übernimmt z.B. eine Lehrerin die Verantwortung dafür, dass das Kind seine Sachen immer mit zur Schule bringt, weil der Vater oder die Mutter sich darin überfordert zeigt, das Kind entsprechend zu erinnern. Dies ist einer Kommunikation unter Erwachsenen nicht angemessen und führt letztendlich zu einer Überforderung der Lehrkraft.

Eine Kommunikation stringent auf der Erwachsenen-Ich-Ebene erfordert von der Lehrkraft, die Eltern in ihren erzieherischen Möglichkeiten anzuerkennen und einen Teil der Verantwortung aus der Hand zu geben, auch wenn sich die Lehrkraft als Erziehungsexperte fühlt und die Erziehungsfehler der Eltern zu sehen meint. Hennig und Ehinger dazu: »Wenn wir also die Eigenverantwortung der Eltern ernst nehmen, so folgt zwangsweise daraus, dass wir ihnen auch die Entscheidung überlassen müssen, wie sie leben wollen, was sie denken und tun« (ebenda) und wie sie ihre Kinder erziehen. Dies gilt umgekehrt natürlich auch für engagierte Eltern, die sich schwer tun, die schulische Erziehung dem Lehrer oder der Lehrerin zu überlassen.

konsequente Erwachsenen-Ich-Position

Auf ein weiteres Phänomen in der Eltern-Lehrer-Interaktion weist Storath (1998) hin: Eltern gehen in der Regel mit ambivalenten Wünschen in eine Beratung. Die Beratung ist ihnen gleichermaßen wichtig wie bedrohlich. Der Wunsch nach Rat ist gepaart mit der Angst vor »Schlägen«.

> »Die vom Lehrer wahrgenommene Botschaft ›Sag mir, was ich tun soll!‹ droht bei Nichtbeachtung der gleichzeitig vorhandenen Befürchtungen sich im Beratungsprozess einschleichenden zur Skepsis und schließlich – mehr oder weniger deutlich formuliert – zur widerstands- und abwehrsignalisierenden Aufforderung ›Sag mir nicht, was ich tun soll!‹ zu wandeln« (Storath 1998, S. 63).

Widerstände werden von Eltern, die ihr Kind in Abhängigkeit von der Lehrkraft sehen, häufig nicht offen signalisiert und von den Lehrkräften nicht immer wahrgenommen. Widerstände sollten dabei in Anlehnung an verschiedene psychotherapeutische Schulen (etwa die Tiefenpsychologie oder die Gestalttherapie) nicht als zu beseitigendes Hindernis angesehen werden, sondern als Botschaft an den Berater, dass der Ratsuchende etwas Wertvolles nicht aufgeben will, die Veränderung nicht versteht, überzeugt ist, dass die Veränderung keinen Sinn macht oder eine geringe Toleranz gegenüber Veränderung besitzt (vgl. ebenda, S. 64).

Widerstand gegen Ratschläge

In jedem Fall weisen Widerstände auf Seiten der Eltern die Lehrkraft darauf hin, ihr Beraterverhalten zu überdenken und ungünstige Faktoren abzubauen wie:

● Zeitnot bzw. Veränderungsdruck,
● zu wenig Einbeziehung der Kontextfaktoren,
● Reparaturdienstverhalten,
● einseitige Schwerpunktbildung,
● zu viel Steuerung und Intervention und zu wenig Geduld hinsichtlich der Auswirkungen von Veränderungen (ebenda).

3. Autonomie
Beratungstheorien gehen meist davon aus, dass ein Ratsuchender freiwillig eine Beratung sucht. Diese Freiwilligkeit ist in Gesprächssituationen zwischen Eltern und Lehrern nicht immer gegeben. Eltern kommen zwangsweise, wenn sie die Schwierigkeit ihres Kindes nicht sehen oder dies nicht mit der Lehrkraft besprechen wollen. Durch die von außen bestimmte Klassenverteilung sind Klassenlehrer und Eltern aufeinander **nur bedingte** angewiesen. Die Eltern können zwar andere Berater hinzuziehen, um Gespräche mit der zuständigen Lehrerin kommen sie aber selten herum. **Freiwilligkeit** Auch die Lehrerin ist in ihrer Beratertätigkeit nicht autonom. Grundsätzlich kann sie sich ihrer Berateraufgabe nicht entziehen. In ihren Vorschlägen zu möglichen Lösungen ist sie an die schulrechtlichen Bestimmungen gebunden und muss das Arbeiten und Lernen aller Kinder berücksichtigen.

Eines der größten Probleme stellt auch in der Eltern-Lehrer-Beratung die Tatsache dar, dass die Lehrkraft gleichzeitig dem Wohl des Kindes und der Aufgabe zur Leistungsbeurteilung und Selektion verpflichtet ist. Hier befindet sich die Lehrkraft in einer Machtposition, welche die autonomen Entscheidungen der Eltern einschränken kann. Eltern und Lehrkräfte können auch gemeinsam Systemzwängen unterliegen, etwa wenn ein Schulwechsel nicht genehmigt wird.

Insgesamt lässt sich sagen, dass die Struktur in Lehrer-Eltern-Gesprächen von teilweise unklaren oder widersprüchlichen Erwartungen geprägt ist. In der gemeinsamen Verantwortung für die Bildung und Erziehung des Kindes in der Schnittmenge von Schule und Familie sind Kompetenzen und Verantwortlichkeiten nicht klar abgegrenzt. Lehrkräfte neigen einerseits dazu, durch das ihnen zugeschriebene Expertentum in ein Helfersyndrom zu verfallen und die volle Verantwortung für Veränderungsprozesse zu übernehmen, andererseits kann es auch zu Gesprächssituationen kommen, in denen beide Seiten sich die Verantwortung für die Schwierigkeit und deren Beseitigung zuschieben. Erschwert werden Beratungsgespräche zwischen Eltern und Lehrkräften dadurch, dass weder die Eltern noch die Lehrkraft autonom in ihren Vorschlägen und Entscheidungen sind, sondern das Beratungsgespräch den Systemzwängen der Schule unterworfen ist.

Konsequenzen für die Beratung von Eltern in der Schule

Verschiedene Veröffentlichungen bieten Lehrkräften Handreichungen an, um Elterngespräche erfolgreich zu gestalten. Im Folgenden sind einige grundsätzliche Empfehlungen zusammengestellt:

Neubauer gibt in seiner Veröffentlichung zur Beratung in der Grundschule folgende Empfehlungen für den Beratungsprozess mit Eltern (Neubauer 1998, S. 28):

- Der Lehrer sollte durch abgesicherte Information versuchen, zu überzeugen und die Eltern weder zu entmündigen noch zu überreden versuchen.
- Das Gespräch sollte so strukturiert sein, dass zunächst ausreichend Informationen von der Lehrkraft gegeben werden, damit sich die Eltern ein Bild machen können. Informationen sollten dabei keinen belehrenden Charakter haben, weil das zu Reaktanz auf Seiten der Eltern führt.
- Den Eltern sollte ausreichend Gelegenheit gegeben werden, ihre Sichtweise zu schildern.
- Die Eltern sollten außerdem ihre Wünsche, Ziele und Erwartungen bezüglich der Veränderung vortragen können.
- Den Eltern sollte genügend Zeit eingeräumt werden, sich mit den neuen Informationen zu befassen, um selbst Entscheidungsalternativen entwickeln zu können. Auf keinen Fall sollte die Lehrkraft vorschnell ihre Lösung als »überlegener Experte« präsentieren.
- Die Lehrkraft sollte sich von der unrealistischen Erwartung verabschieden, dass unbedingt eine bestimmte Entscheidung zum Wohl des Kindes herbeigeführt werden muss. Das löst Abwehr aus.
- Die Erfahrung der Wirksamkeit eines gelungenen kooperativen Problemlöseprozesses als Hilfe für die elterliche Entscheidung erzeugt auch bei der Lehrkraft Erfolgserlebnisse und eine positive Selbstwertschätzung.

Empfehlungen für Elternberatung

Neubauer betont, dass Lehrkräfte die Kompetenzen für eine kooperative Gesprächsführung in der Regel in Fortbildungen einüben müssen.

Roland Storath empfiehlt, um Widerstände oder Ambivalenzen konstruktiv zu wenden, dass Lehrkräfte die Erziehungsberechtigten auffordern, ihre Bedenken und Widersprüche offen auszusprechen und aus dem Abwägen von Für und Wider eigene Handlungsalternativen vorzuschlagen. Außerdem plädiert er für eine gründliche Vorbereitung von Elterngesprächen und listet dazu Leitfragen auf, z.B. »Wie lautet mein Ziel für die Beratung? Kenne ich das Ziel der Eltern? Woran würde ich merken, dass die Beratung erfolgreich verlaufen ist? Was befürchte ich? Was wollen die Eltern vermutlich vermeiden?« (vgl. Storath 1998, S. 77). Die Leitfragen »dienen letztlich dem bewussteren Aushandeln von Konsens und Dissens bzgl. Beratungsrahmen, -erwartung und -angebot und damit der Überbrückung zwischen den Sichtweisen von Berater und Beratenen« (ebenda). Sie sollen dazu beitragen, die eigene Position als Berater zu klären und gleichzeitig für die Vorstellung der Eltern zu sensibilisieren.

Hennig und Ehinger (2003) gliedern ihre ausführlichen Vorschläge in Ideen zur Vorbereitung, zur Durchführung und zur Nachbereitung von Elterngesprächen, in einem eigenen Kapitel gehen sie auf besondere Gesprächsanlässe wie Einschulung, Lernentwicklungsgespräch und Übertrittsverfahren ein. In der Gesprächsvorbereitung soll sich die Lehrkraft über folgende Punkte Gedanken machen:

> **Vor- und Nachbereitung von Elterngesprächen ist wichtig**

- Gesprächsanlass,
- Ideen zur Entstehung der Schwierigkeiten,
- Gesprächsthemen,
- meine Ziele für das Elterngespräch,
- vermutete Ziele und Erwartungen der Eltern,
- meine Befindlichkeit,
- Auswahl der Gesprächsteilnehmer,
- Rahmenbedingungen (Hennig/Ehinger 2003, S. 84).

Hierzu legen sie einen Vorbereitungsbogen vor. Für die Durchführung des Gesprächs klären Hennig und Ehinger verschiedene Kommunikationsformen in der Beratung und stellen ein Phasen- bzw. Ablaufschema (vgl. Kap. 5 in diesem Band) vor. Dieses Schema folgt im Wesentlichen einem lösungsorientierten Ansatz. Auch für die Nachbereitung entwickeln die Autoren einen Leitfaden (ebenda, S. 105). Der Ansatz von Hennig und Ehinger orientiert sich an ressourcen- und lösungsorientierten Beratungsmodellen. Als wesentlich für ein gelingendes Elterngespräch sehen sie auf Seiten der beratenden Lehrkraft Empathie, die Berücksichtigung des Kontextes, Stärkung der Eigenverantwortung der Eltern, Ressourcenorientierung, Lösungsfokussierung. Die elterliche Kooperationsbereitschaft soll durch Achtung und Respekt erhöht werden.

Zusammenfassung

Der gemeinsame Erziehungsauftrag und die gemeinsame Verantwortung für das Wohl und die gelingende Entwicklung des Kindes stellen die zentralen Ausgangspunkte für die Beratung zwischen Lehrkraft und Eltern dar. Hinzu kommt, dass in Problem- wie Entscheidungssituationen die Einflüsse von Familie, Schule und weiterer Umwelt des Kindes systemisch vernetzt sind.

Eltern und Lehrkraft verfügen im Hinblick auf das Lernen und Verhalten des Kindes über eine je eigene Perspektive. Sie erleben das Kind in unterschiedlichen Kontexten. Beide teilen sich die Verantwortung im Hinblick auf das Lernen und die Erziehung des Kindes, verfügen hierzu aber über ein unterschiedliches Expertentum und unterschiedliche Einflussmöglichkeiten.

Lehrerinnen und Lehrer können in ihrem Handlungsfeld (weitgehend) autonom pädagogisch entscheiden, gleichzeitig bleibt die Entscheidungsautonomie für viele durchgreifende Maßnahmen und für den außerschulischen Bereich bei den Eltern.

Starke Emotionen im Hinblick auf Probleme oder Entscheidungen spielen bei den Eltern, häufig auch bei den Lehrkräften, bewusst oder unbewusst eine große Rolle in der Beratung. Beratungsgespräche zwischen Lehrkräften und Eltern sind immer durch wechselseitige, teilweise in sich widersprüchliche Erwartungen geprägt. Die Voraussetzungen und Merkmale bedingen, dass im Beratungsgespräch eine symmetrische, kooperative Beratungssituation und Transparenz hinsichtlich der Erwartungen, Ziele und Ressourcen beider Seiten hergestellt werden müssen. Hierzu stehen der Lehrkraft einige unterstützende Maßnahmen auf verschiedenen Ebenen zur Verfügung: eine eigene Rollen- und Zielklärung, das Bewusstsein um die Merkmale dieser Beratungskonstellation, eine systemische und ressourcenorientierte Perspektive, eine gute Vorbereitung, Methoden der Gesprächsführung.

symmetrische, kooperative Beratungsbeziehung als Ziel

Letztendlich müssen für ein gelingendes Gespräch auch die Eltern der Lehrkraft Achtung und ein gewisses Maß an Kooperationsbereitschaft entgegenbringen.

Beratung von Lehrerinnen und Lehrern

Lehrkräfte haben die Aufgabe, zu beraten, benötigen und erfahren aber auch selbst immer wieder Beratung. Drei große Bereiche lassen sich (teilweise) voneinander abgrenzen:

**Beratungs-
bereiche**

- Beratung in der Ausbildung,
- Beratung durch die Schulleitung und die Schulbehörden,
- Beratung mit Kollegen.

Zentrales Kennzeichen der beiden letzten Punkte ist, dass Lehrkräfte hier nicht als Berater, sondern als zu Beratende in den Blick geraten und dass diese Beratungen nur teilweise freiwillig erfolgen. Beratung mit Kollegen hat andere Ausgangspunkte und ist in unterschiedlichen Settings zu finden.

Beratung in der Lehrerausbildung

Lehramtsstudierende und -anwärter erleben im Studium und im Referendariat eine Reihe von Beratungssituationen. Vor allem im Referendariat nehmen die Beratungsgespräche, die Mentoren und Ausbildner des Seminars mit den Anwärtern führen, einen wichtigen Stellenwert ein. Bisher gibt es kaum Untersuchungen, welche die Strukturen und Wirkungen dieser Beratungsgespräche empirisch erfassen (vgl. Schnebel/ Ziegelbauer i.Vorb.). Hingegen weisen Erfahrungsberichte und systematische Betrachtungen auf einige Schwierigkeiten in diesem Beratungssetting hin.

Zunächst handelt es sich um eine vertikale Beratung. Mentor oder Fachleiterin sind den Referendaren übergeordnet. Es besteht keine symmetrische, sondern eine hierarchische Beziehung. Dies betrifft sowohl die fachliche, pädagogische und didaktische Expertise als auch die Abhängigkeit der Referendarinnen vom Urteil der Berater. Lieselotte Denner berichtet von empirischen Studien, »die belegen, dass die Lehramtsanwärter und -anwärterinnen die personelle Kopplung von Beobachtung, Besprechung, Beratung und Beurteilung ambivalent und in starkem Maße als belastend erleben« (Denner 2000, S. 57). Rita Seeger spricht deshalb davon, dass der Beratungsprozess im Rahmen der Lehrerausbildung »eine hochsensible Situation ist, die noch potenziert wird durch das Bewertungsthema, das permanent mitschwingt« (Seeger 2000, S. 21).

**Schwierige
Kopplung
Beratung –
Beurteilung**

Bereits Studierende in den Praktika – verstärkt aber Referendarinnen und Referendare – erleben sich unter dem Erfolgsdruck, eine möglichst perfekte Unterrichtsstunde halten zu müssen und zu wollen. Rückmeldung wird vor allem auf der emotionalen Ebene, unter der Perspektive der Eignung für den Beruf und der personalen Inkompetenz, wahrgenommen. Darin spiegelt sich, dass Lehrkräfte immer zugleich als professionelle Berufsrollenträger und als ganze Person im Unterricht handeln. Während die Berufsrolle über pädagogische, didaktische und schultheoretische Konzepte zu fassen ist, spielt das Konstrukt »Lehrerpersönlichkeit« in der Ausbildung eine wichtige aber häufig unterschwellige, selten bearbeitete und höchst diffuse Rolle. Angehende Lehrkräfte fühlen sich deshalb immer mit ihrer ganzen Person auf dem Prüfstand.

> Erleben angehende Lehrerinnen und Lehrer Unterrichtsreflexion in der personellen Verflechtung von Beratung und Beurteilung bzw. Entscheidung über den weiteren Zugang zum gewünschten Berufsfeld, so ermöglicht die Beratungssituation kaum, dass Lernprozesse in Gang kommen.

Auch für Mentorinnen und Mentoren ist die Beratungssituation nicht einfach. Vielfach verfügen sie kaum über zusätzliche Beratungskompetenzen, um Gespräche methodisch zu gestalten. Eine Strukturierung des Beratungsprozesses ist teilweise ebenso wenig gegeben wie räumliche und zeitliche Rahmenbedingungen. Nicht selten finden sich Mentorinnen und Mentoren auch in verschiedenen Rollenkonflikten wieder: Sie sind erfahrene Lehrkräfte und damit Experten, welche einem Novizen ihr pädagogisches und didaktisches Know-how zur Verfügung stellen. Gleichzeitig erleben sie die Referendare und sich selbst immer wieder auf gleicher Ebene, wenn es darum geht, gemeinsam Handlungsmöglichkeiten für den Umgang mit einem schwierigen Schüler zu entwickeln oder ein für beide neues Unterrichtsthema zu erarbeiten. Teilweise erhoffen sich Mentoren, die schon länger im Schuldienst sind, Anregungen und Ideen frisch von der Hochschule. Durch Rückmeldungen und Fragen von Referendaren können sich Mentoren ihrer pädagogischen und didaktischen Lücken bewusst werden. Wenn sie die neue Unterrichtsform nicht kennen, stoßen sie an Grenzen ihrer Feedbackmöglichkeiten. **mangelnde Beratungskompetenz und Rollenkonflikte der Mentoren**

Auf der Beziehungsebene erleben die Mentorinnen immer wieder den Konflikt zwischen persönlicher Solidarität mit der Anwärterin und der Notwendigkeit, ein Urteil über die Berufseignung abzugeben. Mentorinnen und Mentoren erhalten in speziellen Fortbildungsangeboten eher selten die Möglichkeit, ihre Aufgaben und Rollen in der Ausbildung zu reflektieren und zu klären. Häufig beziehen sich die Mentorenfortbildungen auf (fach-)didaktische oder methodische Themen.

In vielen Kollegien werden Anwärter, spätestens wenn sie eigenständig unterrichten als »Quasi-Kollegen« angesehen, das Referendariat wird wenig als Zeit des Lernens betrachtet. Die Berufsanfänger finden in der Mehrzahl der Kollegien keine Interaktionskultur vor, die es ihnen ermöglicht, Unsicherheiten, Schwierigkeiten, Fehler oder Fragen offen zu formulieren und in Beratungsprozesse mit Kolleginnen oder Kollegen einzutreten. Unterstützung erfahren die Neulinge eher durch Tipps oder durch Austausch und Bereitstellung von Unterrichtsmaterial, was sicher hilfreich ist, aber im Prozess der beruflichen Selbstfindung und der Professionalisierung nur begrenzt weiterführt. **keine Beratungskultur an den Schulen**

> Insgesamt ist die Beratungssituation von Lehramtsstudierenden und -anwärtern dadurch geprägt, dass zum größeren Teil eine vertikale Beratungsstruktur vorherrscht. Die Beratung wird häufig durch die Beurteilung überlagert, die Ausbildenden fokussieren Defizite und erwarten professionellen Unterricht, anstatt auf Lernprozesse abzuheben. Durch die strukturellen Vorgaben der zweiten Phase schwanken Mentorinnen und Mentoren zwischen einem Experten-Novizen- und einem kollegialen Verhältnis.

Möglichkeiten, die Beratung in der Lehrerausbildung zu verbessern, können in folgende Richtungen gedacht werden:

Verbesserung der Beratung in der Lehrerausbildung

- Wird Beratung als Anregung zu Lernprozessen verstanden und als Hilfe zur Selbsthilfe gedacht, ist eine kooperative Struktur anzustreben und die vertikale nach und nach abzubauen. Eine kooperative Beratung in der Lehrerausbildung ist »ein gemeinsamer Prozess, in dem die Rollen immer klar verteilt sind. Die Ausbilderinnen bzw. Ausbilder strukturieren den Gesprächsverlauf. Die Referendarinnen und Referendare sind kompetente Gesprächspartner, die auch mit Gefühltem und Gedachtem zur Unterrichtsplanung und Unterrichtsdurchführung Stellung nehmen« (Seeger 2000, S. 21).
- Für Ausbilderinnen und Ausbilder besteht Professionalisierungsbedarf im Hinblick auf den Umgang mit der Lehrerpersönlichkeit der Anwärter und deren Weiterentwicklung (vgl. Katzenbach 1999, S. 52) sowie im Hinblick auf Kompetenzen zur Gestaltung von Beratungssituationen.
- Die Problematik von Beratung und Beurteilung ist bekannt. Verschiedene Modelle, eine Entflechtung anzustreben, bestehen. Notwendig ist nun die Evaluation verschiedener Möglichkeiten, um zu aussagekräftigen Erkenntnissen über Stärken und Schwächen verschiedener Modelle zu gelangen.
- Die empirischen Erkenntnisse über Mechanismen, Strukturen und Wirkungen von Beratung in der Lehrerausbildung müssen ausgeweitet werden, um zu fundierten Konzepten zu gelangen.
- Supervision kann eine Möglichkeit sein, dass Referendarinnen und Referendare ihre Professionalisierung im Umgang mit Schülern voranbringen, ihr ambivalentes Verhältnis zu den Ausbildern klären bzw. in der Auseinandersetzung mit diesen gestärkt werden und berufliche Bewältigungsmechanismen entwickeln (vgl. Katzenbach 1999, S. 52).

Aus der Beratungstheorie (vgl. Kap. 2) lassen sich folgende Überlegungen für gelingende Gespräche zwischen Ausbildern und Referendaren herleiten:

Die Beratungssituation sollte die Elemente *Information, Unterstützung* und *Steuerung* enthalten.

In der Unterrichtsreflexion können Mentoren den Berufsanfängern Informationen darüber geben, was sie beobachtet haben. Diese Beobachtungen können sich auf Schülerverhalten, Lehrerverhalten oder verschiedene Unterrichtsmomente beziehen. Wird Wahrgenommenes als Information vermittelt, entfällt die wertende Komponente und die Referendarin kann selbst reflektieren, welche Bedeutung die jeweilige Beobachtung in ihrem Unterricht hatte. Informationen dienen also als Anregung zur Reflexion und als Ergänzung zu Informationen und Wahrnehmungen, die die Referendarin selbst zu ihrem Unterricht gibt. Außerdem sind Hintergrundinformationen zu einzelnen Schülern, zu Klassen, zur Schule, zu Rahmenbedingungen und Vorgaben hilfreich. Aufgabe des Mentors ist es, durch die Bereitstellung pädagogischer oder didaktischer theoretischer Konzepte oder durch das gezielte Einbringen eigener Erfahrungen eine Reflexionsfolie anzubieten, die über die Erfahrungen des Anwärters hinausgeht.

Information

Die unterstützende Funktion zeigt sich zum einen in der Reflexions- und Analysephase, zum anderen in der Planungsphase. Die Mentorin kann die Unterrichtsreflexion unterstützen, indem sie z.B. nach Gedanken und Gefühlen des Anwärters in bestimmten Unterrichtssituationen fragt. Intentionen und spontane Änderungen gegenüber der Planung können thematisiert werden. Eine besondere Möglichkeit, die Reflexion zu unterstützen, stellt der Perspektivwechsel dar. Seeger schlägt vor, dass der Anwärter sich in die Lage eines bestimmten Schülers versetzt und aus dieser Rolle heraus Unterrichtserfahrungen benennt (Seeger 2000, S. 22). Unterstützend kann auch wirken, wenn die Mentorin den Referendar ermutigt, seine Fragen zu stellen und Entwicklungswünsche zu nennen. Für die Phase der Planung kommenden Unterrichts ist es hilfreich, wenn die Beraterin fragt, was in der Reflexion Neues erfahren wurde und welche Zielsetzungen die Anfängerin daraus ableitet. Unterstützend werden diese schriftlich festgehalten (ebenda). In der Planungsphase liegt die Unterstützung vor allem darin, gleichberechtigt Ideen zu entwickeln, wie eine der Zielsetzungen in den kommenden Unterrichtssequenzen umgesetzt werden kann. Die Entscheidung für eine Unterrichtsidee bleibt bei der Anwärterin.

Unterstützung

Steuernd wirkt die Mentorin in der Beratung, wenn es darum geht, bestimmte Zielvorgaben für die Klasse oder für die Anwärterin einzuhalten. Dies kann z.B. sein, dass die Mentorin Vorgaben macht, in welcher Zeit ein Thema abgeschlossen sein muss oder dass sie nach einer längeren lehrgangsförmigen Phase dazu anhält, dass die Referendarin kooperative Formen erprobt. Steuerung ist vor allem dann notwendig, wenn eine Referendarin, ein Referendar bestimmte Aufgabenfelder oder pro-

Steuerung

fessionelle Lernbereiche versucht zu umgehen oder wenn ernsthafte Sorge besteht, dass das Lernen der Schüler stark beeinträchtigt wird. Die Steuerung ist ein sehr sensibler Bereich der Beratung. Wenn steuernde statt unterstützende Impulse eingesetzt werden, bedarf dies in einem prinzipiell als kooperativ konzipierten Beratungssetting der besonderen Legitimation.

Eine gute oder verbesserte Beratungspraxis darf und kann nicht darüber hinweg gehen, dass die Lehrerausbildung an einer Reihe struktureller Widersprüche leidet, die für eine konsequente Professionalisierung eher hinderlich als förderlich wirken. Diese lassen sich auch durch noch so effektive Beratungen nicht auflösen.

Beratung durch Schulleitung und Schulaufsicht

Lehrkräfte werden in ihrem beruflichen Leben immer wieder von Schulleitungen oder Vertretern der Schulaufsicht beraten. Meist ist dies gekoppelt mit einer Unterrichtshospitation. Unterrichtsbesuch und anschließende Beratung durch schulische Vorgesetzte können aus unterschiedlichen Anlässen erfolgen:

Anlässe
- Die Verbeamtung (auf Lebenszeit) steht an, hierzu sind Gutachten der Schulleitung und der Schulaufsicht notwendig.
- Eine Lehrkraft bewirbt sich auf eine Schulleitungsstelle, hierzu wird sie von Vertretern der Schulaufsicht besucht, teilweise finden beratende Besuche auch statt, wenn sich eine Lehrkraft auf eine andere Funktionsstelle etwa in der Schulaufsicht, an einem Seminar etc. bewirbt, dies ist in den einzelnen Bundesländern nicht einheitlich, teilweise gar nicht geregelt.
- Die regelmäßige Beratung und dienstliche Beurteilung durch den Schulleiter, die Schulleiterin soll erfolgen (vgl. z.B. Verwaltungsvorschrift des MKJS Baden-Württemberg vom 13.01.1995 »Beratungsgespräch und dienstliche Beurteilung der Lehrkräfte im öffentlichen Schulwesen«).
- Eine Lehrkraft hat erhebliche Schwierigkeiten im Unterricht, in einzelnen Klassen oder mit einzelnen Schülern. Hier ist zunächst die Schulleiterin oder der Schulleiter gefragt, in schwerwiegenden Fällen wird die Schulaufsicht hinzugezogen.
- Eine Lehrkraft bittet die Schulleitung, im Unterricht zu hospitieren und Rückmeldung zu geben.

Die Aufzählung zeigt, dass von Beratung hier nur begrenzt, wenn überhaupt gesprochen werden kann. Bei den beiden ersten Anlässen handelt es sich um so genannte *Anlassbeurteilungen* oder *Dienstliche Beurteilun-*

gen (Strasser 1990, S. 11). Sie dienen dazu, in Kombination mit anderen Kriterien, über die Eignung der Lehrkraft für eine Anstellung, Beförderung oder Übernahme einer Funktionsstelle Aufschluss zu geben. Beratung, die Lernprozesse im Hinblick auf die unterrichtliche Arbeit in Gang setzt, ist nicht zu erwarten. Die Beratungsfunktion tritt deutlich hinter der Beurteilungsfunktion zurück. Es ist zu fragen, inwiefern überhaupt Beratung im Sinn von Unterstützung oder Bearbeiten eines Anliegens, eines Problems des Ratsuchenden stattfindet?

Auch im Falle der regelmäßig anzusetzenden Besuche der Schulleitung, die etwa in Baden-Württemberg alle fünf Jahre anstehen, handelt es sich für die Lehrkraft nicht um eine freiwillige Beratung. Zwar steht hier im Mittelpunkt, dass »in einem Dienstbericht die Leistungen und das pädagogische Wirken gewürdigt und ggf. Möglichkeiten der Verbesserung aufgezeigt werden« (Kultus und Unterricht 1995, S. 32), inwieweit Anliegen der beratenen Lehrkraft zum Tragen kommen, bleibt aber fraglich. Dennoch würde diese Form der von konkreten Anlässen unabhängigen Unterrichtshospitation und Beratung die Möglichkeit bieten, dass Schulleitungen gemeinsam mit den Lehrkräften an der Verbesserung von Unterricht arbeiten. Hierzu reichen allerdings einzelne Besuche im Abstand von mehreren Jahren nicht aus.

beratende Besuche ohne Effekt

Richard Bessoth (1994) zeigt in seinen Studien zur Lehrerberatung und -beurteilung, dass Lehrkräfte keine kontinuierliche Beratung durch Schulaufsicht und -leitung erhalten, häufig vergehen nach der Verbeamtung Jahre oder Jahrzehnte, in denen Lehrkräfte keine strukturell verankerte Beratung erfahren (Bessoth 1994, S. 3).

Empirische Untersuchungen und systematische Beiträge berichten gleichermaßen von einer »großen Kluft« (Rothemel 1988, S. 100), einem »kritischen Verhältnis« (vgl. Kanders/Rösner/Rolff 1996, S. 90) oder einem »belasteten Verhältnis« (Denner 2000, S. 63) zwischen Lehrerschaft und Schulaufsicht. Lehrkräfte nehmen vorwiegend die kontrollierende und beurteilende Funktion von Unterrichtsbesuchen und Beratungen wahr. Vor diesem Hintergrund sind sie vermutlich wenig daran interessiert, Beratungen durch schulische Vorgesetzte zu intensivieren. Rosenbusch stellt in einer Lehrerbefragung zur Einschätzung der Schulaufsicht fest, dass sich im Umgang der beiden Berufsgruppen ein »Perspektivenparadoxon« zeigt: »Lehrer schätzen den Beurteilungs- und Beratungsvorgang als eine bürokratisch vorgeschriebene Notwendigkeit ein, die sie möglichst rasch hinter sich bringen wollen und der sie keine pädagogische Bedeutung zuschreiben. Schulräte hingegen betrachten die Situation als pädagogisch orientierte Beratung und Hilfe. Durch die unterschiedliche Interpretation des Vorgangs können sich beide Teilnehmer wenigstens teilweise entlasten« (Rosenbusch 1994, S. 72, zit. nach Denner 2000, S. 52).

Kontrolle statt Hilfestellung

Das Dilemma zwischen Beurteilung und Kontrolle einerseits, und Beratung andererseits zieht sich als strukturelles Problem durch die institutionalisierte Lehrerberatung. Beginnend in der Ausbildung erfahren Lehrkräfte, dass Beratung zwar der eigenen Professionalisierung dienen soll, aber nahezu immer mit Beurteilungskontexten verknüpft ist. Hieraus resultiert ein Misstrauen gegenüber allen Formen schulischer Beratung. Dass diese Beratungssituationen nur sehr gelegentlich stattfinden verstärkt die Ablehnung der Lehrkräfte zusätzlich.

zu wenig qualifizierte Weiterbildung

Hinzu kommt, dass es sowohl für Schulleitungen als auch für Vertreterinnen und Vertreter der Schulbehörden kaum gezielte und hinreichende Weiterbildungsangebote gibt, um Kompetenzen für diffizile Beratungsaufgaben zu erwerben. Es wird davon ausgegangen, dass eine langjährige eigene Erfahrung als Lehrkraft verbunden mit einigen Schulungen ausreicht, »learning on the job«, statt qualifizierte Weiterbildung (vgl. Denner 2000, S. 53). Als mögliche Auswege aus dem Dilemma von Beratung und Beurteilung werden zwei Möglichkeiten diskutiert:

Auswege aus Beurteilungsdilemma

● *Rollensplitting* bezeichnet ein Vorgehen, in welchem eine Person, z.B. die Schulleiterin, jeweils klar definiert, ob sie in einer Situation die Rolle der Beraterin oder der Beurteilenden einnimmt. Verschiedene Autoren halten dieses Vorgehen für möglich und sinnvoll (Rothermel 1988, S. 98; Strasser 1990, S. 12; Bessoth 1994, S. 50).

● *Personensplitting* meint eine Organisationsform, in der Beratung und Beurteilung konsequent von unterschiedlichen Personen durchgeführt werden. Diese Form wird häufig von Lehrkräften bevorzugt (vgl. Denner 2000, S. 64).

Leidensdruck macht beratungsresistent

Eine verschärfte Situation liegt vor, wenn eine Schulleiterin, ein Schulleiter oder gar die Schulaufsicht einen »beratenden Unterrichtsbesuch« anberaumen, weil Klagen von Eltern oder Kollegen und eigene Beobachtungen auf eine berufliche Krise einer Lehrkraft hindeuten. Schwierig wird es vor allem, wenn ein Lehrer, der unter ernsthaften, längerfristigen Schwierigkeiten im Unterricht und im Umgang mit Schülern leidet, diese nicht wahrhaben will oder aus Angst verdeckt. Beratung oder angebotene Hilfen werden abgelehnt. Der beratende Unterrichtsbesuch mit anschließendem Gespräch bleibt in der Regel völlig wirkungslos, er wird von Seiten des Beratenen häufig als Anzweifeln seiner beruflichen Kompetenz, als Bedrohung seiner Autonomie und letztlich als Angriff auf seine Identität aufgefasst (Korinek 1999, S. 30). Lehrerinnen oder Lehrer, die schwerwiegenden Problemen gegenüberstehen, befinden sich häufig unter starkem Leidensdruck. Dieser bewirkt eher aggressive Verhärtung oder regressive Verschleierung, als dass ein Beratungsangebot durch Vorgesetzte als Hilfsmöglichkeit verstanden wird.

Für die Beratung von Kollegen in Problemsituationen ist nach Korinek notwendig, die Beratung als ganzheitlichen Prozess zu begreifen, der die kognitiven, emotionalen und aktionalen Bereiche des Beratenen anspricht und sowohl die Sachebene als auch die Beziehungsebene berührt. Bedingung ist hierfür, »dass verkrustete Rituale in der Schule verändert werden, hierarchische Gliederungen im Verhältnis zwischen Lehrern und Beratern müssen bedacht werden« (ebenda, S. 34). Außerdem kann Beratung nur gelingen, wenn sie als längerfristiger Prozess betrachtet wird, einmalige Unterrichtsberatungen alle paar Jahre sind eher kontraproduktiv.

Ganzheitlichkeit und Langfristigkeit

Folgende Entwicklungsbereiche zeigen sich in der dargestellten Beratungskonstellation Lehrkraft – Schulleitung bzw. Schulaufsicht:

Perspektiven

- Es bedarf einer grundlegenden Qualifizierung der beratenden Schulleiterinnen oder Schulräte. Diese muss eine umfassende Rollen- und Selbstklärung ebenso beinhalten wie die Entwicklung entsprechender Beratungskompetenzen.
- Die Verflechtung von Beratung und Beurteilung ist strukturell zu überdenken. Insbesondere sollte eine grundsätzliche Trennung von Beratung und Beurteilung erwogen werden.
- Es ist zu fragen, welche Ressourcen im Bildungssystem bereitgestellt werden (müssen), um den Beratungsbedarf von Lehrkräften zu deren Professionalisierung und zur Qualitätssicherung im Bildungssystem sicherzustellen. Hier sind bildungspolitische und finanzpolitische Entscheidungen angesprochen.
- Damit einher geht die Frage, wie eine professionelle Beratungskultur, welche auf die Weiterentwicklung der Lehrkräfte und des Systems abzielt, konzipiert und strukturell verankert werden kann.

Coaching

Coaching stellt eine Möglichkeit dar, Schulleitungen und Schulbehörden auf ihre Aufgaben vorzubereiten. Auf diese relativ neue Beratungsvariante in der Schule soll nur kurz eingegangen werden, da sie eher die Führungsebene als alle Lehrkräfte betrifft.

In jüngster Zeit wurde der Begriff des Coaching aus den Manageretagen der Wirtschaftsbetriebe auch in den pädagogischen Bereich übernommen. Coaching stellt vorwiegend eine Personalentwicklungsmaßnahme für die untere und mittlere Managementebene dar (vgl. Schlegel 2003, S. 200). Coaching hat zum Ziel, die beruflichen Selbstgestaltungspotenziale, also das Selbstmanagement, von Führungskräften zu fördern (vgl. Schreyögg 2004, S. 951) und den Coachie (zu Beratenden) bei der Lösung schwieriger Herausforderungen zu unterstützen. In der Regel

Unterstützung für Führungskräfte

findet Coaching als zeitlich begrenztes Verfahren zwischen einer Einzelperson und ihrem Berater statt. Zu beachten ist, dass der Coach nicht Teil des Problems des Coachie sein darf (Müller 2000, S. 42).

Im schulischen Bereich wird Coaching noch relativ selten eingesetzt. Anwendung findet dieses Beratungskonzept vor allem in der Arbeit mit Schulleitungen und Führungskräften der Schulbehörden. Thematisiert werden vor allem Fragen der Auswahl, Entwicklung und Führung des Personals, der Organisation und Planung des Arbeitsfelds und der eigenen Managementrolle. Häufig wird Coaching angefragt, wenn Personen neu in Führungspositionen gelangen, wenn persönliche Krisen, Krisen in der Organisation (etwa eine Umstrukturierung in der Schulbehörde) oder starke Veränderungen (z.B. der Ausbau zur Ganztagsschule) anstehen. Es ist zu erwarten, dass die bildungspolitischen Bestrebungen, den Schulen mehr Eigenverantwortung zuzugestehen, einen gesteigerten Beratungsbedarf der Schulleitungen mit sich bringen.

Literaturhinweis

Weiterführende Literatur: Schreyögg, A. (1995): Coaching. Eine Einführung für Praxis und Ausbildung; Rauen, C. (1999): Coaching – innovative Konzepte im Vergleich; www.coachingportal.de.

Supervision und Kollegiale Beratung

In den beiden vorangegangenen Abschnitten wurde mehrfach angesprochen, dass es für Lehrkräfte keine institutionalisierte Beratungskultur im Schulsystem gibt. Auf freiwilliger, häufig durch Eigeninitiative getragener Basis haben sich jedoch Beratungsangebote etabliert, die Lehrkräfte in Anspruch nehmen können, wenn sie nach Hilfe bei belastenden beruflichen Problemen suchen. Insbesondere sind zwei Angebote zu nennen, die teils schulisch verankert, teils außerschulisch angeboten werden: Supervision und Kollegiale Beratung.

Beratungsangebote für Lehrkräfte

Beiden Konzepten ist gemeinsam, dass sie auf theoretisch begründeten Modellen fußen und vergleichbare Funktionen erfüllen. Diese Funktionen werden mit psychischer Entlastung und Professionalisierung (vgl. u.a. Schneider 1996, S. 162; Reimers/Iwers-Stelljes 2005, S. 28) oder auch mit »beruflicher Beratung und Unterstützung der Gruppenmitglieder und deren praxisbegleitende Weiterqualifizierung« (Mutzeck 2002, S. 133) beschrieben.

Entlastung und Professionalisierung

Lehrerinnen oder Lehrer suchen Supervision oder Kollegiale Beratung auf, weil sie sich belastet fühlen, weil sie unzufrieden sind, ihre Beziehungen zu Schülern, Kollegen, Eltern, Vorgesetzten gestört sind, sie sich müde und ausgelaugt fühlen, keine Freude an der Arbeit mehr empfinden oder sie ihr berufliches Handeln verändern möchten. Analysiert man diese negativen Auswirkungen der Arbeit in der Schule, so fallen als Ursache die vielen Widersprüchlichkeiten von Schule und Unterricht auf. Lehrkräfte »lösen« diese Antinomien häufig individuell, indem sie einen Pol stark betonen und den anderen verleugnen, etwa »die Schüler müssen ihre Konflikte selber regeln« zulasten von »ich bin verantwortlich für das Klima in der Klasse«.

Andere Lehrkräfte nehmen die Widersprüche als ständige Herausforderungen wahr und lavieren unentschieden zwischen den Polen hin und her, z.B. zwischen »ich muss offen unterrichten« und »ich muss systematisches Wissen vermitteln«. Sowohl die einseitige Entscheidung für einen Pol als auch die Haltung, allem gerecht werden zu wollen, führen dazu, dass die Lehrkräfte ihr Handeln als unzureichend und unbefriedigend erleben. Jörg Schlömerkemper fasst diese Situation folgendermaßen zusammen: »Professionelles (und professionell befriedigendes) Handeln ist durch übermächtige, nicht handhabbare Antinomien ebenso gefährdet wie durch ihre einseitigen Verkürzungen« (Schlömerkemper 1994, S. 507). Die täglichen Balanceakte sind von psychischen Belastungen und inneren Konflikten begleitet, zu ihrer Bearbeitung bedarf es Klärungsprozesse, die einer intensiveren Form der Beratung als zwischen Tür und Angel benötigen (Reimers/Iwers-Stelljes 2005, S. 29). Um mit den Widersprüchlichkeiten zurechtzukommen, muss Beratung dazu beitragen, dass die Spannungsverhältnisse gegensätzlicher Erwartungen (auch eigener [Anm.d.V.]), Intentionen, Aufgaben wieder als solche erlebt, verstanden und akzeptiert werden und dass die Beratenen die neue Öffnung für sich handhaben können und eine eigene dynamische Balance finden, die ihnen Orientierung für das konkrete Entscheiden und Handeln im Alltag gibt (vgl. Schlömerkemper 1994, S. 508).

Widersprüchlichkeit des Schulalltags

dynamische Balance finden

> Kollegiale Beratung oder Supervision können Möglichkeiten bieten, mit den systemimmanenten Widersprüchen umgehen zu lernen und damit deren Auswirkungen wie Belastung, Frustration und Unzufriedenheit zu mindern oder gar aufzulösen.

Modell	Form	Theoretischer Bezug	Merkmale	Methodische Schwerpunkte (exemplarisch)
kollegiale Supervision und Praxisberatung (Rotering-Steinberg)	kollegiale Beratung Selbsthilfetraining	sozial-kognitive Lerntheorie	zeitlich klar umrissenes, straffes Vorgehen	Gesprächsform, explorative Fragen, Hypothesenbildung
kooperative Beratung (Mutzeck 1994; 2002)	kollegiale Beratung, auch für Lehrer- o.a. Eltern- Zweiergespräche	Forschungsprogramm subjektive Theorien, Humanistische Psychologie (v.a. Rogers)	umfassende theoretische Fundierung, Schwerpunkte auf symmetrischer Beratungsbeziehung, auf Zielklärung und auf konkreter Planung und Begleitung der Umsetzung schrittweise von angeleiteter zu kollegialer Form	Gesprächsführungsmethoden Perspektivwechsel Kartenabfragen
Lehrersupervision (Ehinger und Hennig 1997)	Supervision mit oder ohne externer Leitung	systemischer Ansatz	breit angelegtes Konzept mit klarem Ablauf und Vielzahl an methodischen Vorschlägen	Vielzahl von Methoden aus Gestaltpädagogik, TZI, Psychodrama u.a.
kollegiale Beratung und Supervision (KoBeSu) (Schlee 2004)	kollegiale Beratung	zentral: Forschungsprogramm Subjektive Theorien; Personzentrierter Ansatz (Rogers); TZI (Cohn); Psychologie zwischenmenschlicher Kommunikation (Watzlawick; Schulz von Thun)	Schwerpunkt auf Veränderung subjektiver Theorien in Phasen Sicherheit/Vertrauen und Skepsis/Konfrontation	vertrauensbildende Methoden: v.a. Gesprächstechniken, Konfrontationsmethoden
unterrichtliche Supervision (Pallasch 2002)	dyadische Supervision	pragmatischer Ansatz mit Nähe zu clinical und instructional supervision (Pallasch 2002, S. 204)	Supervision auf methodisch-didaktische, ziel- und berufsperspektivische und persönlichkeitsorientierte Ebene bezogen, klares Ablaufschema	Beobachtungsmethoden, andere Methoden der Datensammlung, Gewichtung und anschließende Analyse der Informationen
Supervision mit der TZI (Freudenreich und Meyer 2002; Dlugosch 2006)	Supervision in Gruppen	themenzentrierte Interaktion	Zuordnung von Supervisionsthemen bzw. Lernbereichen (Störungen erkennen, analysieren, bearbeiten, Lösungen und Handlungsstrategien entwickeln, Kooperative Haltungen und Methoden übernehmen, Elterngespräche/Beratungen durchführen können) zu Axiomen, Postulaten, Strukturmodell der TZI, Übertragung von Gruppenerfahrungen auf Unterricht	Leiterintervention zur Klärung Rollenspiele, Absprachen, dezidierte Planung, TZI als didaktisches Modell Methoden »lebendigen Lernens«

Abb. 12: Übersicht über verschiedene Modelle zur Supervision und Kollegialen Beratung von Lehrkräften

Supervision

Der Begriff Supervision leitet sich her vom Lateinischen »supervidere« und meint so viel wie von oben betrachten, überblicken. Als Tätigkeitsbegriff stammt Supervision aus dem englischen Sprachgebrauch, wo er als Kontrolle von Abläufen im gesetzlichen, kirchlichen und medizinischen Bereich und im Bereich der Sozialarbeit eingesetzt wurde (vgl. Eck 1993, S. 48).

Supervision im heutigen Verständnis hat sich zunächst vor allem in der sozialen Arbeit etabliert. Ein zweiter Entwicklungsstrang findet sich in der psychotherapeutischen Ausbildung, in welcher der Auszubildende seine Fälle mit einem Lehrtherapeuten bespricht. Während im nordamerikanischen Bildungswesen und im Bildungswesen vieler afrikanischer Länder Schulaufsichtsbeamte mit Supervisor bezeichnet werden und damit das Moment von Kontrolle, Leitung, und Korrektur in den Mittelpunkt rückt (vgl. Pallasch 1991, S. 19), wird im deutschsprachigen Raum seit Ende der 1960er-Jahre der beratende und unterstützende Ansatz betont. Heute findet Supervision statt im sozialen Bereich, im medizinischen Bereich, im Schulbereich und im wirtschaftlichen Bereich (Fatzer 1990, S. 9).

Herkunft

Geri Thomann beschreibt Supervision in einem Überblicksartikel zu Formen der Beratung wie folgt:

>*Unter Supervision wird die professionelle Begleitung/Beratung von einzelnen Berufsrollenträger/innen (in der Regel soziale, lehrende oder führende Berufsrollen) durch eine dafür qualifizierte Fachperson verstanden. Ziel der Supervision ist die Erhaltung und – wo möglich – die Förderung der persönlichen, sozialen und fachlichen Kompetenz der Supervisanden in ihrem Arbeitsfeld. In einem lebendigen Lehr- und Lernprozess zwischen Supervisor/in und Supervisand/in werden – ausgehend von authentischen Problemstellungen – Verstehens-, Erklärungs- und Lösungsmöglichkeiten erarbeitet, welche nötigenfalls modifiziert in die Praxis der Supervisandin/des Supervisanden übertragen werden können. Supervision soll also Distanz zur Arbeitssituation schaffen und berufliche Handlungskompetenz, befreit vom unmittelbaren Handlungsdruck und angeleitete Reflexion fördern«* (Thomann 2003, S. 41).

Weiterentwicklung beruflicher Kompetenz

Supervision kann – auch im schulischen Bereich – in unterschiedlichen Settings vorkommen (vgl. Mutzeck 2002, S. 26; Fengler 2002, S. 176):

- Als Einzelsupervision: Eine Supervisorin arbeitet mit einem Lehrer.
- Als Gruppensupervision: Ein Supervisor arbeitet mit einer Gruppe von Lehrkräften unterschiedlicher Schulen.
- Als Teamsupervision: Ein Kollegenteam einer Schule wird supervidiert.

häufig Gruppensupervision

Häufig wird Supervision in Gruppen durchgeführt. Mehrere Mitglieder einer Berufsgruppe treffen sich unter Anleitung einer Supervisorin, eines Supervisors regelmäßig. Dabei unterstützen die Berufskollegen und -kolleginnen den Lern- und Erkenntnisprozess jedes Einzelnen durch ergänzende Hinweise und kritisches Feedback, teilweise wird auch der Gruppenprozess der Supervisionsgruppe als exemplarische Lernmöglichkeit genutzt. Neben der Bezeichnung Supervision finden auch die Begriffe Gruppenberatung oder pädagogische Fallbesprechung im pädagogischen Raum Anwendung.

> In der Supervision geht es also darum, berufliche Fragen und belastende Situationen unter fachkundiger Anleitung zu bearbeiten. Selbstreflexion und Selbstklärung sind dabei zentrale Prozesse. Supervision dient damit gleichzeitig der Bewältigung beruflicher Herausforderungen, der Weiterbildung und der psychischen Entlastung.

Literaturhinweis

Weiterführende Literatur zu Supervision allgemein: Pühl, H. (1990): Handbuch Supervision; Pallasch, W. (1991): Supervision; Fatzer, G. (1993): Supervision; Feltham, C./Dryden, W. (2002): Grundregeln der Supervision; www.dgsv.de.

schulische Angebote sind begrenzt

Im schulischen Feld wird Supervision als Teilbereich der Lehrerfortbildung verstanden, ist aber auf der Ebene der amtlichen Lehrerbildungsangebote bisher qualitativ und regional sehr begrenzt, sie wird deshalb häufig von den Lehrkräften selbst finanziert. Lehrkräften, die nach Supervisionsangeboten Ausschau halten, stehen im schulischen Kontext häufig keine Angebote zur Verfügung. Sie können sich allerdings auf dem freien Markt umschauen, hier werden von freiberuflich Tätigen oder Angestellten an Beratungsinstitutionen Supervisionen für Lehrkräfte angeboten. Im schulischen Bereich wurde etwa in Baden-Württemberg die so genannte Pädagogische Fallbesprechung mit in Supervision fortgebildeten Lehrkräften als Alternative zur externen Supervision entwickelt, in Bremen und Kiel haben sich Modellprojekte mit externen Supervisoren etabliert (vgl. Pallasch u.a. 1993; Lange-Schmidt 1994).

In einer eingehenden systematischen Analyse unterstreicht Schneider die Funktionen von Entlastung und Professionalisierung, arbeitet aber heraus, dass viele Konzepte den Professionalisierungsanspruch nicht systematisch in ihren Verfahrensvorschlägen ausarbeiten (vgl. Schneider 1996, S. 160). Er schlägt vor, die angestrebte Kompetenzerweiterung (als Kern der Professionalisierung) in drei Teilkompetenzen zu operationalisieren (vgl. ebenda, S. 182):

● Kompetenz zur Veränderung von Sichtweisen, subjektiven Theorien und Einstellungen: Inhaltlich besteht die Erweiterung dieser Kompetenz darin, eine systemisch-konstruktivistische Sichtweise und vernetzte, statt linear-kausalen Denkstrategien zu entwickeln. Formal soll die Fähigkeit entwickelt werden, Situationen und Erfahrungen umzudeuten und einen distanzierten Blick von oben einzunehmen.

- Kompetenz zur individuellen Anwendung von in der Supervision erworbenen Problemlöseverfahren: Diese Kompetenz umfasst zum einen, zu entscheiden, ob ein Problem alleine oder unter zuhilfenahme professioneller Hilfe gelöst werden kann, zum anderen im Erwerb von Problemlösestrategien. **Ebenen der Kompetenz-erweiterung**
- Kompetenz im Umgang mit Gruppenprozessen: Die in der Supervisionsgruppe gemachten und reflektierten Erfahrungen im Hinblick auf Kommunikation und Interaktion in der Gruppe werden auf andere Gruppensettings etwa Unterricht oder die Zusammenarbeit im Kollegium übertragen.

Supervision hat zum Ziel, die beruflichen Kompetenzen zu stärken. Im Feld der Schule bearbeitet sie deshalb folgende vier Perspektiven (vgl. Denner 2000, S. 68):

- Fallarbeit: Analyse von Interaktion und Beziehungsdynamik.
- Selbstthematisierung: Selbstreflexion von Person und Berufsrolle.
- Institutionsanalyse: Analyse der Institution Schule, ihrer Organisation und Dynamik. **Was wird bearbeitet?**
- Unterrichtsanalyse: Analyse der inhaltlichen, didaktischen und methodischen Entscheidungen und Handlungen.

Damit wird deutlich, dass Supervision sich nicht alleine auf die Ebene von Problemfällen oder auf Selbsterfahrung beschränkt. Vielmehr werden Fragen des Unterrichts und der Institution Schule angesprochen und bearbeitet, die wesentliche Bereiche in der Arbeit der Lehrkräfte darstellen.

Daraus ergibt sich, dass Supervisorinnen und Supervisoren, die mit Lehrkräften arbeiten, nicht nur Know-how auf der Prozessebene benötigen, sondern über Feldwissen, über pädagogische und didaktische Expertise und über Wissen im Organisationsbereich verfügen müssen.

Obwohl die vielfältigen Vorschläge zur Lehrersupervision auf unterschiedliche theoretische Grundannahmen zurückgreifen, finden sich gemeinsame Annahmen, was die Wirkfaktoren von Supervision ausmacht. Als zentraler Prozess wird die Selbstreflexion angesehen. Handlungsdruck wird reduziert und ein Raum geschaffen, berufliche Situationen, eigene Handlungen, Aufgaben und Erfahrungen aus der Distanz zu betrachten (vgl. Schlee 2004, S. 15). Entlastend wirkt, zu erleben, mit dem Problem nicht mehr allein zu sein, ernst genommen und verstanden zu werden. Ein weiterer wichtiger Wirkfaktor wird von den meisten Kon- **Selbstreflexion als zentraler Prozess**

Gruppe als Erfahrungsraum

zepten darin gesehen, die eigene Person im beruflichen Kontext zum Thema zu machen und Einstellungen und Gefühle zum Beruf insgesamt oder zu bestimmten beruflichen Vorkommnissen zu klären. Kommt die Gruppe hinzu, so kann dieser Klärungseffekt durch die Rückmeldungen der Gruppe intensiviert werden. Die Gruppenmitglieder stellen ihre Perspektiven, Erfahrungen und Ideen zur Verfügung, gleichzeitig wirken sie als sozialer Erfahrungsraum, in welchem Interaktionsmuster erkannt, reflektiert und erprobt werden können. In manchen Supervisionsmodellen ist die Erprobung neuer Handlungsalternativen in der Gruppe explizit vorgesehen.

Einen Überblick über die Zielsetzungen von Supervisionsmodellen, die sich an unterschiedlichen Paradigmen und psychologischen Schulen (vgl. Kap. 3) orientieren, gibt Fengler (2002, S. 183).

Idealtypisch kann der Verlauf einer pädagogischen Supervision wie folgt beschrieben werden (in Anlehnung an Pallasch 1991, S. 161):

Ablaufmodell

1. Vorkontakt, Sondierungsphase, ob eine Supervision zustande kommt.
2. Klärungsphase über Ziele, Fragestellungen, Erwartungen.
3. Informationsphase, Sammeln von Daten und Informationen, Schilderung der Situation.
4. Analysephase, die Informationen werden gewichtet und analysiert.
5. Lösungssuche, Lösungsmöglichkeiten und Strategien werden entwickelt.
6. Umsetzungs- und Kontrollphase.

Zur Frage, ob Supervision von Lehrern die erhofften Wirkungen tatsächlich zeitigt, liegen inzwischen einige empirische Untersuchungen vor:

empirische Befunde

Ergebnisse einer empirischen Untersuchung zur schulinternen Gruppensupervision berichtet Gert Jugert (1998). Er untersucht Effekte eines Bremer Modellversuchs in den Dimensionen Selbsteinschätzung, Denken–Strukturieren–Planen, Kommunikative Kompetenz, Verhalten in Problem- und Konfliktsituationen, Prävention hinsichtlich Burnout und psychosomatischen Erkrankungen (vgl. Jugert 1998, S. 54 und 171). Zusammengefasst stellt er fest, dass sich die kommunikative Kompetenz verbessert hat, die Supervisanden sich in Problem- und Konfliktsituationen konstruktiver verhalten und die Supervision eine präventive Wirkung aufweist. Außerdem erleben die Supervisanden die Supervision durchgängig als positiv und schätzen deren Effizienz hoch ein (ebenda, S. 172). Keine abschließenden Aussagen kann er darüber machen, inwieweit Supervision das Denken in komplexen Bezügen, das Planen und Strukturieren von Lernprozessen positiv beeinflusst oder zu einer realistischeren Selbsteinschätzung führt (ebenda). Damit legen seine Ergebnisse in jedem Fall einen auf die personale und soziale Ebene bezogenen Kompetenzzuwachs durch Supervision nahe.

Eine sehr detaillierte empirische Studie legt Lieselotte Denner (2000) zur schulinternen Fallbesprechung und Gruppensupervision vor. Die Vergleiche zwischen beiden Formen zeigen kaum bedeutsame Ergebnisse (detaillierte Diskussion siehe Denner 2000, S. 374). Denner kommt jedoch hinsichtlich der Wirkung von Supervision insgesamt zu bemerkenswerten Schlüssen (ebenda, S. 370): Die Lehrkräfte erleben eine Erweiterung ihrer Perspektive und messen dem auch Bedeutung zu. Die Erweiterung pädagogisch-didaktischer Kompetenz ist in sechs der acht Gruppen festzustellen. Sie hängt davon ab, wie stark unterrichtliche Themen in der Supervision bearbeitet wurden. Die Mitgestaltungskompetenz, was Gestaltungsräume der Schule anbelangt, wurde gefördert, insbesondere ist eine Perspektiverweiterung von »ich und meine Klasse« zu »wir und unsere Schule« zu verzeichnen. Auf der Ebene der Teamkompetenz zeigte die Supervision ebenfalls positive Wirkung. Denner weist darauf hin, dass ihre Ergebnisse zeigen, dass Zusammenarbeit interessant, entlastend und lohnend sein kann, dass für Veränderungen des Einzelkämpfertums Begleitung, Zeit, Fantasie und ein entsprechendes Einübungsfeld notwendig sind (ebenda, S. 372). Obwohl die teilnehmenden Lehrkräfte nicht stärker belastet waren als nicht teilnehmende Kollegen, erleben sie die Supervision in hohem Maß als entlastend. Im Hinblick auf Innovationen konnte die Studie erste positive Tendenzen ausmachen, es ist aber erforderlich, die Institutionsebene in der Gruppenberatung zu thematisieren.

Studie von Denner

Beide zitierten empirischen Untersuchungen beziehen sich auf schulinterne Gruppenberatung. Zur Supervision mit Lehrkräften liegen meinen Recherchen nach keine Evaluations- oder Forschungsdaten vor (vgl. Jugert 1998, S. 79; Joswig 2001, S. 44). Es ist allerdings zu vermuten, dass sich die zitierten Ergebnisse auf jede Form von Supervision übertragen lassen. Beachtlich ist, dass der Zuwachs in pädagogisch-didaktischer Hinsicht am unsichersten ausfällt. Hier wäre zu fragen, inwiefern bisherige Supervisionsangebote ihren Anspruch der Verbesserung der Handlungskompetenz, und das heißt für Lehrkräfte der unterrichtlichen Handlungskompetenz, einlösen. Unter Umständen reichen die Klärungs- und Analyseprozesse der Supervision nicht aus, um auf die Handlungsebene zu wirken. Hier müssen ergänzende Möglichkeiten auf der theoretischen, didaktischen und methodischen Ebene der Supervision erarbeitet werden. Eine einfache Übernahme von psychosozialen Supervisionsmodellen greift zu kurz. Vielmehr müssen sich Supervisionsmodelle für Lehrkräfte um eine theoretische und praxeologische Einbindung der Veränderung unterrichtlichen Handelns bemühen.

Kollegiale Beratung

Kollegiale Beratung unterscheidet sich von Supervision dadurch, dass sie nicht durch einen professionellen Supervisor geleitet wird, sondern dass Mitglieder der Beratungsgruppe die Leitung übernehmen. Konzepte zur Kollegialen Beratung benennen die Form unterschiedlich. Jörg Schlee (2004) spricht von *Kollegialer Beratung und Supervision*, Sigrid Rothering-Steinberg (1990) von *Kollegialer Supervision oder Praxisberatung*; Wolfgang Mutzeck (2002) von *Kooperativer Gruppenberatung*, Wolfgang Ehinger und Claudius Hennig (1997) von *kollegialer Lehrersupervision*, auch der Begriff *Intervision* im Gegensatz zu Supervision ist gebräuchlich. Die Bezeichnung »Kollegial« verweist darauf, dass in diesen Gruppen keine Expertin, kein Experte die Leitung übernimmt, sondern ein symmetrisches Verhältnis zwischen allen Teilnehmerinnen und Teilnehmern gegeben ist. In der Kollegialen Beratung wird nicht zwischen Beratungsgruppen mit Kolleginnen und Kollegen einer Schule und Beratungsgruppen, die sich aus Lehrkräften unterschiedlicher Schulen zusammensetzen, unterschieden.

Schlee fasst die Besonderheit Kollegialer Beratung so:

unterschiedliche Begrifflichkeit

> *»Was sie [die kollegiale Beratungsgruppe; Anm.d.V.] vereint, ist allein der Wille, sich gegenseitig helfen und unterstützen zu wollen. Sie können diese anspruchsvolle Aufgabe leisten, weil sie sich dabei an die Regeln und Schritte von ausgearbeiteten Verfahren halten. Mit anderen Worten, auch in einer Kollegialen Supervision gehen die beteiligten Personen nicht zufällig oder beliebig vor, sondern folgen einem Leitfaden (Ehinger/Hennig 1997). Indem sie sich an diesem orientieren, gestalten die Teilnehmer einer Kollegialen Supervisionsgruppe ein bestimmtes Setting, innerhalb dessen ihnen durch das Verfahren bzw. durch dessen Autor(en) eindeutige Vorgehensweisen empfohlen oder vorgeschrieben werden* (Schlee 2004, S. 22).

Merkmale kollegialer Beratung

Die Ziele von Kollegialer Beratung sind teilweise identisch mit denen der Supervision, die strikt kollegiale Form setzt aber auch eigene Akzente. Folgende Ziele lassen sich festhalten (vgl. Rotering-Steinberg 1986, S. 186, zit. nach Ehinger/Hennig 1997, S. 11; Rieder-Aigner 1995, S. 508):

Ziele

- Herstellen eines Gruppengefühls, Überwinden von Isolation.
- Förderung von Interaktion und Kommunikation, Einüben kommunikativer Handlungsmuster für die Zusammenarbeit mit Kollegen.
- Erkennen und Wahrnehmen eigener und anderer Schulprobleme, Überwinden blinder Flecken.
- Methodisch angeleitete, regelmäßige Reflexion pädagogischen Handelns.
- Kennenlernen der Perspektiven von Kollegen zum eigenen Problem.
- Entwickeln von Handlungsalternativen, die im Schulalltag praktikabel sind.

Kollegiale Gruppenberatung hat eine präventive und eine intervenierende, kurative Funktion. Die Prävention besteht vor allem in einer angeleiteten und systematischen Reflexion der Berufspraxis und der gegenseitigen Unterstützung bei der Herstellung und Sicherung erfolgreicher und befriedigender Arbeitssituationen. Die intervenierende Funktion geschieht durch die gegenseitige Beratung und Praxisbegleitung bei Problemen, Schwierigkeiten, besonderen Belastungen (Mutzeck 2002, S. 134).

Prävention und Intervention

Als Bedenken gegenüber dem Modell Kollegialer Beratung werden immer wieder geäußert, dass Lehrerinnen und Lehrer keine Experten für die Leitung von Beratungsgruppen seien, ihnen also die entsprechenden Moderations- und Prozesskompetenzen fehlen würden. Dem ist entgegenzuhalten, dass bei Formen Kollegialer Beratung das Expertentum bzw. die theoretische Fundierung über die Regeln und Prinzipien des jeweiligen Verfahrens eingebracht werden. In der Kollegialen Beratung sind alle Beteiligten mit dem Feld sehr vertraut und bringen ihre Erfahrungen und ihr Expertentum ein. Dies kann das Verständnis und die Akzeptanz von Lösungsideen erhöhen. Gleichzeitig schränken das eigene Involviertsein in Schule und Unterricht die Distanz und der notwendige Blick von außen ein. Externe Supervisorinnen bringen unter Umständen mehr kritische Distanz mit.

Expertentum der Beteiligten

»Kollegiale Supervision und die von hauptamtlichen bzw. von speziell ausgebildeten Supervisorinnen angeleitete Supervision können als gleichwertige Verfahren angesehen werden« (Schlee 2004, S. 24).

Es gibt eine Reihe von Modellen, wie Kollegengruppen sich wechselseitig beraten können (vgl. Abb. 12). Einige Modelle sehen vor, dass Kollegiale Beratung zunächst in angeleiteter Form erlernt und dann eigenständig durchgeführt wird (Mutzeck 2002; Rotering-Steinberg 1992), andere Modelle gehen davon aus, dass die kollegiale Beratungsgruppe direkt mit dem theoretisch fundierten Leitfaden arbeiten kann (Ehinger/Hennig 1997; Schlee 2005).

Exemplarisch sollen hier zwei Konzepte überblicksartig skizziert werden.

Wolfgang Ehinger und Claudius Hennig (1997) stellen ein systemisch orientiertes Konzept zur Supervision mit und ohne Leitung vor. Der Leitfaden ist als Anleitung und Anregung gedacht, um Kollegiale Beratung durchzuführen. Hierzu führen die Autoren zunächst Grundlagen der Supervisionsarbeit aus:

kollegiale Supervision nach Ehinger und Hennig

- eine systemisch angelegte Systematik von Schule
- ein Gebäude erfolgreichen Lehrens mit den Ebenen
  - Lehrerpersönlichkeit
  - Beziehungsgestaltung
  - Didaktik–Methodik

- Struktur des Unterrichts
- Kontext–Kollegium–institutioneller Rahmen
- als mögliche Problemfelder der Beratung
● Grundlagen der Interaktion und Kommunikation

Als Prozessmodell schlagen sie eine Problembearbeitung in acht Phasen vor:

1. Vorbereitung
2. Falldarstellung bzw. Problembeschreibung
3. Interview
4. Gruppenfeedback
5. Problemanalyse und Hypothesenbildung
6. Strategieplanung
7. Rückmeldung
8. Umsetzung und Kontrolle

Breiten Raum nimmt das Kapitel zu Methoden der Supervision ein. Hier greifen die Autoren auf eine Vielzahl von Verfahren aus der systemischen Beratung, der Gestaltarbeit, des NLP, des Psychodramas usw. zurück. Die Methoden werden danach systematisiert, ob sie die akustisch-verbale, die visuelle oder die kinästhetische Ebene ansprechen und auf welches Personensetting (z.B. Lehrer-Eltern-Interaktion) sie anwendbar sind (vgl. ebenda, S. 54). Die reichhaltige Sammlung an Methoden wird allerdings

methodisch reichhaltiger Leitfaden

kaum mit den Anforderungen im »Gebäude erfolgreichen Lehrens« verbunden. Auf Grenzen Kollegialer Supervision weisen die Autoren immer wieder hin (Ehinger/Hennig 1997, S. 28, S. 107). Als Erklärungsmodell arbeiten sie mit dem TZI-Modell. Grenzen sehen sie vor allem, wenn stark persönlichkeitsbezogene Themen bearbeitet werden, also quasitherapeutische Prozesse in Gang kommen, wenn eine ausschließliche Fokussierung auf den Gruppenprozess stattfindet und die Gruppenberatung zur Selbsterfahrung wird oder wenn ein Problem so stark in den Vordergrund rückt, dass die persönlichen Anteile übersehen werden (vgl. ebenda, S. 108). In all diesen Fällen ist es notwendig, eine externe Gruppenleitung hinzuzuziehen. Der Leitfaden ist so konzipiert, dass Lehrergruppen direkt mit ihm arbeiten können. Die Gruppe soll sich an das Phasenschema halten und kann je nach Thema verschiedene Methoden anwenden.

kollegiale Beratung und Supervision nach Schlee

Das Modell KoBeSu (Kollegiale Beratung und Supervision) stellt Jörg Schlee (2004) in einem Arbeitsbuch dar. Ausführlich klärt er als Grundlagen »die Menschenbildannahmen und Zielvorstellungen des Forschungsprogramms Subjektive Theorien (Groeben et al. 1988)« (Schlee 2004, S. 32). Der Mensch wird verstanden als rational, reflexiv, autonom. Die Handlungen aller Menschen basieren auf subjektiven Theorien, die ähnlich zu wissenschaftlichen Theorien angenommen werden. Veränderungen im Handeln setzen Veränderungen in den Subjektiven Theorien voraus. Verschiedene Veränderungsformen werden erläutert. Als weitere theoretische Bezugspunkte stellt Schlee den personzentrierten Ansatz, die TZI und die Psychologie zwischenmenschlicher Kommunikation mit den Konzepten von Paul Watzlawick und von Friedemann Schulz von Thun vor.

Für die Praxis der KoBeSu spielen vor allem »unterschiedliche Aufgaben für die Gruppenteilnehmer, die einzelnen Phasen und Schritte im Ablauf sowie bestimmte Rituale und Hilfsmittel eine wesentliche Rolle« (ebenda, S. 72). Aufgaben sind z.B. Gastgeberin, Chairperson, Zeitwächterin, Rat suchende Person. Als Hilfsmittel und Rituale werden u.a. ein Sprechstein, Aufgabenkarten, Störungskarten, Blitzlicht eingesetzt. Die Phasen gliedert Schlee in:

- Vorbereitung und Hinführung
- 1. Hauptphase: Sicherheit und Vertrauen
- 2. Hauptphase: Skepsis und Konfrontation
- Abschließende Tätigkeiten

Phasen und Aufgabenverteilung

Die einzelnen Phasen werden mit verschiedenen Methoden und Schritten ausführlich beschrieben und begründet. Ein eigenes Kapitel widmet er dem Einüben in teilnehmendes Zuhören. Schlee schließt das Arbeitsbuch mit einem Kapitel zu Nachfragen und Verständniskontrolle und mit Hinweisen zum Transfer. Für Schlee ist es möglich, dass Lehrkräfte mithilfe seines Leitfadens Kollegiale Beratung und Supervision selbstständig durchführen. Allerdings sieht er für das Gelingen der Kollegialen Beratung und Supervision die sichere Beherrschung und Anwendung des anteilnehmenden Zuhörens als zentrale Voraussetzung, ohne die die Anwendung des Verfahrens nicht verantwortet werden darf (ebenda, S. 153).

Für Wolfgang Mutzeck ist es notwendig, dass Kollegiale Beratungsgruppen das Verfahren erst lernen. Er sieht vor, dass zunächst eine dreitägige Fortbildung stattfindet, in der die Gruppe(n) die theoretischen Grundlagen und die Methoden der Kollegialen Supervision erlernen und anwenden (Mutzeck 2002, S. 141). Dann finden drei bis sieben Supervisionen mit dem externen Berater statt. Hier lernen die Teilnehmer die Anwendung der Kooperativen Gruppenberatung im Kontext ihres Berufsalltags (ebenda, S. 142). Anschließend können die Gruppenmitglieder Kooperative Gruppenberatung selbstständig und in eigener Verantwortung durchführen.

erst mit, dann ohne Begleitung

Auch wenn in den verschiedenen Modellen Abläufe und Methoden Kollegialer Beratung ausführlich geschildert werden, verlangt die Arbeit mit diesen Konzepten ein nicht zu unterschätzendes Maß an Kommunikations- und Methodenkompetenz.

Evaluationen zur Wirkung von Kollegialer Beratung fehlen bisher weitgehend. Jörg Schlee erwähnt einen Bericht von Walter Schedde (1998) an das Kultusministerium von Niedersachsen, in dem er Rückmeldungen vieler Lehrer, Fachleiter und Schulleiter zu KoBeSu gesammelt hat, nach deren Urteil ist die Wirkung von KoBeSu unbestritten (Schlee 2004, S. 132). Sigrid Rotering-Steinberg hat ihr Modell mehrfach evaluiert und berichtet von positiven Erfahrungen (Rotering-Steinberg 1992, S. 430). Eine Evaluationsstudie von Bernd Fiege und Rainer Dollase (1998) befasst sich mit der Frage, inwieweit die Einführung eines Modells Kollegialer Beratung das Beratungsverhalten der Gruppenmitglieder verändert. Hierzu videographierten die Forscher Beratungssitzungen vor und nach Einführung eines Beratungsmodells und verschiedener Beratungs- und Moderationsmethoden. Die Einführung eines Beratungsmodells zur Gestaltung der Kollegialen Beratung führte nur teilweise zu einer Annäherung an das Verlaufsschema. Allerdings war die Zufriedenheit der Teilnehmer weitgehend unabhängig davon, ob die Beratung wie intendiert durchgeführt wurde (Fiege/Dollase 1998, S. 391). Die Studie macht keine Aussagen darüber, inwiefern die Kollegiale Beratung im Hinblick auf ihre Ziele wie Austausch, Entlastung, Perspektivwechsel u.a. erfolgreich war (ebenda, S. 393). Diese Evaluationsstudie dämpft etwas den Optimismus, mit dem manche Autoren ihr Konzept als wirksames Modell zur Durchführung Kollegialer Beratung einschätzen.

Grenzen und Gefahren der Kollegialen Beratung liegen vor allem in folgenden Punkten:

Grenzen und Gefahren

1. Berufliche Krisen können die Persönlichkeit eines Ratsuchenden so weit treffen, dass dies durch eine Kollegengruppe nicht aufgefangen werden kann.
2. Die Beratung in der Gruppe kann starke psychodynamische Prozesse beim Einzelnen und in der Gruppe auslösen, die von der Gruppe nicht mehr kontrolliert werden können.
3. Bei manchen beruflichen Fragen und Problemen kommt die Gruppe mit ihrem gesammelten Expertentum an Grenzen. Impulse und professionelles Know-how von außen sind notwendig.
4. Kollegiale Beratung bleibt systemimmanent. Dadurch können teilweise Probleme, die aus dem System erwachsen, nicht erkannt werden. Probleme, die auf institutioneller, schulbehördlicher oder politischer Ebene gelöst werden müssten, werden personalisiert.

Evaluation

Kollegiale Beratung bietet eine wichtige Möglichkeit für Lehrkräfte, Fragen und Probleme beruflicher Art mit anderen Experten gemeinsam zu lösen. Dadurch können wichtige Lernprozesse in Gang kommen, die der Professionalisierung dienen, das Handeln in der konkreten Situation erleichtern und insgesamt zu einer Entlastung beitragen.

Die positiven Möglichkeiten Kollegialer Beratung dürfen nicht dazu missbraucht werden, Lehrerfortbildung und Supervision mit externen Experten durch das beinahe kostenneutrale Modell der Kollegialen Beratung zu ersetzen. Beides sollte immer als sich ergänzende Möglichkeiten verstanden werden. Auch darf bildungspolitisch Kollegiale Beratung nicht dazu benutzt werden, Lehrern auf der persönlichen Ebene Entlastung und Hilfe anzubieten, wo Missstände strukturell angegangen werden müssten.

Kombinierte Beratungs- und Fortbildungsmodelle

Mit KOPING und KTM sollen abschließend zwei Modelle vorgestellt werden, die gegenüber Supervision und Kollegialer Beratung die Erweiterung der Handlungskompetenz konzeptionell stärker ausarbeiten. KOPING und KTM streben eine Veränderung Subjektiver Theorien an. Sie enthalten deshalb Phasen, in denen bisherige Kognitionen aufgebrochen werden, Phasen in denen neue Denk- und Handlungsmöglichkeiten entwickelt werden und Phasen in denen diese veränderten Subjektiven Theorien durch die konkrete Umsetzung konsolidiert und gefestigt werden:

Veränderung subjektiver Theorien

Das *KOPING-Modell* (Kollegiale Praxisbewältigung in Gruppen) von Diethelm Wahl (1989, 1991) kombiniert die Arbeit in Lehrertandems und Kleingruppen. Es wurde von Wahl in zwei Varianten konzipiert. Die eine Variante (Wahl 1989) setzt stark auf die kommunikative Bearbeitung und Bewältigung in der Kleingruppe und eine möglichst konkrete Planung im Tandem, wann und wie die neuen Handlungsalternativen im Unterricht umgesetzt werden. In der zweiten Variante (Wahl/Wölfing/Rapp/Heger 1991) wird dieses Vorgehen ergänzt durch Trainingsphasen mit einem externen Leiter. In diesen Trainingsphasen werden neue Handlungsmöglichkeiten erlernt, die dann unterstützt durch Tandem und Kleingruppe im beruflichen Alltag umgesetzt werden. Der Tandemgruppe kommt vor allem die Aufgabe zu, gegenseitig im Unterricht zu hospitieren, die neu gewonnenen Handlungsmöglichkeiten zu präzisieren und in ganz konkrete Handlungspläne für den Unterricht oder andere berufliche Situationen umzusetzen.

KOPING nach Wahl

Die Hospitationen dienen zum einen dazu, dass schwierige Situationen durch einen externen Beobachter verfolgt werden und dadurch die Problemanalyse mehrperspektivisch und differenzierter erfolgen kann, in der Erprobungsphase können die Tandems Rückmeldung über den Erfolg der Umsetzung geben. Die Kleingruppe dient dazu, Erfahrungen auszutauschen, Probleme zu besprechen und Lösungen zu suchen. Die Arbeit in der Kleingruppe ist der in kollegialen Beratungsgruppen vergleichbar.

kollegiale Beratung und Fortbildung

Wird KOPING als Fortbildungskonzept eingesetzt, treffen sich mehrere Kleingruppen regelmäßig und werden in ein- bis mehrtägigen Seminaren zu bestimmten Inhalten fortgebildet. Auch dieses Element ist didaktisch ausgearbeitet. Die Inhalte werden nicht nur vermittelt, sondern in »Mikroteachingsituationen« erprobt. Durch die Einbeziehung von Fortbildungsinhalten kann dem möglichen Problem Kollegialer Beratung, dass die Gruppe mit ihrem gesammelten theoretischen Expertenwissen nicht weiter kommt, begegnet werden. KOPING ist ein formales Modell, das sich für verschiedene Problemsituationen und Fortbildungsbereiche eignet.

Konstanzer Trainings-modell

Das *Konstanzer Trainingsmodell* (KTM) wurde entwickelt, um Lehrkräfte darin zu unterstützen, mit Aggression und Störungen im Unterricht umzugehen (Tennstädt/Krause/Humpert/Dann 1987; Humpert/Dann 1997). Das KTM regt an, dass die Lehrkräfte Handlungsweisen reflektieren und versuchen, neue Handlungsalternativen im Unterricht zu etablieren sowie Strategien zur Konfliktlösung zu entwickeln. In seiner formalen Gestaltung ähnelt es dem KOPING-Modell. Während sich KOPING prinzipiell für unterschiedliche Fortbildungsinhalte eignet, sind im KTM feste Trainingseinheiten vorgegeben. Diese können aber von den Teilnehmern nach ihrer individuellen Situation ausgewählt und bearbeitet werden.

Trainingsein-heiten und Tandemarbeit

Es sind insgesamt zehn Trainingselemente vorgesehen. Die Hauptarbeit wird in Tandems absolviert. Die Tandempartner hospitieren zunächst im Unterricht und wählen dann für jeden die individuell passenden Trainingseinheiten aus. Sie stellen ein Programm zusammen, bearbeiten gemeinsam die Elemente und unterstützen sich gegenseitig in der Umsetzung, indem sie unterrichtliche Maßnahmen gemeinsam planen und deren Erfolg durch Hospitationen mitverfolgen und miteinander besprechen. Die Tandems treffen sich in regelmäßigen Abständen in größeren Gruppen mit einer Leitung und tauschen sich über ihre Arbeit aus. Dies ist im KTM kompakt (Humpert/Dann 1997) nicht vorgesehen. Die Struktur der Beratungsphasen zwischen den Tandempartnern und in der Gruppe ist, anders als im KOPING, nicht vorgegeben.

> KTM und KOPING können als gelungene Versuche gewertet werden, ein umfassendes Modell für eine bewusste Professionalisierung von Lehrkräften vorzulegen. Beide Modelle verbinden Fort- bzw. Weiterbildungselemente mit Beratungselementen. Damit können die Probleme herkömmlicher Fortbildungen vermindert werden. Diese setzen vorwiegend auf die Vermittlung innovativer fach- oder allgemeindidaktischer Themen oder die Vermittlung von Handlungsstrategien bei pädagogischen Problemen und erreichen damit

häufig keine nachhaltige Implementierung. Andererseits macht es Sinn, die eher auf die persönliche Problembewältigung gerichteten Lehrerberatungsmodelle durch pädagogisch-didaktischen Input zu ergänzen. Sowohl gängige Lehrerfortbildungen als auch viele Beratungsmodelle haben auf der Ebene der Umsetzung in konkrete Handlungen ihre Schwächen. Diese werden durch KTM und KOPING bewusst angegangen. Der Preis hierfür ist eine intensive, zeitaufwändige Arbeit jeder Lehrkraft an eigenen Einstellungen und Handlungsmustern.

pädagogisch-didaktischer Input

Beratung in der Schulentwicklung

Individuelle Maßnahmen zur Fort- und Weiterbildung oder zur Beratung stoßen an die Grenzen institutioneller Gegebenheiten. Sowohl aus der Sicht der Professionalisierung der einzelnen Lehrkraft und der Verbesserung ihres Unterrichts als auch aus Sicht der Qualitätssteigerung des ganzen Bildungssystems ist Schulentwicklung notwendig.

Lehrkräfte wie Schulleitungen und Schulbehörden sind bisher noch wenig mit den Prozessen von Schulentwicklung vertraut. Bianca Ender u.a. fassen einige Erkenntnisse zur Schulentwicklung zusammen: „Wir wissen inzwischen, wie wichtig die Rolle der Schulleitung als change agent ist, dass dabei die Mikropolitik an der Schule eine große Rolle spielt, dass Schulentwicklung dann am ehesten Erfolg hat, wenn sie es schafft, den Bezug zum Unterricht herzustellen, dass es zudem Steuernde braucht, welche die Entwicklung auf der Systemebene betreiben. Wir wissen aber auch, dass Schulen oft überfordert sind, ihre eigene Entwicklung in die Hand zu nehmen« (Ender/Schratz/Steiner-Löffler 1996, S. 7).

hohe Anforderung an die Einzelschule

Aus diesem Grund wurden im deutschsprachigen Raum zahlreiche Konzepte entwickelt und Modellversuche durchgeführt, in denen Schulentwicklung durch Beraterinnen oder Berater unterstützt wird (vgl. Buhren/Rolff 1996; Ender/Schratz/Steiner-Löffler 1996; Meyer 1997; Schönig 2000; Schnebel 2005).

Schulentwicklungsberatung greift auf Konzepte der Organisationsberatung zurück. Diese Beratungsform wurde zunächst für Wirtschaftsbetriebe entwickelt und erprobt. Sie ist mit Ansätzen zur Aktionsforschung und der Anwendung von Methoden der Gruppenarbeit verbunden (vgl. Schlegel 2003, S. 200; Fatzer 2004, S. 419). Organisationsberatung befasst sich mit der Frage, wie Veränderungen in Organisationen gestaltet und unterstützt werden können. Dabei stehen Organisationsstrukturen, aber auch Kommunikation und Kooperation im Mittelpunkt. Wichtige Schritte im Beratungsprozess sind die Klärung von Erwartungen und Anliegen, ein Ist-Soll-Vergleich, die gemeinsame Suche nach Lösungen und das Erschließen vorhandener Ressourcen. Die Beraterin versteht sich selbst als Moderator und versucht eine Kommunikation auf gleicher Au-

Veränderung in der Organisation

genhöhe sowie eine möglichst hohe Partizipation aller zu erreichen. Ziel von Organisationsentwicklung und damit auch von Organisationsberatung ist es, »Betroffene zu Beteiligten« (vgl. u.a. Schlegel 2003, S. 208) zu machen.

Literaturhin-
weis
Auf weiterführende Literatur zu Organisationsberatung allgemein wird verwiesen: Fatzer (2003): Nachhaltige Organisationen; König/Volmer (1996): Systemische Organisationsberatung; Grossmann u.a. (1995): Veränderung in Organisationen. Zeitschrift Organisationsberatung – Supervision – Coaching.

Eine Übersicht über Systemberatung und Organisationsentwicklung in Bezug auf die Schule bietet Schley (2002).

Für die Beratung in Schulentwicklungsprozessen stellen sich vor allem folgende Fragen:

1. Ist eine externe Beratung grundsätzlich notwendig oder nur erforderlich, wenn ein Schulentwicklungsprozess stockt oder zu scheitern droht?

Fragen der
Schulentwick-
lung
2. Auf welchen Ebenen soll die Beratung erfolgen (Schulleitung, Innovations- bzw. Steuerungsgruppe, ganzes Kollegium)?
3. Wie soll das Verhältnis von rein moderierender, prozessbegleitender Funktion des Beraters und inhaltlicher Impulssetzung gestaltet sein?
4. Welche Qualifikationen des Beraters und welche Beratungsstrukturen sind notwendig und hilfreich, um Schulen in ihren Entwicklungsprozessen zu beraten?

Viele Ausführungen zur Schulentwicklung und deren Beratung orientieren sich an Modellen der Organisationsentwicklung (vgl. etwa Dalin/Rolff/Buchen 1995) und Organisationsberatung. Diese Modelle sind meist systemisch orientiert (vgl. Carle 2000; Schley 2002, S. 162). Verschiedene Metaanalysen zeigen, dass die Bemühungen der Organisationsentwicklung in Schulen in den meisten Fällen nicht den erwarteten Erfolg zeitigen (vgl. Carle 2000, S. 227). Daneben stehen Schulentwick-
unterschied-
liche Konzepte
lungskonzepte, die Schulentwicklung eher als Prozess von unten begreifen (Meyer 1997; Bastian 1998). Schulentwicklung benötigt den Kontakt zum Unterricht und die Verbindung zu Unterrichtsreformen. Gleichzeitig braucht Unterrichtsreform den Rückhalt in der Zusammenarbeit mit anderen, Reflexionen der Lernprozesse im Team, Unterstützung durch die Schulleitung und in der Regel schulinterne Fortbildung – sie braucht Schulentwicklung (vgl. Bastian 1998, S. 31).

Schulentwicklung wird in ihrem formalen Ablauf häufig mit den folgenden Phasen beschrieben (vgl. Schnebel 2003, S. 38):

- Daten sammeln
- Klären und Vereinbaren von Zielen
- Überprüfen und Anpassen der zur Verfügung stehenden Mittel   **Phasen**
- Planung und Umsetzung des Entwicklungsvorhabens
- Evaluation der Entwicklungsprozesse und Ergebnisse

Zur Koordinierung der Arbeit wird meist eine Steuer-, Innovations- oder Koordinierungsgruppe aus interessierten Kollegen gebildet.

Beratung hat die Aufgabe, den Prozess gemäß den genannten Phasen zu strukturieren und voranzubringen. Dabei gibt der externe Berater keine Themen oder Entwicklungsschwerpunkte vor. Weiter kommt dem externen Berater häufig die Aufgabe zu, Konferenzen und Sitzungen des Kollegiums oder einzelner Teams zu moderieren. Immer wieder müssen **Aufgaben** Konflikte bearbeitet werden. Eine wichtige Leistung der externen Bera- **externer** tung besteht häufig darin, Evaluationen durchzuführen. Für die einzel- **Beratung** nen Phasen des Prozesses stellt der Berater Methoden zur Verfügung, die die Arbeit jeweils voranbringen. In enger Abstimmung steht der Berater mit der Schulleitung und mit der Steuergruppe. Er muss aber seine Neutralität bewahren und darf sich nicht zum Instrument der Schulleitung machen (lassen).

Exemplarisch sollen die Beratungsinhalte aus einem Fallbeispiel aufgezeigt werden: aus der Beratung der Schulentwicklung an einer Wiener Hauptschule (Buschek 1996, S. 125):

- Grundinformation über Möglichkeiten und Grenzen der schulischen Autonomie
- Situationsanalyse des Schulstandortes
- Impulssetzung für den Schulentwicklungsprozess
- Unterstützung bei der standortbezogenen und autonomen Schulent- **Beratungs-** wicklung **inhalte**
- Aufarbeitung von Leidensdruck, Professionalität – Abbau von Frustation – Erarbeitung und Ausbau eines positiven Schulklimas
- Unterstützungsangebote für Teamteaching und Lehrplanentwicklung
- Begleitung der Schulentwicklung und Reflexion

Beratung in der Schulentwicklung verläuft in der Regel in folgenden Phasen:

- Vorinformation, Kontaktaufnahme: Meist treten die Schulleitung oder ein Kollegenteam an eine Schulentwicklungsberaterin heran, Möglichkeiten einer Zusammenarbeit werden grundsätzlich, noch ohne Aufgabenspezifizierung erörtert.
- Kontaktaufnahme mit dem Kollegium: Information; Klärung von Erwartungen und möglichen Aufgaben.
- Zwischenberichte je nach Vereinbarung.

Ablauf der Beratung

- Kooperationsvereinbarung: Ziele, Aufgaben und Umfang der externen Beratung werden vereinbart und in einem Vertrag festgehalten.
- Arbeit im Entwicklungsprozess.
- Zwischenberichte je nach Vereinbarung.
- Metareflexionen.
- Abschluss.

Insgesamt kann die Arbeit von Schulentwicklungsberatung wie folgt zusammengefasst werden (Buschke 1996, S. 131):

> »Es ist Aufgabe des/der SchulberaterIn, den Weg der kollegialen Weiterentwicklung und aktiven Schulgestaltung zu steuern, Phasen des Schulentwicklungsprozesses zu unterstützen, Instrumente und Übungen in die jeweiligen Probleme, Themen, letztlich Anlässe der Schule einzupassen, um in der Tat Energien und Potenziale zu aktivieren [...]. Der/die SchulberaterIn hilft, dass ein pädagogischer Erfahrungsaustausch beginnt, dass begonnen wird, die Situation zu analysieren, dass Ziele festgelegt werden, Möglichkeiten der Realisierung diskutiert und erprobt werden, um damit dem Prozess der Verbesserung in Schule Dynamik zu verleihen. [...] der/die BeraterIn ist kein Macher, der/die allein den richtigen Weg weist, vielmehr muss Beratung mit Betroffenen erfolgen und sie zu Beteiligten machen. Im Sinne des grundlegenden Beratungsprinzips der Organisationsentwicklung der ›Hilfe zur Selbsthilfe‹, ist das vornehmste Ziel der Beratung, sich selbst für die Kooperationspartner überflüssig zu machen.«

Schulentwicklungsberatung stellt eine hochkomplexe Aufgabe dar, die Beraterinnen und Berater fordert und herausfordert. Die Vielschichtigkeit und Widersprüchlichkeit des Systems spielen ebenso eine Rolle wie die beteiligten Menschen in ihren Beziehungen und ihre Geschichte. Aus vielen Gesprächen mit Schulentwicklern und Lehrkräften und aus vielen Fallbeispielen wird deutlich, dass die Beratung in der Schulentwicklung **komplexe Anforderungen an Berater** vor allem darauf zu achten hat, die Menschen in den Entwicklungsprozess mitzunehmen und ihre Erwartungen, ihre Ängste und Widerstände ernst zu nehmen. Schulentwicklungsberaterinnen müssen deshalb neben aller Beratungskompetenz vor allem einfühlsam beobachten, geduldig zuhören, differenziert beschreiben können und sie müssen den Lehrkräften mit Respekt und Bescheidenheit und kritischer Distanz begegnen (vgl. Bohl 2005, S. 94).

Supervision und Kollegiale Beratung können wesentliche Bestandteile von Schulentwicklung sein. Als Angebote für Schulleitungen und Schulaufsicht (Schreyögg 2000) können Supervision und Coaching dazu beitragen, Kompetenzen für Schulentwicklung zu vermitteln und mit Konflikten besser umzugehen. Durch Kollegiale Beratung oder Supervision von Lehrkräften kann Schulentwicklung vorbereitet werden, indem aus der persönlichen Weiterentwicklung heraus der Wunsch oder die Notwendigkeit zu einer Weiterentwicklung der Institution erwächst. Umgekehrt können Schulentwicklungsprozesse den schulischen Beratungsbedarf und die Beratungsbedürfnisse der Lehrkräfte aufdecken. Als Gegengewicht zu einer eher auf das System und auf institutionelle, bildungspolitische und gesellschaftliche Anforderungen gerichteten Systemberatung kann durch Kollegiale Beratung oder Supervision der auf die Individuen bezogene Anteil von Schulentwicklung gestärkt werden. Externe Schulentwicklungsberatung wie Kollegiale Beratung können dazu dienen, Schule »erfolgreicher und humaner« (Meyer 1997, S. 49) zu machen.

Unterstützung durch kollegiale Beratung und Supervision

5. Professionelles Beratungshandeln

Sich beraten und jemanden beraten sind alltägliche Handlungsformen. In diesem Alltagsvollzug kann Beratung gelingen oder auch nicht. In der professionellen Arbeit der Schule sollten Beratungsprozesse dazu führen, dass Lösungen für schwierige Situationen gefunden werden und Veränderungen in Gang kommen.

Beratungskompetenzen umfassen ein Handlungsrepertoire, um Beratungssituationen zu gestalten. Hierzu sind Methoden, Kenntnisse über Kommunikationsprozesse und Verlaufskonzepte hilfreich. Daneben benötigen Lehrkräfte diagnostische Kompetenzen, um schwierige Situationen von bzw. mit Schülern oder Klassen angemessen erfassen und verstehen zu können. Das Beratungshandeln der einzelnen Lehrkraft wird dann besonders effektiv sein, wenn es eingebunden ist in ein Beratungskonzept der Schule. Ein solches Konzept erleichtert die Kooperation der innerschulischen Beratungsinstanzen und ermöglicht, außerschulische Unterstützung angemessen einzuschalten.

Diagnostik und Diagnosekompetenz

Begriffliche Annäherung

Diagnose wird im Schulalltag sehr unterschiedlich betrieben und verstanden. Lehrkräfte beobachten, interpretieren und beurteilen ständig ihre Schülerinnen und Schüler und leiten daraus Konsequenzen ab. Diese Form der Diagnose wird meist wenig bewusst und systematisch durchgeführt. Daneben finden Diagnosen als geplante, von anderen Handlungen abgegrenzte Aktionen statt.

Formen von Diagnostik

Bewusste Diagnose tritt in unterschiedlichen Formen auf: Als *Selektions- und Auslesediagnostik* dient sie dazu, die Eignung oder Nicht-Eignung eines Kindes für bestimmte schulische Anforderungen (z.B. Schulform) zu bestimmen, die *Modifikations- oder Förderdiagnostik* zielt darauf, Lernvorgänge und -angebote zu verbessern (vgl. Horstkemper 2006, S. 5). Es kann eher ein Status als Zustand einer Person diagnostiziert werden, etwa wenn es um Laufbahnempfehlungen, Entscheidung für besondere Förderprogramme oder Berufswahl geht, oder ein Veränderungsprozess (Prozessdiagnostik), etwa durch Fehleranalysen, Stärken-Schwächen-Profile. Status- und Prozessdiagnostik bezeichnet Horst-kemper als »diagnostische Strategien« (ebenda). Diagnose kann unter-schiedliche Funktionen haben (ebenda, S. 6):

- *Steuerung des weiteren Bildungsgangs:* Diagnostik als Vorbereitung von Entscheidungen in der Bildungslaufbahn. Sie ist folgenreich, hat langfristige Wirkung, ist häufig schwer revidierbar, ist oft juristisch überprüfbar.
- *Pädagogisch-therapeutische Intervention:* Diagnostik im Dienst geziel-ter pädagogischer Förderung als Prävention oder Intervention (Er-kennen von Lernschwächen, Aufdecken von Belastungen, Erschließen von Ressourcen, kontinuierliche Beobachtung eines Entwicklungs-verlaufs). In dieser Funktion hat Diagnostik eine zu überprüfende kurzfristige Wirkung.

unter-schiedliche Funktionen

Pädagogische Diagnostik wird bisher vor allem in der Pädagogischen Psychologie und in der Sonderpädagogik diskutiert. Hierzu liegen zahl-reiche Veröffentlichungen vor. Als Standardwerke sind etwa zu nennen: Ingenkamp (1992): Lehrbuch der Pädagogischen Diagnostik; Lukesch (1998): Einführung in die pädagogisch-psychologische Diagnostik; Mut-zeck (2001): Förderdiagnostik; Eberwein/Knauer (2003): Lernprozesse verstehen.

Literaturhin-weis

Dass Diagnose ein wichtiges Handlungsfeld für alle Lehrkräfte an den Regelschulen darstellt, wurde durch die PISA-Studie verstärkt in das Blick-feld der erziehungswissenschaftlichen Diskussion gerückt. Diagnostik stellt ein wichtiges Aufgabenfeld sowohl im Hinblick auf den Bildungs- als auch den Erziehungsauftrag dar.

- Diagnosen ermöglichen, den Unterricht und die Lernaufgaben auf die Lernvoraussetzungen der (einzelnen) Schüler anzupassen.
- Durch Diagnosen können mögliche Schwierigkeiten im Lernen und in der Entwicklung frühzeitig erkannt werden, präventive und interventive Un-terstützung wird möglich.
- Besondere Begabungen wie besondere Bedürfnisse können erkannt und gefördert werden.

Dazu sind diagnostische Kompetenzen der Lehrerinnen und Lehrer not-wendig. Weinert bezeichnet die diagnostische Kompetenz in Verbindung mit der Kompetenz zur didaktischen Förderung unterschiedlicher Schü-ler in ihren individuellen Lernvorgängen als ein zentrales Merkmal eines guten Lehrers (vgl. Weinert 1996, S. 144).

Häufig werden die diagnostischen Kompetenzen vorwiegend auf den Lernstand der Schüler bezogen und sind eher fachdidaktisch bzw. lern-

Verbindung von diagnos-tischer und didaktischer Kompetenz

psychologisch fundiert. Im Hinblick auf die verschiedenen Beratungssituationen von Lehrern wird hier ein breiteres Verständnis von Diagnostik und diagnostischer Kompetenz verfolgt, das den individuellen Schüler, die Lerngruppe, die Lehrkraft und die Interaktionen zwischen verschiedenen Beteiligten einbezieht.

Diagnostik in der Beratung

In Beratungssituationen dient Diagnostik dazu, die Situation des Ratsuchenden breiter wahrzunehmen und besser zu verstehen. Für Lehrkräfte, die häufig selbst an der Problemsituation beteiligt sind, ermöglicht eine differenzierte Diagnose, über den eigenen subjektiven Standpunkt hinaus zu einer objektiveren Wahrnehmung zu gelangen und so eine gewisse Distanz zur Situation, zu den Beteiligten und zum eigenen Anteil einzunehmen. In den unterrichtlichen Alltag integrierte Diagnostik kann den Beratungsbedarf einzelner Schüler aufdecken. Durch eine differenziertere Wahrnehmung können Beratungen mit Schülern und Eltern konkreter ablaufen und Lösungswege passender gefunden werden. Lehrkräfte können ihre Ideen zu Problemanalyse wie zur Lösungsfindung auf eine breitere Basis stellen. Sie legitimieren sich z.B. damit gegenüber Eltern als professionell Handelnde, die fundiert argumentieren.

objektivere, differenziertere Wahrnehmung

Die Art der Diagnostik beeinflusst den Beratungsprozess. Klinisch-störungsorientierte Verfahren, die defizitorientiert diagnostizieren, fokussieren den Beratungsprozess und den zu Beratenden in Richtung des Problems, während ressourcenorientierte Diagnoseverfahren die Lösungsmotivation des Ratsuchenden stärken (vgl. Fittkau 2003, S. 61).

wichtige Bedeutung für Beratung

In Beratungsprozessen kommt der Diagnose folgende Bedeutung zu:

- Ergänzung subjektiver Sichtweisen durch objektivere Daten
- Erweiterung der eigenen Wahrnehmungen und Interpretationen
- Breitere Abstützung von Analysen und Lösungsideen
- Diagnosen fördern Stärken und Schwächen zutage
- Aufdecken von Beratungsbedarf

Diagnostische Verfahren

In der Diagnostik werden verschiedene Verfahren angewandt. Helmut Lukesch nennt folgende Verfahrens- oder Methodenbereiche:

- Gesprächsmethoden (Anamnese, Exploration, Interview z.B. mit Eltern beim Schuleintritt)

- Beobachtungsmethoden (z.B. Unterrichtsbeobachtung, Beobachtung im Rahmen der schulischen Interaktionsdiagnostik)
- Beurteilungsverfahren (z.B. bei der mündlichen und schriftlichen Schulleistungsbewertung, aber auch bei Selbst- und Fremdratingverfahren)
- Testmethoden (z.B. Schulleistungstests, Intelligenztests, Einschulungstests)
- Dokumentenanalyse (z.B. Auswertung von Zeugnissen, Schülerbögen) (vgl. Lukesch 1998, S. 36)

Diagnoseverfahren

Grundsätzlich lassen sich »harte« Test- und standardisierte Beobachtungsverfahren von »weichen« Verfahren unterscheiden. Für die Lehrkraft sind vor allem die weichen Verfahren von Bedeutung. Da Lehrkräfte aber auch immer wieder mit Tests in Kontakt kommen, sollen diese zunächst kurz dargestellt werden.

Tests und andere standardisierte Diagnoseverfahren
Testverfahren werden im schulischen Bereich vor allem durch Schulpsychologen und Beratungslehrkräfte und in der sonderpädagogischen Arbeit eingesetzt. Lukesch zitiert folgende Definition: »Ein Test ist ein wissenschaftliches Routineverfahren zur Untersuchung eines oder mehrerer empirisch abgrenzbarer Persönlichkeitsmerkmale mit dem Ziel einer möglichst quantitativen Aussage über den relativen Grad der individuellen Merkmalsausprägung« (Lienert 1967, S. 7, zit. nach Lukesch 1998, S. 220). Testverfahren werden vorwiegend zur Diagnose von Lernen und Verhalten einzelner Schüler verwendet. Daneben gibt es einige Verfahren zum Lehrerverhalten, zu Beziehungen und zum Klassen- und Schulklima.

abgesicherte, quantitative Verfahren

Tests umfassen vorwiegend Aufgaben, die vom Probanden verbal oder nonverbal, schriftlich, mündlich oder motorisch zu lösen sind. Sie können aber auch standardisierte Beobachtungsverfahren (wie häufig lobt die Lehrperson Schüler) oder Ratingverfahren (Einschätzung der Selbstständigkeit eines Kindes durch die Erzieherin anhand mehrerer Items) umfassen.

Manfred Amelang und Werner Zielinski unterscheiden für den schulischen Bereich (Amelang/Zielinski 1994, S. 182):

- Schultests:
  - Schuleingangstests
  - Übertrittstests
  - Schulleistungstests

- Entwicklungstests:
  - Intelligenz
  - sensomotorische Entwicklung
  - Wahrnehmungsfähigkeit in speziellen Bereichen

Schultests unterscheiden sich von Entwicklungstests vor allem dadurch, dass sie schulspezifische Fähigkeiten und Fertigkeiten ermitteln (vgl. ebenda). In der schulischen Diagnostik kommen sowohl Schultests als auch Entwicklungstests zum Einsatz.

In verschiedenen Bundesländern in Deutschland regeln Verordnungen, welche Tests zur schulischen Diagnostik eingesetzt werden dürfen (etwa der Testkatalog für Beratungslehrer in Baden-Württemberg; Anlage zu den Richtlinien für die Bildungsberatung Vwv vom 13.11.2000). Dies garantiert, dass nur solche Tests zur Anwendung kommen, die in hohem Maße Testgütekriterien (Objektivität, Reliabilität, Validität) entsprechen. Einen Überblick über den Bestand an Tests bieten Elmar Brähler u.a. (2002): Brickenkamp Handbuch psychologischer und pädagogischer Tests.

Literaturhinweis

Tests werden in der Schullaufbahnberatung eingesetzt, um zusätzlich zu den in Gesprächen gewonnenen Informationen und den Schulleistungen, die sich in der Notengebung abbilden, weitere Aufschlüsse über das Lern- und Leistungsvermögen eines Kindes zu erhalten. Schuleingangstests sollen Grundfertigkeiten erfassen, die ein Kind ansatzweise mitbringen muss, um im 1. Schuljahr erfolgreich zu sein. Vor allem werden Formerfassung, graphomotorische Fertigkeiten und Mengenauffassung geprüft. Die meisten Verfahren haben einen guten Zusammenhang von Testergebnis und Schulerfolg. Berücksichtigt man jedoch, dass die Schulerfolgsrate bei 90% liegt, wenn alle Kinder eingeschult werden, verbessert sich durch den Einsatz von Schuleingangstests die Schulerfolgsrate nicht (vgl. Amelang/Zielinski 1994, S. 182). Schuleingangstests können allerdings nützlich sein, um früh potenzielle Schulprobleme aufzudecken und entsprechende Fördermaßnahmen einzuleiten.

früh Schulprobleme aufdecken

In Übertrittstests werden allgemeine Lernvoraussetzungen getestet. Die prognostische Validität von Übertrittstests ist relativ gering. Sie müssen durch Schulleistungstests ergänzt werden, da vorangegangene Schulleistungen am besten den weiteren Schulerfolg prognostizieren (vgl. ebenda).

geringe Validität

Schulleistungstests ermöglichen eine Objektivierung der Leistungsbeurteilung durch die Lehrkraft. Sie orientieren sich am Curriculum und erlauben den Vergleich individueller Schülerleistungen mit überregionalen Normen. Damit vernachlässigen sie allerdings die Spezifika der Bundesländer (z.B. hinsichtlich der Bildungspläne) und andere regionale und lokale Unterschiede, etwa die angestrebte Profilbildung der Einzelschule.

Auch für die Feststellung von Lernstörungen und Teilleistungsschwächen werden Tests eingesetzt. Hier sind vor allem Schulleistungstests hilfreich. Ergänzt werden diese teilweise durch Intelligenztests und Tests zur Lernmotivation und zur Konzentration. Damit soll ermittelt werden, auf welcher Ebene die Störung angesiedelt ist. Daraus sollen Fördermaßnahmen gezielter abgeleitet werden. Einige Störungen wie Legasthenie oder Hyperaktivität werden von Kinderärzten diagnostiziert. Die Rückkoppelung zur Lehrkraft vor Ort ist entsprechend schwierig.

Der Stellenwert von Tests in der schulischen Diagnostik ist umstritten. Tests bieten immer nur ganz bestimmte durch die Testkonstruktion vorgegebene Diagnosemöglichkeiten (Werning 2006, S. 11). Sie bilden die Komplexität von Lernprozessen nicht ab und können der Tatsache, dass individuelles Lernen in schulische und außerschulische Kontexte eingebunden ist, nicht Rechnung tragen. Sie stellen Momentaufnahmen eines individuellen Status dar und dienen eher der Klassifizierung und Typisierung als der Begleitung und Förderung von Lernprozessen. **Testdiagnostik stark individuumsbezogen**

Auf die Problematik der Etikettierung und der Pathologisierung von Lernschwierigkeiten als Störungen oder gar Krankheit wurde in Kapitel 4 eingegangen. Diese Probleme stehen in Zusammenhang mit einer testdiagnostischen Zugangsweise, die auf Typisierung und Klassifizierung angelegt ist. Ein Problem von Testverfahren in der Schule besteht darin, dass Lehrkräfte an der Auswahl, Durchführung und Auswertung von Tests selten beteiligt sind. Durch die Trennung von Diagnostik durch Dritte und Förderung im Unterricht können Gutachten und Empfehlungen leicht missverstanden werden, weil kein gemeinsamer Kontext und keine gemeinsame Sprache vorliegen (vgl. Winter 2006, S. 22). Scharf formuliert Dietrich Eggert seine Kritik an Testverfahren: »Die mit den klassischen Tests quantitativ gemessenen Fähigkeiten lassen in der Regel keine verlässlichen Hinweise auf Ursachen von Lernproblemen oder die zukünftige Lernentwicklung eines Kindes noch auf detaillierte Möglichkeiten der Förderung zu« (Eggert 1998, S. 33). **Kritik**

Zusammengefasst sind die Vorteile von Testdiagnostik:

- Objektivität
- Genauigkeit
- hohes Maß an Gültigkeit
- Konkretisierung allgemeiner Eindrücke aus Gespräch und Beobachtung (z.B. hinsichtlich Angst, Konzentration …) **Vorteile**
- differenziertere Verortung von Lernproblemen
- Vergleichbarkeit von individuellen Leistungen mit Normwerten
- Unabhängigkeit von Lehrerurteil und Unterricht

Nachteile und Kritikpunkte sind:

- Ferne von Unterricht
- punktuelle Statusaufnahme, Lernprozesse werden nicht abgebildet
- Probleme werden im Kind gesucht, kaum Berücksichtigung des Kontextes
- Reduzierung auf einzelne Aspekte

Nachteile
- Übergewichtung der »objektiven« Ergebnisse gegenüber anderen Informationen
- häufig überwiegt eine sprachliche Vermittlung – diese ist zudem an deutscher Standardsprache von Erwachsenen orientiert (vgl. Brügelmann/Brinkmann 2006, S. 30)
- häufig fern von den Interessen der Kinder und erfassen nicht deren Kommunikationsebene (ebenda)
- als Individualdiagnostik nur von Experten durchzuführen

Holger Probst (2006) plädiert in einem Beitrag mit dem Titel »Vorhersehen und Vorsorgen« dafür, dass Lehrkräfte im Grundschulbereich diagnostische Tests anwenden. Er diskutiert eine Reihe von Testverfahren im Bereich Mathematik, Lese- und Schreibkompetenz sowie motorische Entwicklung, die auf vorhandene Förderprogramme verweisen. In der Kombination von Testverfahren und Fördermaßnahmen so Probst, können Grundschullehrer ihre Kinder aus einer anderen Sicht beleuchten und ihre präventive Arbeit ausbauen (vgl. Probst 2006, S. 97).

Vergleichs-arbeiten
Eine neue Form standardisierter Verfahren stellen die zentralen Vergleichsarbeiten dar, die nicht zur Selektion der einzelnen Schüler, sondern als Diagnoseinstrumente (Baden-Württemberg: Diagnosearbeiten) für die Lehrkräfte, die Schulen und die Schulbehörden eingesetzt werden sollen. Es bleibt noch abzuwarten, inwiefern dieses Diagnoseinstrument als Möglichkeit zur Veränderung von Unterricht genutzt wird und welche Möglichkeiten sich aus dem bundeslandweiten Vergleich für die individuelle Beratung von Schüler und Eltern ergeben.

Diagnoseverfahren für alle Lehrkräfte

Wenig standardisierte Verfahren dürfen nicht verwechselt werden mit einem »vorwissenschaftlichen« (Lukesch 1998, S. 37), intuitiven Vorgehen. Wissenschaftlich verantwortbare Methoden zeichnen sich dadurch aus, dass sie auf ihre Tauglichkeit hin überprüft worden sind und der Anwender die Möglichkeiten und Grenzen jedes Verfahrens (z.B. Beeinflussungsfaktoren bei dialogischen Methoden, eingeschränkte Perspektive bei Beobachtungsverfahren) kennt und diese bei der Interpretation der Befunde in Rechnung stellt (vgl. ebenda). Ihren diagnostischen Mehrwert gegenüber intuitiver Wahrnehmung erhalten weiche Verfahren da-

„weiche" Verfahren wissenschaftlich verantwortbar

durch, dass sie methodisch klar strukturiert sind und dadurch eine breitere bzw. gezieltere und objektivere Diagnose möglich wird. Die Auswertung erfolgt vorwiegend qualitativ.

Wichtige Verfahren sind:

- Beobachtung
- Analyse von Schülerarbeiten und anderen Dokumenten
- Selbst- und Partnerdiagnose
- Gesprächsmethoden

Eine besondere Bedeutung in Beratungskontexten haben *Beobachtungsverfahren*. Beobachtungen sind aussagekräftiger als etwa Tests, wenn sie sich auf den Lernprozess und auf natürliche Situationen beziehen und diese mit Daten aus verschiedenen Kontexten verknüpfen (Brügelmann/Brinkmann 2006, S. 31). Diagnostisch ausgerichtete Beobachtung unterscheidet sich in ihrem methodischen Vorgehen von alltäglicher Beobachtung. Rolf Werning (2006), Hans Eberwein (1998), Hans Brügelmann und Erika Brinkmann (2006) machen hierzu Vorschläge. Als einfach zu handhabende aber dennoch aufschlussreiche Beobachtungsverfahren sollen das minutenweise freie Beobachten (MFB) und die Beobachtung in relevanten Situationen (BIRS) kurz skizziert werden (vgl. Wahl u.a. 1984; Thomas 2005). **methodisch angeleitete Beobachtung**

Das *minutenweise freie Beobachten* (Wahl u.a. 1984, S. 290) dient vor allem dazu, diffuse Eindrücke von Unterrichtssituationen oder Problemlagen einzelner Schüler genauer zu fassen. Es bezieht zwei Bereiche, etwa das Verhalten der Lehrerin und eines Schülers aufeinander (vgl. Thomas 2005, S. 38). Hierzu wird jede Minute notiert, was ein Schüler, eine Schülergruppe, oder die Lehrkraft gerade tun. Dadurch kann etwa die Häufigkeit und Dauer eines Verhaltens aufgezeigt werden. Die MFB eignet sich besonders, um Hypothesen über eine Problemlage zu gewinnen. **minutenweise freies Beobachten**

Sind bereits erste Hypothesen vorhanden, kann mit *BIRS* beobachtet werden (vgl. Wahl u.a. 1984, S. 299). Im Vorfeld müssen die Situationen beschrieben werden, in denen ein problematisches Verhalten auftritt. So kann etwa bei einem Kind, das in Klassenarbeiten unter seinem sonstigen Leistungsniveau zurückbleibt, einige Male die Zeit zwischen Ende der vorangegangenen Stunde und Beginn der Klassenarbeit beobachtet werden. Oder ein Schüler wird besonders beobachtet, wenn Gruppenarbeitsphasen laufen. In diesen Situationen wird dann möglichst genau notiert, was das Kind tut, wie es sich verhält, gleichzeitig werden jeweils die vor- und nachgeschalteten Handlungen der Lehrkraft und von Mitschülern festgehalten. Mit der *BIRS* können vor allem detailliertere Erkenntnisse über das Verhalten von Schülern in bestimmten Situationen erho- **Beobachtung in relevanten Situationen** ben werden. Zusammenhänge zwischen bestimmten Lehrer- oder Mitschülerverhaltensweisen und dem Verhalten eines Kindes können aufgedeckt werden.

Beobachtungen von Schülern oder Schülergruppen können teilweise durch die Lehrkraft selbst erfolgen. Dann sind vorbereitete Beobachtungsbögen sehr hilfreich, um die Zeit für die Niederschrift möglichst kurz zu halten. Schülerbeobachtung ist vor allem möglich in offenen oder differenzierenden Unterrichtssequenzen. Hier kann besonders das Lern- und Arbeitsverhalten festgehalten werden. Sollen lehrerzentrierte Phasen oder die Lehrer-Schüler-Interaktion beobachtet werden, muss ein Beobachter hinzugezogen werden. Dies können insbesondere Kolleginnen oder Kollegen sein.

zusätzliche Beobachter

Der *Analyse von Dokumenten* wird in der psychologisch orientierten pädagogischen Diagnostik eher wenig (theoretische) Beachtung geschenkt (vgl. etwa Lukesch 1998, S. 203–217). Demgegenüber spielt sie in der Diskussion um neue Formen der Leistungsbeurteilung eine große Rolle (vgl. Bohl 2004). In Beratungszusammenhängen sollte die Analyse von Dokumenten insbesondere von Schülerarbeiten einen wichtigen Platz einnehmen. So bieten Schülerarbeiten wichtiges Material für Fehleranalysen. »Die Fehleranalyse ist eine besonders hilfreiche Möglichkeit, Schwächen aber auch Stärken eines Schülers in einem bestimmten Lernbereich zu erkennen, in inhaltlich qualifizierter Weise zu beschreiben und aus den erkannten Fehlermustern Fördermöglichkeiten abzuleiten« (vgl. Lorenz/Radatz 1993, S. 62, zit. nach Straßburg 1998, S. 216). Neben Hinweisen auf Lernprobleme können in Schülerarbeiten prozesshafte Entwicklungen nachvollzogen werden, Interessen und fachliche wie sprachliche und darstellerische Stärken der Schüler werden sichtbar. Lerntagebücher, Lernjournale (Ruf/Gallin 2005), Portfolios (Brunner/Häcker/Winter 2006) oder Schreibkonferenzen sind methodische Ansatzpunkte im Unterricht, das diagnostische Potenzial von Schülerarbeiten gezielt zu nutzen.

Dokumentenanalyse wird oft vernachlässigt

Ein wichtiges Element in der Beratung kann die *Selbst- und Partnerdiagnose* sein, d.h. Schüler und Schülerinnen werden an der Diagnose ihres Verhaltens beteiligt. Dieses Verfahren bietet sich an, um Bereiche zu beleuchten, die der Lehrkraft nicht zugänglich sind, etwa Hausaufgaben oder häusliche Vorbereitung auf Klassenarbeiten, Freizeitverhalten oder Computernutzung aber auch mentale Vorgänge beim Lernen. Selbstdiagnose kann die Schüler in die Lage versetzen »ihren aktuellen Kenntnisstand zu überprüfen und ihre Stärken und Defizite zu erkennen« (Reiff 2006, S. 68). Dieses Vorgehen lässt Lernziele transparent werden und ermöglicht den Schülern zu einer realistischen und konkreten Selbsteinschätzung zu gelangen, dies wird durch eine Partnerdiagnose durch Mitschüler unterstützt. Im Sinne einer kooperativen und (möglichst) sym-

Schülerbeteiligung durch Selbst- und Partnerdiagnose

metrischen Beratungsbeziehung haben so auch die Schüler die Möglichkeit, objektivere und konkretere Informationen über sich selbst zu bekommen. Zur Selbstdiagnose von Schülern sind Diagnosebögen oder andere Formen der Vorstrukturierung wichtig. Hierzu liegen bereits eine Reihe von Veröffentlichungen vor (vgl. Buschmann 2006; Bastian/Combe/Langer 2003; Pädagogik Heft 5/2001).

Die naheliegendste Diagnosemethode in Beratungssituationen stellt das Gespräch dar. Gespräche mit diagnostischer Funktion können Teil von Beratungsgesprächen sein. Daneben gibt es Gesprächsmethoden, die abgekoppelt vom Beratungsgespräch durchgeführt werden, etwa das Interview oder ein diagnostisches Gespräch.

Ein Interview stellt die planmäßige Befragung einer Person dar. Es unterscheidet sich vom Gespräch durch klar unterschiedene Rollen. Ein Interview kann standardisiert (d.h. Fragen und deren Reihenfolge sind festgelegt), teilstandardisiert oder problemorientiert sein (vgl. Lukesch 1998, S. 101). Der besondere Wert des Interviews liegt darin, dass es Gedanken, Einstellungen, Haltungen erschließt, die hinter dem aktuellen Verhalten stehen, so kann etwa ein Schüler sagen, was er sich bei einem für den Lehrer störenden Verhalten denkt.

Gesprächsmethoden

Beim diagnostischen Gespräch (Wahl u.a. 1984, S. 315) handelt es sich um ein relativ offen angelegtes methodisches Vorgehen. Kennzeichen des diagnostischen Gesprächs ist die Fokussierung auf das Problem, ohne dass in dieser Gesprächssequenz nach Lösungen gesucht wird. Zur Durchführung wird auf Gesprächsführungsmethoden (siehe unten) zurückgegriffen.

Gesprächsmethoden zeichnen sich dadurch aus, dass sie innere Vorgänge, Vergangenes und den schulischen Akteuren verschlossene Bereiche offen legen können. Sie hängen in ihrer diagnostischen Reichweite davon ab, wie viel Auskunft die Gesprächspartnerin geben kann und will. Eine professionelle Gesprächsführung trägt zum Gelingen wesentlich bei.

innere Vorgänge offen legen

Alle aufgeführten Verfahren charakterisiert eine starke Kontextbezogenheit. Sie versuchen, das Lernen und Verhalten von Schülern bzw. das Handeln von Lehrkräften in der Komplexität von Schule zu erfassen. Damit tragen sie stärker als die meisten Testverfahren einem systemischen Zugriff Rechnung. Die diagnostizierende Lehrkraft ist Teil des Systems. Die Lehrkraft muss sich darüber im Klaren sein, dass diagnostische Verhaltens- und Situationsbeschreibungen im interaktiven Prozess zwischen Beobachter [Gesprächspartner ... A.d.V.] und Kind(ern) gebildet werden und abhängig sind von Normen, Regeln, Vorerfahrungen, Verständniszugängen, theoretischen Zugängen und Untersuchungsmethoden (Werning 2006, S. 12).

nicht standardisierte Verfahren stärker systemisch

Lehrer sein keine objektiven Diagnostiker

Lehrkräfte sind nie unabhängige, objektive Diagnostiker, sondern beteiligte Interaktionspartner, die durch ihr diagnostisches Handeln die Ergebnisse mit beeinflussen. Deshalb gehört zur Diagnose immer auch die Reflexion der eigenen subjektiven Theorien, Annahmen, Wünsche und Verhaltensweisen, um Wahrnehmungsfehler und vorschnelle pädagogische Beurteilungen zu vermeiden. Verschiedene Perspektiven und Verfahren müssen durch Arbeit im Team, durch Beteiligung der Schüler und der Eltern kombiniert werden.

Abbildung 13 zeigt einen Überblick über die skizzierten Diagnoseverfahren.

Überblick über Diagnoseverfahren

Verfahren	Beispiel	Anwendungsbereich
Testverfahren	Kieler Einschulungsverfahren, Aufmerksamkeitsbelastungstest	Schuleingangsdiagnostik Schullaufbahnberatung Berufsberatung Feststellung von Lernstörungen und Teilleistungsschwächen
Beobachtung	minutenweises freies Beobachten Beobachten in relevanten Situationen	Lernschwierigkeiten Verhaltensprobleme Lehrerverhalten (Kollegiale Beratung, Beratung in der Ausbildung, Beratung durch Schulleiter oder –behörde) Sozialbeziehungen
Dokumentenanalyse	Analyse von Portfolios Lernjournale Fehleranalysen Analyse von Unterrichtsmaterialien der Lehrkraft	Lernberatung Lernschwierigkeiten Schullaufbahn- und Berufsberatung kollegiale Beratung, Schulentwicklungsberatung
Selbstdiagnose von Schülern oder Lehrkräften	schwedisches Diagnoseinstrumentarium für Schüler (Reiff 2006)	Lernberatung kollegiale Beratung
Gesprächsmethoden	problemzentiertes Interview diagnostisches Gespräch	Lern- und Verhaltensschwierigkeiten, Sozialbeziehungen kollegiale Beratung

Abb. 13: Übersicht über verschiedene Diagnoseverfahren

Weder Tests noch durch andere Verfahren gewonnene Diagnosen sind geeignet, als alleinige Grundlage für Entscheidungen zu dienen. Sie sollen dazu verhelfen, den Horizont zu erweitern, auf dessen Basis Problemlösungen in einem kooperativen Beratungsprozess gesucht werden.

Evaluation

Diagnose, die sich eher auf die Beratung einzelner Schüler, Eltern oder Lehrkräfte bezieht, hat viele Parallelen zu Evaluation. Evaluation kann als Diagnose von Organisationen und ihren Teilsystemen verstanden werden. Aus dieser Perspektive ist es nicht erstaunlich, dass die gleichen Methoden in individuumsbezogenen Diagnoseverfahren und Evaluationsprozessen eingesetzt werden. Evaluation spielt in der Schulentwicklung und Schulentwicklungsberatung eine wichtige Rolle. Zu Beginn eines Schulentwicklungsprozesses wird der Statusquo erhoben, auf den Veränderungsmaßnahmen aufbauen. Im Verlauf der Entwicklung können prozesshafte Evaluationen erfolgen. Am Ende eines Entwicklungszyklus steht eine abschließende Evaluation, die das Erreichte sichtbar macht und auf weitere Schritte verweist.

> **wichtig für Schulentwicklungsberatung**

    Zur Theorie und Praxis der Evaluation in der Schule sind eine Fülle an Publikationen und Methoden- bzw. Instrumentensammlungen erschienen, z.B.: Burkhard/Eikenbusch (2000): Praxishandbuch Evaluation in der Schule; Pädagogik 11/2001; Holtappels (2003): Schulqualität durch Schulentwicklung und Evaluation; SEQuALS (Hrsg.) (2005): Selbstevaluation von Schulen; Zusammenstellungen von Evaluationsinstrumenten der verschiedenen Landesinstitute für Schulentwicklung bzw. Schule und Weiterbildung.

> **Literaturhinweis**

Beratungskompetenz

Alle Konzeptionen von Beratungskompetenz beinhalten als Komponenten Fachwissen und Methodenwissen. Frank Engel, Frank Nestmann und Ursel Sickendiek nennen Fachwissen auch *handlungsfeldspezifisches Wissen* und fassen darunter »Faktenwissen zur jeweiligen Problemlage, Kausalmodelle, Interventionsformen, gesetzliche Grundlagen etc.« (Engel u.a. 2004, S. 45). Auf die alltägliche Beratungsarbeit von Lehrkräften bezogen, bedeutet dies Wissen über fach- und allgemein didaktische, lernpsychologische und pädagogische grundlegende Modelle. Beispiele sind etwa das Wissen um Modelle zu Unterrichtsstörungen, Konflikttheorien, fachdidaktische Modelle zu Lernzielen, -inhalten und Lernprozessen u.v.m. Viele dieser Kenntnisse werden in der Ausbildung erworben. Dennoch können Lehrkräfte keine Experten in allen Bereichen von schwierigen Lernprozessen, Verhaltensproblemen, Förder- und Interventionsmaßnahmen sein. Da die reguläre Lehrkraft jedoch erster Beobachter und Ansprechpartner ist, bleiben ohne grundlegende Kenntnisse Schwierigkeiten unerkannt und es kommt erst gar nicht zu einer Zusammenarbeit mit Experten. Selbstreflexion, Fortbildung und Aufbau eines schulinternen Expertenpools sind deshalb notwendig.

> **pädagogisches und didaktisches Know-how**

Im Hinblick auf *Beratungs- und Interaktionswissen* (ebenda) bzw. Methodenwissen sind für Lehrkräfte vor allem Kenntnisse über Kommunikationsmodelle und Beratungsmethoden wichtig. Kommunikationsmodelle, etwa das Modell nach Friedemann Schulz von Thun (1999) oder das Konzept von Paul Wazlawick (1985) sind in der Lehrer(aus)bildung breit verankert, auf sie wird an dieser Stelle verwiesen (vgl. auch Kap. 2).

Persönliche Voraussetzungen und Vorklärungen

Viele Beratungskonzepte betonen, dass neben dem methodischen Vorgehen auch persönliche Voraussetzungen eine Rolle für den Erfolg von Beratung spielen. Zu nennen sind hier vor allem die Grundhaltungen Akzeptanz, Empathie und Echtheit, aber auch eine persönliche Rollenklärung. Auf die Grundhaltungen wurde in Kapitel 3 bereits eingegangen, sie wurden erstmals von Carl Rogers formuliert und bilden seitdem einen festen Bestandteil fast aller Beratungskonzepte für Lehrer (vgl. u.a.

Grundhaltungen nach Rogers

Benz/Rückriem 1978; Pallasch 1990; Neubauer 1998; Mutzeck 2002; Schlee 2004). Den Beratenen als gleichwertiges Gegenüber zu akzeptieren und zu versuchen, ihn empathisch zu verstehen trägt dazu bei, eine vertrauensvolle Atmosphäre zu schaffen. Vielfältige Untersuchungen haben gezeigt, dass eine offene Kommunikation erfolgt, wenn gegenseitiges Vertrauen vorhanden ist: Es werden mehr Informationen mitgeteilt aber auch vom anderen akzeptiert, die Beteiligung an der Beratung und am Problemlöseprozess steigt (Neubauer 1998, S. 22). Akzeptanz, Empathie und Echtheit sind Verhaltensweisen, die nicht unmittelbar erlernt oder trainiert werden können. Sie können aber in einem Prozess der Reflexion und des Austausches, in der Arbeit an sich selbst, stärker ausgeprägt werden. Auch andere erforderliche Fähigkeiten eines Beraters wie Kommunikationsfähigkeit, Kooperationsfähigkeit, Selbstreflexionsfähigkeit, Eigeninitiative oder emotionale Stabilität (vgl. Knoll 2000, S. 53), bilden eher grundsätzliche Fähigkeiten ab, die Lehrkräfte und Menschen in anderen pädagogischen oder sozialen Berufen besitzen sollten. Sie sind zwar wesentlich aber nicht spezifisch für beraterisches Handeln.

Rollenklärung ist wichtig

Wichtig für Beratungsaufgaben ist allerdings, dass Lehrkräfte ihre Rollen klären. Die Konfusion der Aufgaben Beraten, Erziehen und Bilden führt in Beratungssituationen immer wieder dazu, dass Lehrkräfte in eine direktive, belehrende Haltung fallen und damit den Beratungsprozess zum Stillstand bzw. zum Scheitern bringen. Insbesondere muss die Lehrkraft klar zwischen Unterricht und Beratung unterscheiden, auch wenn Beratung teilweise im Unterricht stattfindet.

Claudius Hennig und Wolfgang Ehinger nennen daneben auch eine Reihe an Analogien zwischen Beratung und Unterricht, die Lehrkräfte für die Gestaltung von Beratungssituationen nutzen können, z.B. tragfähige Beziehungen herstellen, Lösungsstrategien vermitteln, angenehmes Klima schaffen, Lebenskontext einbeziehen, an Stärken und Interessen bzw. Ressourcen anknüpfen, methodische Gestaltung … (vgl. Hennig/ Ehinger 2003, S. 81). Anhand von Unterschieden und Analogien können Lehrkräfte klären, welche Haltungen und Verhaltensweisen sie in die Beratungssituation einbeziehen möchten.

	Unterricht	Beratung	
Ziele	durch Lehrkraft und Bildungspläne größtenteils vorgegeben	durch Ratsuchenden bzw. gemeinsam bestimmt	
Lenkung, Strukturierung	hohes Maß an Lenkung	Lenkung und Strukturierung nur im Ablauf, nicht inhaltlich	**Unterschiede in Tätigkeiten**
Verantwortung	Lehrkraft letztlich verantwortlich	Ratsuchender ist (vorwiegend) verantwortlich für Lösung und deren Umsetzung	
Hierarchie	klare Hierarchien	symmetrische, kooperative Struktur	
Redeanteile	je nach Unterrichtsform, im lehrerzentrierten Unterricht hohe Redeanteile des Lehrers	hohe Redeanteile beim Ratsuchenden	

Abb. 14: Unterschiede zwischen Unterricht und Beratung (in Anlehnung an Hennig/Ehinger 2003, S. 80)

Einige Fragen können der Lehrkraft helfen, ihre Rolle in der Beratung zu fassen:

- Welchen Stellenwert messe ich Beratungen in meiner Arbeit bei?
- Welche subjektive Theorie habe ich darüber, wie sich Situationen und menschliches Verhalten verändern?
- Welche Erfahrungen habe ich bisher mit Beratungen, die ich durchführte, gemacht?
- Welche Erfahrungen habe ich bisher mit Beratungen, an denen ich teilnahm, gemacht?
- Wie kompetent fühle ich mich in Beratungsgesprächen?
- Welche Ziele verfolge ich grundsätzlich mit bestimmten Beratungssituationen?
- Inwieweit ist es mir möglich, Verantwortung an Schüler bzw. Eltern abzugeben?
- Wann ist eine Beratung für mich erfolgreich?
- Welche Ressourcen stehen mir zur Verfügung?
- Auf welche Hilfen kann ich für mich bzw. für die Beratenen zurückgreifen?

Fragen zur Rollenklärung

Sowohl die eigenen Grundhaltungen zu reflektieren als auch die genannten Fragen zu überdenken ist nicht immer einfach. Eigene Wunschvorstellungen, soziale (berufliche) Erwünschtheit, Verdrängung unangenehmer Erfahrungen und blinde Flecken in der Selbstwahrnehmung erschweren die Klärung der eigenen Beraterrolle. Hier sind Supervision, Kollegiale Beratung oder Selbsterfahrungselemente in Fortbildungen wichtige Rückmeldungsinstanzen.

Beratungsschemata

Jede Beratung hat eine bestimmte Struktur, die immer wiederkehrt: vom Kontakt zum Kontrakt, über die Durchführung bis hin zum Abschluss. In dieser formalen Struktur hat die beratende Person die Aufgabe, die Beratungssituation so zu gestalten, dass Beratung erleichtert wird (Schwarzer/Posse 2005, S. 146).

Als Grundstruktur des Beratungshandelns nennt Knoll in Anlehnung an Schwarzer (1986) ein rationales Handlungsmodell, das sich orientiert an:

Struktur von Beratungshandeln

- der Definition von Beratungszielen,
- der Analyse der gegebenen und gemeinsam definierten Problemsituation nach Maßgabe rationaler Kriterien unter Verwendung systematischen Wissens (Diagnose),
- der Entwicklung von Handlungsmöglichkeiten zur Bewältigung der Problemsituation (Intervention) (Knoll 2000, S. 53).

In den Begriffen Diagnose und Intervention steckt die Gefahr, dass Problemdefinition und Hilfe als von außen kommend interpretiert werden. Diese Gefahr umgeht ein kooperatives Problemlöse- bzw. Entscheidungsfindungsmodell.

kooperatives Problemlösemodell anzustreben

Grundsätzlich hat dieses Modell folgende Struktur:

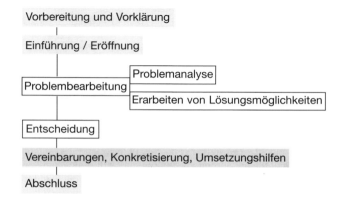

Abb. 15: Struktur des Beratungsprozesses

Diese Grundstruktur wird in verschiedenen Konzepten immer wieder variiert und mit unterschiedlichen Akzenten versehen. Ein solches Phasen- oder Verlaufsschema strukturiert den Gesprächsverlauf und dient dazu, die Beratung zielführend voranzubringen. Exemplarisch sollen die Vorgehensweise der Kooperativen Beratung nach Wolfgang Mutzeck (2002, 2004) und das Phasenmodell zum Elterngespräch von Hennig und Ehinger (2003) dargestellt werden.

Das Beratungskonzept von Mutzeck baut sich aus neun Phasen auf. Die einzelnen Phasen können wie folgt beschrieben werden:

1.	*Einführung:* Die Rat suchende Person wird mit dem Beratungssetting vertraut gemacht.
2.	*Beschreibung des Problems und Rekonstruktion der Innensicht und Erkundung von Ressourcen:* Der Ratsuchende skizziert das Problem so präzise wie möglich. Hierbei kann der Berater/Gesprächsleiter ihn durch folgende Leitfragen unterstützen: – Was ist dir noch am lebendigsten in Erinnerung? – Was hat das Geschehen in dir ausgelöst? – Wie oft trat das Problem auf? Wann zuletzt? – Welche Lösungsversuche hast du bisher unternommen? – Was macht das Problem so bedeutsam für dich? – Wie geht es dir jetzt?
3.	*Perspektivenwechsel:* Die Rat suchende Person versetzt sich nun in die Rolle des Hauptkontrahenten. Folgende Rollentauschtechniken können den Perspektivenwechsel erleichtern: – Anrede mit Namen des Kontrahenten – Ratsuchender erzählt in Ich-Form – Ratsuchender sitzt dem eigenen (leeren) Stuhl gegenüber – Ratsuchender geht auf den eigenen Platz zurück und wird vom Berater bewusst mit dem eigenen Namen angeredet
4.	*Analyse des Problems und Fokussierung des Schlüsselproblems:* Zusammen mit den anwesenden Personen (bei Gruppenberatung Gesprächsleiter und Co-Berater) sucht der Ratsuchende nach Erklärungen. Gemeinsam werden Hypothesen über das Zustandekommen der Schwierigkeit gebildet. Hierbei können folgende Leitfragen helfen: – Siehst du Zusammenhänge zwischen ...? – Wie erklärst du dir diese Zusammenhänge? – Erkennst du charakteristische Handlungsmuster? – Welchen Sinn haben diese typischen Handlungsmuster aus deiner Sicht? Methodisch hilfreich ist eine Art Struktur-Lege-Technik: Wichtige Bezugspunkte des Problems werden auf Kärtchen geschrieben. Diese werden gemäß der Aussagen des Ratsuchenden ausgelegt. Durch Gruppierungen und Pfeile werden Zusammenhänge, Bezüge, Funktionen einzelner Problemaspekte veranschaulicht.
5.	*Ableiten und Entwickeln einer Zielsetzung:* Der Ratsuchende beschreibt mithilfe des Beraters/Gesprächsleiters einen Soll-Zustand, den er erreichen will (Zukunftsbild). Dieses Ziel soll konkret und eindeutig beschrieben und schriftlich festgehalten werden.
6.	*Erarbeiten von Handlungswegen (Lösungsfindung):* Jeder einzelne Teilnehmer überlegt, wie das Ziel erreicht werden kann. Hilfreich erscheint es, wenn die Ideen auf Kärtchen festgehalten werden. Der Ratsuchende trägt zuerst seine Ideen vor. Alle Lösungsvorschläge bleiben zunächst ohne Bewertung.

7.	*Handlungsbewertung und autonome Entscheidung für eine der Handlungsmöglichkeiten:* Die Rat suchende Person sucht eigenverantwortlich geeignete Vorschläge heraus und orientiert sich an folgenden Fragen: – Passt der Weg zu meinem grundlegenden Handlungsstil? – Welche positiven/negativen Konsequenzen könnte der Weg bewirken? – Halte ich diesen Weg für realisierbar? – Inwieweit bin ich bereit, mich für diesen Weg zu engagieren? – Wie geht es mir bei dem Gedanken, die Handlungsmöglichkeit bei der nächsten Gelegenheit in die Tat umzusetzen?
8.	*Planung und Vorbereitung der Handlungsschritte, Umsetzungshilfen und Störungsentgegnungen:* Der Ratsuchende zerlegt mithilfe des Beraters/Gesprächsleiters den Lösungsweg in praktikable Einzelschritte, die schriftlich festgehalten werden. Mögliche Hilfen werden geplant, um die Wahrscheinlichkeit der Zielerreichung zu erhöhen: – Vorsatzbildungen – Erinnerungshilfen – Handlungsunterbrechungsstrategien – Stressimpfungstechniken – usw.
9.	*Begleitung und Nachbereitung der Beratung:* Die Rat suchende Person setzt den Lösungsweg in die Tat um und berichtet fortlaufend in der Gruppe. Parallel kann die Rat suchende Person Kontakt zu einem Unterstützungspartner aufnehmen, der dann für direkte Gespräche oder auch Telefonate zur Verfügung steht. Als Nachbereitung am Ende der gesamten Problemlösung sollte ein Abschlussgespräch zwischen dem Berater/Gesprächsleiter und der Rat suchenden Person stattfinden.

Als besonderes Charakteristikum kann die Phase des Perspektivenwechsels gelten. So können etwa Eltern bei der Entscheidung über einen Schulwechsel sich in die Rolle des Kindes versetzen oder ein Schüler sich in die Rolle der durch ihn gestörten Lehrkraft. Die ersten vier Phasen einschließlich der Problemanalyse sollen maximal die Hälfte der zur Verfügung stehenden Beratungszeit einnehmen. Die Zielbestimmung wird bei **zentrale Aspekte des Modells** Mutzeck sehr verbindlich gestaltet, indem nach der Problemanalyse explizit und schriftlich das Ziel der aktuellen Beratung formuliert wird. Die Phase der Lösungssuche zeichnet sich durch eine klare Trennung zwischen Generieren von Lösungsideen und Bewertung durch den Ratsuchenden aus. Dadurch wird methodisch klug verhindert, dass eine vorschnelle Fokussierung auf eine oder wenige Lösungsideen erfolgt. Schließlich räumt Mutzeck der Vorbereitung der Umsetzung breiten Raum ein. Die Umsetzung wird nicht dem Zufall überlassen, sondern konkret geplant.

Abbildung 16 zeigt die Beratungsschritte sowie für eine gelingende Beratung wichtige Gesprächsführungselemente und unterstützende Bedingungen.

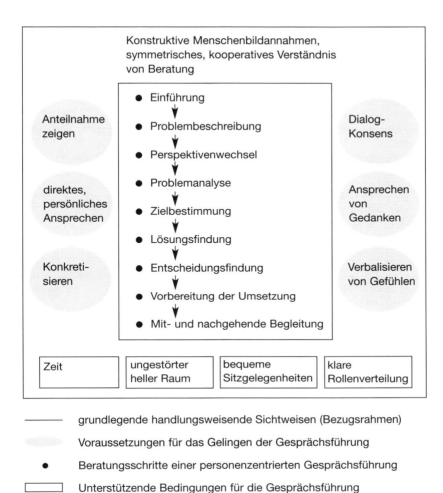

Abb. 16: Elemente der Kooperativen Beratung nach Mutzeck 2004, S. 697

Die Struktur des Elterngesprächs von Hennig und Ehinger umfasst ebenfalls neun Phasen (Hennig und Ehinger 2003, S. 95).

Auch hier wird im ersten und zweiten Schritt versucht, eine kooperative Gesprächssituation zu schaffen. Viel Raum nimmt eine differenzierte Problemanalyse ein. Systemische Ansatzpunkte werden sichtbar. Der Ressourcenorientierung tragen Hennig und Ehinger vor allem in der fünften und in der siebten Phase Rechnung. Durch die Aufzählungen möglicher Fragen oder Gesprächsschwerpunkte in der zweiten Spalte werden die Phasen konkret und für die beratende Lehrerin anwendbar.

systemische Perspektive und Ressourcenorientierung

Phase	Inhalte
1. Begrüßung, Kontakt	Gastgeberrolle. Anwärmphase, Kontakt zum Gesprächspartner herstellen, eine unsichtbare Brücke bauen, eine Vertrauensbasis schaffen
2. Eröffnung, Information über Struktur und Verlauf	• Klärung von Anlass und Anliegen • Klärung der Erwartungen und Ziele des Gesprächs • Festlegen der zur Verfügung stehenden Zeit. Formale Aspekte des Gesprächs • Motivation, Gesprächsbereitschaft, Kooperationsbereitschaft sichern • Elternverantwortung betonen
3. Problem verstehen	• Was wird vom Gesprächspartner jetzt als Problem gesehen? • Was sieht der Lehrer als Problem? • Umgang mit dem Problem? • Bisherige Lösungsversuche? • Entstehungszeitpunkt des Problems? • Erklärung des Problems, begleitende Gefühle, Reaktionen
4. Problemsicht erweitern	• Angrenzende Probleme, beteiligte Personen, positive Seiten des Problems • Funktion des problematischen Verhaltens, der Schwierigkeit • Führen in die Zukunft: welche Konsequenzen wird das Problem in ein, zwei, drei, fünf Jahren haben?
5. Ausnahmen vom Problem, Ressourcen erfragen	• Wann trat das Problem nicht auf bzw. wurde allein bewältigt? • Wie war der Verlauf in den letzten Wochen? • Was hat sich verändert? • Wo liegen die Stärken des Schülers, der Familie? Was klappt gut? • Freizeitverhalten?
6. Ziele definieren	• Wer will was wie erreichen? Bis wann? • Klare präzise Zielbeschreibung ausarbeiten • Erwartungen der Eltern, der Lehrerin, des Schülers
7. Lösungen konstruieren	• Gemeinsames Sammeln und Erarbeiten von Lösungswegen unter Berücksichtigung von Norm- und Wertvorstellungen, der Realisierbarkeit, der Ressourcen der Betroffenen

8. Kontrakt, Vereinbarungen, Aufgaben	• Zusammenfassung der Ergebnisse
	• Möglichst klare und konkrete Vereinbarungen formulieren
	  a) inhaltlich: was werden die Eltern unternehmen? Wer wird was machen? Eventuell Beobachtungsaufgaben und/oder Verhaltensexperimente für einzelne Gesprächsteilnehmer vereinbaren
	  b) formal: Wann und mit welchen Beteiligten findet das nächste Gespräch statt?

9. Verabschiedung	Positiver Schlusskommentar

Abb. 17: Verlauf eines Beratungsgesprächs nach Hennig/Ehinger (2003)

Die Schemata wurden ausgewählt, weil sie sich gut anwenden und in verschiedenen Beratungssituationen einsetzen lassen. Alle drei Modelle lassen sich für die Beratung mit Schülern nutzen, wenn die Lehrkraft bereit ist, sich auf eine grundsätzlich kooperative Beratungsebene einzulassen, je älter die Schüler werden, desto stärker kann auf eine kooperative Grundstruktur gesetzt werden. Die Schemata von Neubauer und Hennig und Ehinger wurden für die Elternberatung konzipiert, das Modell von Mutzeck (auch) für die Kollegiale Beratung. Durch ihren kooperativen Charakter sind alle drei Modelle sowohl für die Beratung mit Eltern als auch mit Kollegen angemessen.

Abschließend sei darauf hingewiesen, dass in den vorangegangenen Kapiteln auch Beratungsansätze besprochen wurden, die nicht dem hier vorgestellten Schema folgen. Die lösungsorientierte Beratung verzichtet explizit darauf, das Problem vertiefend zu explorieren. Der Berater versucht, zu einem Perspektivwechsel vom Problem zum Nicht-Problem zu kommen und damit einen Lösungsprozess in Gang zu bringen (vgl. Bamberger 2004, S. 744) im Sinne von: **Blick auf Lösung**

> lösungsorientiertes Fragen → lösungsorientiertes Sehen → lösungsorientiertes Denken → lösungsorientiertes Handeln → Lösung

Genau den umgekehrten Weg schlägt Jörg Schlee in der Kollegialen Beratung und Supervision vor (vgl. Kap. 4). In seinem Konzept endet der aktive Beratungsprozess mit einer umfassenden Problemanalyse. Eine veränderte Sichtweise, eine Neukonstruktion Subjektiver Theorien zieht verändertes Handeln nach sich (vgl. Schlee 2004). **reine Problemanalyse**

Gesprächsführung

Grundhaltungen und Beratungsschemata greifen, wenn sie durch eine professionelle Gesprächsführung expliziert werden. Dabei stehen immer wieder dieselben Methoden und Techniken im Mittelpunkt. Theoretische Grundlage bildet im Wesentlichen der Ansatz zur personzentrierten Gesprächsführung nach Rogers (vgl. Kapitel 3; Rogers 1972; Sander 1999). **Gesprächsführung als Transformator**

Mutzeck nennt sechs Elemente einer personzentrierten Gesprächsführung (Mutzeck 2002, S. 83; vgl. auch Abb. 16):

1. *Direktes, persönliches Ansprechen:* Die Rat suchende Person soll mit Namen und direkt mit »Sie« bzw. »du« angesprochen, man und wir sollten vermieden werden.
2. *Anteilnahme zeigen, aktives Zuhören:* »Diese wohl grundlegendste Aktivität des Beraters setzt sich zusammen aus folgenden Komponenten: anteilnehmendes Interesse zeigen, bedingungslose positive Zuwendung geben, aktives Zuhören und Zeit geben« (ebenda). Dazu ist zunächst Zurückhalten von Selbsterlebtem und anderen Kommentaren

wichtig. Bewertungen müssen ausbleiben. Aufmunternde Mimik und Gestik sind ebenso förderlich wie gelegentliche verbale Impulse.

3. *Dialog-Konsens:* »Um abzusichern, dass der Berater die Mitteilungen des Ratsuchenden so verstanden hat, wie der Ratsuchende diese verstanden haben möchte, fasst der Berater die Informationen (die Wirklichkeitskonstruktion) des Klienten zusammen *und* fragt ihn, ob er ihn richtig – im seinem Sinne – verstanden hat (ebenda, S. 86). Dialog-Konsens wird im Laufe eines Beratungsgesprächs immer wieder eingesetzt, um Missverständnisse zu vermeiden und das Vertrauen in die Arbeit des Beraters zu stärken.

4. *Zum Konkretisieren veranlassen:* Die Situation soll aus Sicht des Ratsuchenden so genau wie möglich beschrieben werden. Durch verschiedene Maßnahmen des Beraters wird der Ratsuchende dazu angehalten, auch Wahrnehmungen, die er nur am Rand oder gar nicht äußert auszuführen. Durch die Konkretisierung kann die Problemsicht für den Ratsuchenden erweitert und geklärt werden, was die Vielfalt der Lösungsmöglichkeiten erhöht. Mögliche Techniken des Beraters sind konkrete Fragen (wer, wann, wie, wo, wodurch, mit wem, wie häufig …), Auflösen von Etikettierungen (das Kind ist hyperaktiv) in Beschreibungen, u.a. durch Spiegeln, Paraphrasieren, Resümieren und Strukturieren kann der Ratsuchende dazu veranlasst werden, zu prüfen, inwiefern seine sprachliche Beschreibung mit dem, was er ausdrücken will, übereinstimmt.

**Gesprächs-
führungs-
methoden
nach Mutzeck**

5. *Ansprechen von Gedanken:* Um die begleitenden inneren Prozesse zu fassen, wird der Ratsuchende direkt oder indirekt aufgefordert, seine Gedanken, Vorstellungen, Fantasien in einer Situation zu verbalisieren (z.B. »Was haben Sie gedacht, als Sie die Schmiererei an der Tafel erblickten«, »Wenn du dir den Abend vor der Klassenarbeit vorstellst, was fällt dir ein?«). Das Ansprechen von Gedanken sollte an den Dialog-Konsens der Konkretisierung des Problems anschließen (vgl. ebenda, S. 92).

6. *Verbalisieren von Gefühlen:* Diese Beratungsaktivität ist gleichzeitig wichtig und schwierig. Gefühle in den Beratungsprozess aufzunehmen, zeigt dem Ratsuchenden, dass er diese haben und spüren darf. Gefühle sind ein Schlüssel, um das Handeln zu verstehen und zukünftiges Handeln zu gestalten. Außerdem kann sich der Ratsuchende entlasten, wenn er seine Gefühle äußern kann und ist dann freier für die Lösungsphase. Der Berater hat die Aufgabe, explizite aber auch nur verbal oder nonverbal angedeutete Gefühle der Ratsuchenden zu verbalisieren. Er sollte aber unbedingt vermeiden »Gefühle aufzudecken, deren sich der Ratsuchende überhaupt nicht bewusst ist, weil das zu bedrohlich wäre« (Rogers 1983, zit. nach Mutzeck 2002, S. 93). Aus diesem Grund ist viel Feingefühl und Übung notwendig.

7. *Vermeiden von Fehlern innerhalb der Gesprächsführung:* Als Fehler bezeichnet Mutzeck, wenn der Ratsuchende von der Problembeschreibung weg sehr schnell dazu übergeht, Ursachenerklärungen zu finden (z.B. »Ich kann nicht, weil ich damals in meiner Kindheit ...«) oder Lösungen vorzuschlagen (vgl. Mutzeck 2002, S. 95). Wird die Problembeschreibung vorschnell abgebrochen, bleibt der Ratsuchende in seiner Sichtweise und seinen Interpretationen stehen und der Berater kann das Problem nicht umfassend verstehen. Beiden Fehlern kann dadurch begegnet werden, dass der Berater den Ratsuchenden explizit auffordert, zur Problembeschreibung zurückzukehren. Beratungsfehler auf Seiten des Beraters, teilweise auch des Ratsuchenden können darin bestehen, Situationen und Verhalten zu bewerten und zu moralisieren. Eine Auflistung von Gesprächshemmern findet sich etwa bei Claudius Hennig und Wolfgang Ehinger (2003, S. 9).

Eine weitere systematische Darstellung von Gesprächsführungselementen bietet Redlich (1992, 1994) in seinem Modell kooperativer Gesprächsführung.

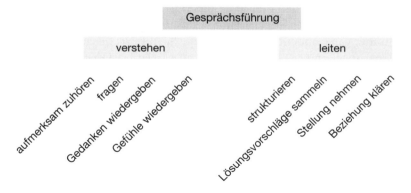

Abb. 18: Elemente einer kooperativen Gesprächsführung (Redlich 1994)

Die Beraterverhaltensweisen des Verstehens sind weitgehend aus dem Gesprächsführungsansatz von Rogers und Tausch übernommen. Sie decken sich im Wesentlichen mit den Berateraktivitäten von Mutzeck und müssen deshalb nicht nochmals expliziert werden.

Redlich grenzt die pädagogische Beratung von der Gesprächstherapie ab und fordert vom pädagogischen Berater eine deutlich stärkere Gesprächsleitung (Grewe 2005b, S. 20). Im Sinne eines zügigen Problemlöseprozesses muss der Lehrer, die Lehrerin neben einfühlsamem, nicht direktivem, mitgehendem Verstehen auch lenken und leiten, er bzw. sie ist verantwortlich für den Ablauf und die Struktur des Gesprächs.

in schulischen Gesprächen stärker leiten

- *Strukturieren* bedeutet eine transparente inhaltliche und formale Struktur herzustellen. Zu Beginn kann die Struktur des Gesprächsablaufs den Gesprächspartnern transparent gemacht und im Verlauf immer wieder verdeutlicht werden. Diffuses Hin- und Herspringen zwischen Phasen soll vermieden werden (vgl. Grewe 2005b, S. 22). Die inhaltliche Strukturierung entspricht der Berateraktivität »Konkretisieren« von Mutzeck.
- *Lösungsvorschläge sammeln:* Der Berater soll den Ratsuchenden anhalten, Lösungsideen zu entwickeln. Da der Berater als Experte über einen Fundus an Lösungsmöglichkeiten verfügt, sollte er diese nicht geheim halten, sondern dem Ratsuchenden anbieten. Damit dieser nicht überredet wird oder sich vorschnell dem »Expertenvorschlag« anschließt, müssen die Vorschläge eingehend erörtert werden (vgl. ebenda, S. 24).

leitende Handlungsweisen
- *Stellung nehmen:* Die Lehrkraft wird als Berater immer wieder aufgefordert, Stellung zu nehmen. Der Lehrer sollte seine Gedanken, Gefühle und Vorstellungen auch äußern und damit zum Lösungsprozess beitragen (Hennig/Ehinger 2003, S. 94). Allerdings besteht die Gefahr, dass der Lehrer dann einseitig die Verantwortung für den Umgang mit dem Problem übernimmt. Deshalb sollte die Stellungnahme immer ganz eindeutig als individuelle Sichtweise, die andere (Experten) auch anders sehen könnten, deklariert werden (vgl. Grewe 2005b, S. 24).
- *Beziehung klären:* Da Lehrkräfte in unterschiedlichen Rollen agieren, ist es notwendig, im Verlauf des Gesprächs zu klären, in welcher Rolle der Gesprächspartner die Lehrkraft sieht und anspricht und welche Erwartungen er hat. Soll die Lehrkraft ein Machtwort sprechen, ist ihre Expertenmeinung gefragt oder geht es um eine Beratung. Auch muss geklärt werden, in wessen Verantwortungsbereich das Problem und seine Lösung liegen (vgl. hierzu den Abschnitt über Elternberatung). Eine frühzeitige Klärung von Beziehung und Erwartungen vermeidet Missverständnisse und Enttäuschungen.

Abschließend seien noch einige grundlegende Techniken erwähnt, die für eine gelingende Gesprächsführung hilfreich sind:

Gesprächsführungstechniken
- Türöffner
- Paraphrasieren: Gesagtes in eigenen Worten wiederholen und zusammenfassen
- Verbalisieren emotionaler Erlebnisinhalte
- Rapport herstellen, Spiegeln und Übersetzen
- Fragetechniken
- Ich-Botschaften

In vielen Leitfäden zur Gesprächsführung werden die genannten Techniken mehr oder weniger ausschließlich vermittelt und mit zahlreichen Übungsvorschlägen versehen. Die Beherrschung einzelner Techniken reicht allerdings nicht aus, es ist vielmehr notwendig, sich als Berater auch mit den dahinter liegenden Menschenbildannahmen zu befassen und diese mit eigenen Einstellungen in Verbindung zu bringen (vgl. Grewe 2005b, S. 19). Die nach Wolfgang Mutzeck und Alexander Redlich ausgeführten Berateraktivitäten weisen über reine Techniken hinaus, indem sie Verhaltensweisen mit Funktionen und Begründungen verbinden und in ein Konzept kooperativer Beratung einbinden.

Techniken reichen nicht

Anregungen und Übungen zur Gesprächsführung (auch) für Lehrkräfte finden sich u.a. in: Gordon, T. (1995): Lehrer-Schüler-Konferenz; Pallasch, W. (1990): Pädagogische Gesprächsführung; Eichmann, R./ Kliebisch, U. (1991): Vergiss das Fühlen nicht; Weisbach, C. (1992): Professionelle Gesprächsführung; Palmowski, W. (1995): Der Anstoß des Steines; Gudjons, H. (1995): Spielbuch Interaktionserziehung.

Literaturhinweise

Rahmenbedingungen

Neben den bisher ausgeführten Elementen tragen einige unterstützende Bedingungen dazu bei, dass Beratung gelingen kann. Förderliche Rahmenbedingungen sind:

- *Ein angemessener zeitlicher Rahmen:* Beratungsgespräche sollten nicht unter zeitlichem Druck stattfinden aber auch nicht unbegrenzt ausgedehnt werden, 30 bis 90 Minuten sind in der Regel einzuplanen. Zehn Minuten Elterngespräch oder ein Schülergespräch in der großen Pause sind einem kooperativen Problemlösegespräch nicht angemessen. Wichtig ist, dass der Zeitraum für das Gespräch zu Beginn geklärt wird. Auch der Zeitpunkt ist nicht unrelevant. Ein Schüler, der nach Hause möchte, wird ungern ein Gespräch nach Schulschluss führen, ein Kollegengespräch nach einer langen Lehrerkonferenz wird unter der Ermüdung der Beteiligten leiden.

förderliche Bedingungen

- *Ungestörter Raum:* Raum und Sitzordnung können (unbewusstes) Rollenverhalten auslösen. Eltern, die in den Bänken sitzen, während die Lehrkraft am Pult sitzt, fühlen sich in der Schülerrolle und sehen die Lehrkraft nicht als Kooperationspartnerin. Auch mit Schülern sollten Beratungen möglichst nicht im Klassenzimmer durchgeführt werden. Sitzen die Gesprächspartner an einem runden Tisch oder über Eck werden sie sich weniger konfrontiert fühlen, als wenn sie einander gegenüber sitzen. Störungen von außen oder Telefonate sind unbedingt zu vermeiden. Ein heller, neutraler Raum mit ausreichend großem Tisch und Stühlen sollte zur Verfügung stehen.

- *Klare Rollenverteilung:* Vor einem Gespräch sollte geklärt werden, wer anwesend sein muss oder sein sollte (z.B. Schulleiterin, Fachlehrer, Klassenlehrerin, Eltern, Schüler, Schulsozialarbeiterin). Sind die Beteiligten eingeladen, muss auch geklärt werden, welche Rolle sie im Gespräch jeweils einnehmen. Die Fachkollegin Deutsch hat z.B. unterschiedliche Rollen ob es um einen Schulausschluss wegen Dauerschwänzen oder Fördermaßnahmen wegen schlechter Deutschnoten geht. Durch die Rollenverteilung werden falsche Erwartungen, Machtkämpfe und Rivalitäten oder unklare Zuständigkeiten vermieden.

- *Vorbereitung und Nachbereitung des Gesprächs:* Die Lehrkraft sollte sich zunächst über die bisher genannten formalen Rahmenbedingungen klar werden (Anlass, Beteiligte, Zeitrahmen, Raum). Daneben ist eine inhaltliche Vorbereitung sehr förderlich. Dazu gehört, die notwendigen Informationen zusammenzustellen und Dokumente zu sichten. Sehr wichtig ist, dass die Lehrkraft sich darüber klar wird, wie sie selbst in die Beratung geht:

  - Welche Ziele verfolge ich?
  - Welche Vorstellungen und Erwartungen verbinde ich mit dem Beratungsgespräch?
  - Was befürchte ich, was erhoffe ich?
  - Welche Themen möchte ich unbedingt ansprechen?
  - Worauf muss ich bei mir achten?

Einen Leitfaden zur Gesprächsvorbereitung bieten Claudius Hennig und Wolfgang Ehinger (2003, S. 84–89). Die Nachbereitung oder Auswertung eines Gesprächs ist hilfreich, um in Folgegesprächen daran anzuknüpfen, außerdem dient sie der Selbstreflexion (ebenda, S. 104).

Beratungskonzept der Schule

Um die Qualität von Beratung in der Schule zu sichern und zu verbessern, sollte jede Schule ein eigenes Beratungskonzept entwickeln. Im Sinne einer transparenten Verantwortungsstruktur ist eine klare Arbeitsteilung für alle Beteiligten eine Hilfe (Grewe 2005b, S. 18). Soll ein Beratungskonzept entworfen werden, müssen die vorhandenen Beratungsressourcen an der Schule sowie im Umfeld erhoben werden. Sodann ist es notwendig, im Gespräch mit Vertretern aller Gruppen an der Schule (Schüler, Lehrkräfte, Eltern, Schulleitung) zu analysieren, in welchem Bereich Beratung besonders notwendig oder gewünscht ist. Der Prozess der Konzeptentwicklung kann zur Teambildung und zur Förderung der Kooperationsfähigkeit im Kollegium (Sich-Beraten) genutzt werden (vgl. Geißler 2005, S. 319).

Beratungsbedarf und -möglichkeiten

Im Beratungskonzept einer Schule sollten folgende Punkte berücksichtigt werden (vgl. ebenda, S. 319):

- gesetzliche und rechtliche Rahmenbedingungen
- landesweite Fortbildungskonzepte für Beratungslehrer und Schulpsychologen
- Rahmenvereinbarungen von Interessensvertretungen der Beratungslehrer und Schulpsychologen
- örtliche Versorgung mit Schul-, Erziehungs-, Drogenberatungsstellen
- Versorgung mit spezifischen Beraterinnen und Beratern im Kollegium (Lehrer für Suchtprävention, Schulsozialarbeiter, sonderpädagogische Fachkraft, Beratungslehrkraft), sowie tatsächliche Qualifizierung aller Kolleginnen und Kollegen für die alltägliche Beratungsarbeit
- bereits bestehende Beratungsnetze, von internen und externen Beraterinnen und Beratern
- Beratungsbrennpunkte in der Schule bzw. im Schulbezirk
- explizite Beratungsbedarfe von Eltern, Schülern, Institutionen, Betrieben u.Ä.

Elemente eines Beratungskonzepts

In einem solchen Beratungskonzept sollte für Lehrkräfte klar ersichtlich sein, wer für welche Fragen und Fälle zuständig ist. Standardberatungssituationen lassen sich so in einem einheitlichen Konzept handhaben. Für schwierige Fälle kann geregelt sein, wie vorgegangen wird und welche Beratungsstufen aufeinander folgen. Auch wird für alle Lehrkräfte und für Eltern und Schüler transparent, wer welche Aufgaben übernimmt, welche spezifischen Beratungsbereiche der Schule zur Verfügung stehen und wer hier Ansprechpartner ist.

Ein solches Beratungskonzept muss in einem Schulentwicklungsprozess erarbeitet und etabliert werden. Dazu benötigt es die Bereitschaft und Akzeptanz des Kollegiums und stellt hohe Anforderungen an die Kommunikations- und Kooperationsfähigkeit des Kollegiums. Lehren und Erziehen muss als »Sich-Beraten« begriffen werden, eine Beratungskultur muss wachsen (vgl. ebenda, S. 320).

Entwicklungsprozess notwendig

Grenzen in der Beratungstätigkeit

Beratung in einer kooperativen, partnerzentrierten Grundhaltung im Sinne der Hilfe zur Selbsthilfe kann an Grenzen stoßen, auch wenn die oben ausgeführten Bedingungen vorhanden sind und mit den entsprechenden Methoden gearbeitet wird.

Eine zentrale Grenze besteht darin, dass fast alle Beratungsansätze sprachlich vermittelt sind. In der heutigen multikulturellen Situation an den Schulen kann es immer wieder vorkommen, dass Sprachbarrieren

sprachliche Grenzen

eine Verständigung stark erschweren. Muss etwa die Schwester des Schülers, um den es geht, im Elterngespräch übersetzen, kann dies zu einfachen sprachlichen Schwierigkeiten führen aber auch zu Solidaritätskonflikten. Ebenso gravierender wirkt sich aus, dass sich Schüler wie Eltern mit einer anderen Muttersprache als Deutsch teilweise schwer tun, eine Situation adäquat zu beschreiben bzw. ihre Gedanken und Gefühle in die entsprechenden deutschen Worte zu fassen. Umgekehrt bereitet es der Lehrkraft Probleme, sich in allen wichtigen Facetten verständlich zu machen. Neben der rein sprachlichen Ebene fällt es Lehrkräften (wie auch anderen Beratern) nicht immer leicht, sich in die Denkweisen und Erlebenswelten von Angehörigen anderer Kulturen oder sozialer Schichten hineinzufühlen. Sprachliche wie kulturelle und soziale Klüfte sind nicht immer leicht zu überbrücken, teilweise auch gar nicht.

Kooperation braucht beide Seiten

Die zweite zentrale Grenze besteht darin, dass eine kooperativ orientierte Beratung immer Kooperationspartner braucht. Verweigern der Schüler, die Eltern oder die Kollegin eine Kooperation, wird eine befriedigende Lösung kaum gelingen. Die Ursache der bewussten oder unbewussten Verweigerung kann in vielen Bereichen liegen: Misstrauen gegenüber Schule allgemein oder gegenüber der speziellen Lehrkraft, Hoffnungslosigkeit, Trotz, Autonomiebestreben, Scham, Angst vor Einmischung und Übergriffen, Angst vor Veränderung. Zwar bieten die ausgeführten Grundhaltungen, Schemata und Gesprächsführungsmethoden einige Möglichkeiten, eine kooperative Situation zu schaffen, letztendlich handelt es sich aber immer um ein Kooperationsangebot von Seiten des Beraters, das die Ratsuchenden annehmen oder ausschlagen können. In diesem Fall bleibt nur, dass die Lehrkraft die Sachlage in Form einer Metakommunikation bewusst macht, über weitere Konsequenzen bzw. Vorgehensweisen informiert und die Beratung explizit beendet.

altersangemessen

Mit Grundschülern muss in Beratungsgesprächen anders umgegangen werden als mit Jugendlichen. Jüngere Schüler sind weniger in der Lage, ihre Gedanken, Gefühle und Verhaltensweisen auf einer rationalen Ebene zu erklären, auch können sie rationale Erklärungen nur begrenzt aufnehmen. Die jeweiligen sprachlichen Fähigkeiten und das Maß, in welchem das Verhalten rational bzw. emotional gesteuert ist, müssen berücksichtigt werden.

Veränderungsresistenz

Beratung kommt auch dort an ihre Grenzen, wo die Ratsuchenden trotz wiederholter Gespräche und Vereinbarungen ihr Verhalten nicht einmal ansatzweise ändern. Beratung kann dann als Spiel missbraucht werden, um Sanktionen zu umgehen bzw. um zu manipulieren oder Machtspiele zu spielen. Für Lehrer und andere Berater, die auf Lernfähigkeit vertrauen, ein positives Menschenbild vertreten und auf Kooperation hoffen, kann es schwierig sein zu durchschauen, wann ihr Beratungsangebot missbraucht wird.

Schließlich eignen sich nicht alle Schwierigkeiten, die in der Schule auftreten, dazu, durch eine Beratung gelöst zu werden. In Fällen von kriminellen Handlungen, bei starker psychischer oder physischer Bedrohung, bei extrem eskalierten Konflikten o.ä. sind andere Maßnahmen wie Sanktionen, medizinische oder psychotherapeutische Behandlung, polizeiliche Aktionen oder rechtliche Schritte erforderlich. Beispiele hierfür sind etwa, dass eine Schülerin Selbstmord ankündigt, dass Schüler auf dem Schulhof mit Drogen dealen, dass eine Lehrkraft wegen starker Alkoholprobleme kaum mehr unterrichten kann oder dass Eltern gegen eine Versetzungsentscheidung gerichtlich vorgehen.

rechtliche oder therapeutische Fälle

> Auch wenn Beratung Grenzen aufweist, wird in vielen Fällen ein Beratungsgespräch in der Schule der erste Schritt sein, dass die Betroffenen mit einer Schwierigkeit offensiv umgehen (z.B. ein Gespräch der völlig abgemagerten Schülerin mit der Sportlehrerin). Dann ist es für Lehrkräfte sehr wichtig zu wissen, welche inner- und außerschulischen Unterstützungsangebote zur Verfügung stehen.

Kooperation mit inner- und außerschulischen Beratungs- und Unterstützungseinrichtungen

Beratungsmöglichkeiten im System

Im Schulsystem verankert bieten sich der Lehrkraft und den Schulen Ansprechpartner, zu deren speziellem Auftrag Beratung gehört. Ihre Aufgabenbereiche wurden in Kapitel 4 bereits immer wieder mit angesprochen. Als spezielle Beraterinnen und Berater sind zu nennen:

- Beratungslehrkräfte
- Schulpsychologinnen und Schulpsychologen
- Fachberaterinnen und -berater, etwa für Suchtfragen, Gewaltprävention oder Streitschlichtung

Fachkräfte

In einem Zwischenbereich zwischen inner- und außerschulischer Beratung steht die Schulsozialarbeit. Sie ist an den Schulen angesiedelt, gehört aber nicht dem Schulsystem, sondern der Jugendhilfe an und ihre Mitarbeiter sind in den meisten Fällen nicht über die Bildungsministerien, sondern über die Kommunen finanziert.

Beratungslehrkräfte
Beratungslehrkräfte stellen die naheliegendste spezielle Beratungsinstanz in der Schule dar. Ihre Arbeit ist fest im Beratungsangebot der Schulen etabliert. In fast allen Bundesländern werden Beratungslehrkräfte ausge-

bildet und eingesetzt. Als Beratungslehrerinnen und -lehrer werden Lehrkräfte bestimmt, die eine Zusatzqualifikation in Beratung aufweisen. Für ihre Beratungstätigkeit erhalten sie eine Deputatsermäßigung von zwei bis fünf Stunden (in Hamburg bis zu acht Stunden). Sowohl die Anforderungen an die Zusatzqualifikation als auch die Stundenermäßigung variieren von Bundesland zu Bundesland. Einheitlicher wird das Aufgabenfeld bestimmt. In Anlehnung an den KMK-Beschluss »Beratung von Schule und Hochschule« vom 14.9.1973 arbeiten Beratungslehrkräfte in den Feldern:

Aufgaben von Beratungs-lehrern

- Schullaufbahnberatung
- Einzelfallhilfe
- Beratung von Lehrkräften und Schulen (Systemberatung)
- Kooperation mit außerschulischen Partnern (vgl. Knoll 2000, S. 53)

Dabei sind die Schwerpunkte unterschiedlich verteilt. Nach einer Untersuchung von Grewe macht die Einzelfallhilfe mit etwa 31,5% bis 39,5% den größten Zeitanteil aus. Schullaufbahnberatung liegt zwischen ca. 24% und 10%, am häufigsten in der Berufsschule, am wenigsten in der Grundschule, die Beratung und Fortbildung im Kollegium liegt zwischen 8% und 4,5% (vgl. Grewe 1999, S. 5). Aus einem Überblick über verschiedene Studien zu den Aufgaben von Beratungslehrern folgt Jochen Friedel, dass sich seit Mitte der 1980er-Jahre der Arbeitsschwerpunkt der Beratungslehrer von der Schullaufbahn- zur Einzelfallberatung verschoben hat (Friedel 1993, S. 22). Allerdings darf nicht übersehen werden, dass Einzelfallhilfe heute unter einer systemischen Perspektive gesehen werden muss, sodass Einzelfall- und Systemberatung nicht mehr voneinander zu trennen sind.

Arbeitsschwer-punkte

Norbert Grewe nennt zahlreiche wissenschaftliche Untersuchungen zur Arbeit von Beratungslehrkräften: »Zusammenfassend zeigen die Ergebnisse der Evaluationsstudien, dass Beratungslehrkräfte einen hohen Grad an Akzeptanz erreicht haben und ihre Arbeit von sehr vielen Schülerinnen und Schülern, Eltern und Kolleg/innen in Anspruch genommen und geschätzt wird« (Grewe 2005a, S. 7).

hohe Akzeptanz

Trotz der hohen Akzeptanz haben Beratungslehrkräfte auch mit Schwierigkeiten zu kämpfen.

- Die Rolle als distanzierte dritte Person ist gegenüber Kollegen (oft der eigenen Schule) und Schülern nicht immer leicht einzunehmen und zu vertreten.
- Kollegen überfrachten die Beratungslehrkraft leicht mit Anforderungen, sie erwarten, dass die Beratungslehrerin den Schüler bzw. das Problem übernimmt und für rasche Veränderung sorgt.

- Die Beratungslehrerin wird häufig erst dann zu Hilfe gerufen, wenn die Fach- oder Klassenlehrerin nicht mehr weiter weiß, teilweise ist das »Kind dann bereits, in den Brunnen gefallen«.
- Durch Erlasse werden die Aufgabenkataloge ständig erweitert, etwa um Maßnahmen der Schulentwicklung und schulinternen Fortbildung oder der Prävention, ohne dass zusätzliche Stunden bereitgestellt werden (vgl. Sassenscheidt 1993, S. 21).
- In ihrer Doppelrolle als Lehrer und Berater unterstehen die Beratungslehrkräfte der Dienstaufsicht der Schulbehörden, durch ihre fachlichen Defizite bleiben die Beratungslehrkräfte abhängig von der Kooperation mit den zuständigen Schulpsychologen (vgl. Schäfer-Koch 1992, S. 18). Sie sind damit in ihrer Beratungsarbeit in die Schulhierarchie eingebunden und geraten in Interessenswidersprüche zwischen Eltern, Schülern und Schule.
- Ihre Arbeit wird beeinflusst von ihrer Akzeptanz in den Kollegien.
- Die Abgrenzung von den Schulpsychologen wie auch von der Beratungsarbeit der regulären Lehrkräfte ist unklar. Die Aufgaben von Schulpsychologen und Beratungslehrern überlappen sich in hohem Maße (Sassenscheidt 1993, S. 22).

Schwierigkeiten

- Beratungslehrkräfte haben wenig Einfluss auf die Beratungskultur an den Schulen. Da sie immer auch Kollegen sind, wagen sie sich kaum an Systemveränderungen oder Veränderung von Lehrerverhalten, sondern beschränken sich vorwiegend auf die Arbeit mit Schülern und Eltern.
- Aus vielen Praxisberichten wird deutlich, dass sich Beratungslehrkräfte mehr Ermäßigungsstunden wünschen, um einerseits mehr Fördermaßnahmen durchführen zu können und andererseits die Zusammenarbeit und Fortbildung in den Kollegien zu intensivieren.

Da die Zuständigkeiten wenig und vorwiegend im Bereich der Übertrittsverfahren geregelt sind, funktioniert die Kooperation zwischen Lehrkräften und Beratungslehrkraft nicht immer reibungslos. »Kriterien, nach denen die Zuständigkeit des Beratungslehrers für bestimmte Probleme objektiv regelbar wäre, gibt es nicht; es liegt im subjektiven Ermessen des Lehrers, ob er professionelle Hilfe hinzuzieht« (ebenda).

unklare Zuständigkeiten

Die enge Bindung der Beratungslehrerin an die Einzelschule bzw. an wenige Schulen ist auch als Vorteil zu sehen. Beratungslehrkräfte sind relativ leicht erreichbar und sprechen als Lehrkräfte mit Expertentum die gleiche Sprache wie die übrigen Kollegen. Sie sind Schülern, Eltern und Lehrern eher bekannt und können ihre Maßnahmen den Gegebenheiten vor Ort anpassen. Dabei fungieren sie als Bindeglied zwischen Lehrkräften, Schulpsychologen und außerschulischen Beratungseinrichtungen.

Schulpsychologische Beratung

In allen Bundesländern wird schulpsychologische Beratung durchgeführt. Sie wurde im Zuge der Bildungsreform in den 1970er-Jahren flächendeckend eingeführt, wobei allerdings das Ziel pro 5000 Schüler einen Schulpsychologen zur Verfügung zu haben nicht erreicht wurde. Heute stagniert die Versorgung bei etwa 12000 Schülern pro Schulpsychologe und ist im europäischen Vergleich eher im unteren Bereich angesiedelt (vgl. Liermann 2004, S. 866). Schulpsychologen sind meist regional an zentralen Beratungsstellen angesiedelt. Die Zuständigkeiten für die Schulen sind festgelegt. Schulpsychologen müssen ein abgeschlossenes Studium der Psychologie vorweisen und daneben eine (schul-)pädagogische Ausbildung, ein Lehramtsstudium ist nicht in allen Bundesländern erforderlich. In der Schulpsychologie kommt vor allem Wissen aus der Psychologie (Diagnostik, Klinische und Pädagogische Psychologie, in jüngerer Zeit auch Organisationspsychologie) zum Tragen (vgl. ebenda).

Schulpsychologen arbeiten in den gleichen Aufgabengebieten wie Beratungslehrkräfte (vgl. Rosenbusch 2000, S. 37; Knoll 2000, S. 53).

Hildegard Liermann formuliert als zusätzliche Tätigkeitsbereiche:

- Beratung der Institution Schule
- Lehrerfort- und -weiterbildung (Liermann 2004, S. 869)

In der Einzelfallarbeit herrschte lange eine individual-therapeutische Diagnostik und Intervention vor (vgl. Pikowsky und Wild 1996, S. 95). Diese wurde in den letzten beiden Jahrzehnten durch eine stärker systemische Sicht abgelöst. Die Einzelfallhilfe durch Schulpsychologen steht in der Gefahr, dass die Verantwortung für schulische Probleme an schulexterne [im Sinne von nicht zur Einzelschule gehörende, Anm.d.V.] Experten delegiert wird, wodurch die im Umfeld von Schule und Familie vorhandenen Ressourcen vielleicht nicht genutzt werden (vgl. ebenda). Verständigungsprobleme können zwischen den teilweise unterschiedlichen Sprachen und theoretischen Grundlagen von Pädagogen und Psychologen auftreten. Umgekehrt verfügen Schulpsychologen über Diagnose- und Interventionsmöglichkeiten, die die Handlungsmöglichkeiten der Lehrkräfte und der Eltern deutlich unterstützen können.

Neben der Einzelfallarbeit versteht sich Schulpsychologie in den letzten Jahren zunehmend als Unterstützungssystem für die Schule (ebenda, S. 867). Durch den Veränderungsdruck auf die Schulen und daraus resultierende Schulentwicklungsprozesse sind Schulpsychologen stärker als Systemberater gefragt. Daneben erhöhen die schulischen Veränderungen den Bedarf an Supervision (vgl. ebenda). Die Frage nach Ressourcen für – auch nur ansatzweise flächendeckende – Schulentwicklungsberatung ist ungeklärt, hier können Schulpsychologen nur einige Bedarfsfälle ab-

Zuständigkeit für viele Schüler

Einzelfallhilfe zentral

verstärkt Systemberatung

decken. Im Bereich der Supervision übernehmen die Schulpsychologischen Dienste in einigen Bundesländern die Federführung (vgl. DGSv: Supervision und Schule).

Ein zentrales Problem von Schulpsychologen besteht darin, dass sie häufig »als Öl im Getriebe des Schulsystems verstanden werden«, sie sollen schulische Probleme lösen, ohne dass sich an den schulischen oder familiären Bedingungen etwas ändert (Rosenbusch 2000, S. 37).

Aufgrund ihrer fundierten methodischen Ausbildung haben Schulpsychologen eine stärkere testdiagnostische Orientierung als andere Berater in der Schule. Sie können und dürfen verschiedene Entwicklungs- und Schulleistungstests durchführen. In der heute vorherrschenden systemischen Beratungsarbeit stellen die testpsychologischen Daten nur einen Teil der Diagnose dar, sie werden ergänzt durch Unterrichtsbeobachtungen, Gespräche, Visualisierungen u.a. (vgl. ebenda, S. 39, Liermann; S. 872).

Das methodische Repertoire von Schulpsychologen umfasst die Vermittlung von Wissen und Informationen über kurzfristige Hilfen in krisenhaften wie problematischen Situationen, langfristigere Hilfen wie die Erarbeitung von Verhaltensplänen (Hausaufgaben, Unterrichtsstörungen etc.), eine schulklassenbezogene Beratung und Supervision bis hin zu strukturellen Veränderungen von Unterricht und Schulleben durch die Moderation von Pädagogischen Tagen, langfristige Begleitung von Projekten und der Implementation von Veränderungen (Liermann 2004, S. 873). **umfangreiche Diagnose- und Interventionsmethoden**

Schulpsychologische Beratung ist in ihren Zuständigkeitsbereichen nicht klar von anderen Beratungsinstanzen in der Schule abgegrenzt. Lehrer, Schüler oder Eltern können sich direkt an Schulpsychologische Beratungsstellen wenden. Ihre Anliegen und Aussagen werden dort vertraulich behandelt. Dies ist für den Vertrauensschutz und die Beratung unumgänglich, erschwert aber gelegentlich die Kooperation mit den zuständigen Lehrkräften oder Schulleitungen. Insbesondere, wenn sich Eltern ohne die betroffene Lehrkraft zu informieren an die Beratungsstelle wenden, kann es zu Irritationen kommen. Umgekehrt muss die Akzeptanz für die schulpsychologische Beratung erst hergestellt werden, wenn Lehrkräfte oder Schulleitungen einen »Problemschüler« an die schulpsychologische Beratungsstelle überweisen. **unklare Zuständigkeit**

Schulpsychologen sind Teil des Schulsystems. Damit ist ihr Beratungshandeln, sind ihre Präventions- und Interventionsmöglichkeiten abhängig von den Vorgaben des Systems. Schulpsychologen können nur Maßnahmen empfehlen oder durchführen, die im System vorgesehen sind, z.B. kann die Notengebung für ein Kind nur in engen Grenzen unter bestimmten Voraussetzungen für eine Zeit lang ausgesetzt werden. Die begrenzten Ressourcen ermöglichen nur in Ausnahmefällen eine längere **Teil des Systems**

Beratung oder Intervention mit Einzelnen. Ihre Wirksamkeit erhöhen die Schulpsychologischen Dienste teilweise damit, dass sie einen Schwerpunkt auf die Kooperation mit Beratungslehrern legen und sich auf Fortbildungen und die Arbeit mit Gruppen und Institutionen konzentrieren (Voigt 2003, S. 158).

vorteilhafte Distanz und Neutralität

Auch wenn Schulpsychologen Teile des Systems sind, stehen sie außerhalb der einzelnen Schule und arbeiten meist an einer Beratungsstelle. Das verleiht ihnen Distanz und Neutralität. Sie sind deshalb für Eltern schulunabhängige Berater aber auch für Lehrkräfte Ansprechpartner bei Problemen mit einzelnen Schülern, mit Klassen, Kollegen, Schulleitungen oder in persönlichen Krisen.

Literaturhinweise

Auf weiterführende Literatur sei verwiesen: Häring, H./Kowalczyk, W. (Hrsg.): Schulpsychologie konkret; Käser, R. (1993): Neue Perspektiven in der Schulpsychologie; Sektion Schulpsychologie im BDP (Hrsg.) (1997): 75 Jahre Schulpsychologie in Deutschland; www.schulpsychologie.de.

Schulische Fachberater

Neben der Schulberatung mit Beratungslehrern und Schulpsychologinnen haben sich in der Schullandschaft eine Reihe an speziellen Beratungsbereichen etabliert. Eine wichtige Rolle spielen Kooperationslehrkräfte. Sie haben verschiedene Aufgabenbereiche:

Kooperationslehrkräfte für den Schuleingang: Grundschullehrkräfte mit einer Weiterbildung in diesem Bereich. Sie koordinieren die Zusammenarbeit mit den vorschulischen Erziehungseinrichtungen, führen Informationsveranstaltungen und Beratungen für Eltern durch und wirken an Entscheidungen zur Einschulung mit.

Kooperationslehrkräfte aus dem sonderpädagogischen Bereich: Sonderpädagogen der verschiedenen Fachrichtungen. Zunächst hatten sie vor allem die Aufgabe, bei auffälligen Schülern an der Regelschule durch entsprechende Diagnostik den Bedarf auf Sonderschulbesuch festzustellen.

verschiedene Fachberater

Durch verstärkte Bemühungen, Schülerinnen und Schüler mit besonderem Bedarf an den Regelschulen zu integrieren, ist der Beratungsbedarf für die Regelschulen stark gewachsen. Sonderpädagogische Kooperationslehrkräfte beraten die Regelschulen und übernehmen teilweise selbst Anteile des Unterrichts oder Fördermaßnahmen. Eine vertrauensvolle Kooperation muss sorgsam entwickelt werden, sonst können Berührungsängste, Konkurrenz und Misstrauen die Förderung einzelner Schüler und die Vermittlung sonderpädagogischen Fachwissens im Umgang mit schwierigen Schülern behindern (vgl. Rosenbusch 2000, S. 41).

Daneben gibt es unterschiedliche (Beratungs-)Aufgaben in der Schule, die von Lehrkräften mit spezifischen Weiterbildungen wahrgenommen werden:

- Sucht- und Drogenberatung
- LRS- oder Dyskalkulieberatung
- Streitschlichtung
- Gewaltprävention
- Multikulturalität–Interkulturalität
- Prozessbegleitung in der Schulentwicklung
- Sprachförderung, Deutsch als Zweitsprache
- Medienerziehung

Diese Experten beraten Lehrkräfte und Schulleitungen, daneben arbeiten sie selbst mit Schülern zum jeweiligen Thema und/oder bilden andere Lehrkräfte in (schulinternen) Fortbildungen oder bei pädagogischen Tagen fort.

Wesentlich hängt ihre Arbeit davon ab, ob in der Schule und in der Region ein Beratungskonzept vorhanden ist, damit das Angebot bekannt wird und nachgefragt werden kann.

Kooperation mit außerschulischen Einrichtungen

Wo Schulen an die Grenzen ihrer Einflussmöglichkeiten oder ihres Auftrags und ihrer Zuständigkeit stoßen, arbeiten sie mit außerschulischen Beratungs- und Hilfseinrichtungen zusammen.

Außerschulische Partner können mit ihrer Fachkompetenz die schulischen Bemühungen unterstützen oder weiterführen. Sie haben ebenfalls Interesse an der Kooperation mit der Schule, da sie derselbe Auftrag verbindet, der jungen Generation gute Entwicklungsbedingungen zu schaffen und Orientierung zu geben (Landesinstitut für Schule und Weiterbildung 2001, S. 38). **gemeinsame Ziele**

Schule und Jugendhilfe

Als wichtigster Kooperationspartner für Schulen ist die Jugendhilfe zu nennen. Zu den Leistungen der Jugendhilfe gehören die Betreuung in Tageseinrichtungen, Beratung und Unterstützung von Kindern, Jugendlichen und Familien bei Problemen, Angebote der Jugendarbeit, Jugendsozialarbeit und Jugendverbandsarbeit, der Kinder- und Jugendschutz, familienersetzende Einrichtungen und Angebote. Jugendhilfe wird von öffentlichen und freien Trägern geleistet. Als staatliche Einrichtungen sind für die Schulen die Jugendämter wichtige Ansprechpartner. Daneben spielen kommunale Jugendbüros und die meist von den Kommunen getragene Schulsozialarbeit eine wesentliche Rolle. **Jugendhilfe als wichtigster Partner**

Für Schulen zentrale Aspekte der Zusammenarbeit fasst der *Bericht über gemeinsame Beratungen der Ständigen Konferenz der Kultusminister der Länder und der Arbeitsgemeinschaft für Jugendhilfe* mit dem Titel »Zusammenarbeit von Schule und Jugendhilfe« zusammen (vgl. SchulVerwaltung spezial 2001, S. 84). Der Schule kommt ein eigenständiger Erziehungsauftrag zu, während die Jugendhilfe einen abgeleiteten Erziehungsauftrag wahrnimmt – sie soll die Erziehungsberechtigten und Jugendlichen darin unterstützen, das Recht jedes jungen Menschen auf Förderung seiner Entwicklung und auf Erziehung zu einer eigenverantwortlichen und gemeinschaftsfähigen Persönlichkeit einzulösen (ebenda).

Notwendigkeit von Kooperation

> Schul- wie Sozialpädagogik gehen übereinstimmend davon aus, dass eine erfolgreiche Bildung und Förderung nur gelingt, wenn der gesamte Lebenskontext der Kinder und Jugendlichen berücksichtigt und in die pädagogischen Aktivitäten einbezogen wird. Die gebotene Ganzheitlichkeit des pädagogischen Auftrags und Angebots macht eine Kooperation unbedingt erforderlich.

Dabei hat jeder Bereich seine eigenen Organisationsformen, Arbeitsweisen, theoretischen Bezüge und (Teil-)Zielsetzungen, die in der Kooperation zu berücksichtigen sind. Als Aufgabenbereiche der Zusammenarbeit nennt der Bericht (ebenda, S. 85):

gemeinsame Aufgabenbereiche

- Tageseinrichtungen für Kinder und Jugendliche
- Freizeit und interessensgebundene Angebote
- Übergang von Schule in Ausbildung
- erzieherischer Kinder- und Jugendschutz
- Kinder und Jugendliche in besonderen Problemlagen

Unter beraterischen Gesichtspunkten sind die beiden ersten Bereiche vorwiegend in der Schulentwicklung angesiedelt. Die Jugendhilfe wie die freie Jugendarbeit in Vereinen sind wichtige Ansprechpartner, um den Ganztagesbetrieb und damit verbundene Freizeitangebote pädagogisch sinnvoll zu gestalten. Die Schulsozialarbeit nimmt in der Gestaltung von Ganztagsschulen einen wichtigen Stellenwert ein.

Beim Übergang von Schule in Ausbildung kann die Jugendhilfe bzw. Jugendsozialarbeit in Zusammenarbeit mit weiteren Institutionen wertvolle präventive Arbeit leisten, welche die Arbeit in der Schule unterstützt. Beratungs- und Unterstützungsangebote von Schule, Jugendsozialarbeit und Arbeitsverwaltung sollten sich ergänzen. Hierzu sind wechselseitige Information und Austausch wichtig.

Für die Beratung von Schülern, Eltern und Lehrkräften kommt besonders die Zusammenarbeit im Kinder- und Jugendschutz und in Problemlagen zum Tragen. »Insbesondere in den Bereichen Suchtprävention, Medienpädagogik, Schutz vor sexuellem Missbrauch und mit Gewalt unter Kindern und Jugendlichen sind verstärkt gemeinsame Aktivitäten von Kinder- und Jugendhilfe und Schule notwendig« (ebenda, S. 86).

In der präventiven Arbeit können die Jugendämter und die freien Träger der Kinder- und Jugendhilfe den Schulen Informationsmaterial bereitstellen und an Fortbildungen sowie an der Arbeit mit Schülern mitwirken, auch gemeinsame Aktionen etwa in der Gewaltprävention sind zielführend. Beim Umgang mit gefährdeten Schülerinnen und Schülern benötigen Lehrkräfte unbedingt fachlichen Rat, wie sie in einem Verdachtsfall agieren können, wie sie selbst mit einem potenziell drogensüchtigen Jugendlichen oder einem evt. missbrauchten Kind in der Schule umgehen können und welche weiteren Schritte und Maßnahmen sie veranlassen können. In solchen Fällen kommt die Beratungsmöglichkeit der Schule an eine klare Grenze. Gefährdete Kinder und Jugendliche müssen an entsprechendes Fachpersonal weitergeleitet werden. Da Lehrkräfte immer wieder die ersten sind, die eine Gefährdung wahrnehmen, ist es sehr wichtig, dass sie wissen, an welche Stellen sie sich wenden können.

außerschulische Problemursachen

Die Zusammenarbeit mit der Jugendhilfe ist für Schulen besonders wichtig, wo die Ursachen für Lern- und Verhaltensprobleme (auch) im außerschulischen Bereich, im Freundeskreis oder in der Familie liegen. Bei wechselseitiger Beratung der Partner und frühzeitigen gemeinsamen Bemühungen können Schüler in Problemlagen von der Schule noch erreicht und ihre Leistungen stabilisiert oder verbessert werden.

Obwohl die Kooperation zwischen Schule und Jugendhilfe notwendig und Gewinn bringend ist, wird sie von einer Reihe an Problemen begleitet:

Schule ist ihrem gesellschaftlichen Bildungsauftrag verpflichtet. Sie hat u.a. die Aufgabe, bildungspolitisch festgelegte Bildungsziele (heute Bildungsstandards und Kompetenzen) zu erreichen, Leistung festzustellen und zu bewerten und Bildungschancen zu vergeben. Individuelle Förderung gerade auch der schwachen und sozial benachteiligten Schüler kann nur begrenzt geleistet werden. Schule und jede Lehrkraft stehen damit in der Verpflichtung der Gesellschaft, der Schülergruppe und dem einzelnen Kind gegenüber. Demgegenüber kann sich die Jugendhilfe deutlich stärker zum Anwalt des einzelnen Kindes oder Jugendlichen machen. Der Konnex von Schule–Leistung–Zukunftschancen ist für Lehrkräfte nicht auflösbar. Er führt bei den Mitarbeitern der Jugendhilfe teilweise zu Vorurteilen und Misstrauen gegenüber der Arbeit von Lehrerinnen und Lehrern. Umgekehrt werden Lehrkräfte durch die Möglichkeiten der Jugendhilfe mit ihren pädagogischen Grenzen konfrontiert und fühlen sich durch deren Anwaltschaft für das Kind teilweise zu Sündenböcken gemacht. Sie erwarten von den Vertretern der Jugendhilfe, insbesondere von den Jugendämtern oft weitreichendere Maßnahmen (z.B. Heimunterbringung), als diese leisten (können). Schwierig ist auch, dass der Datenschutz einen Informationsaustausch erschwert und nur möglich macht, wenn die Erziehungsberechtigten dem zustimmen.

Schwierigkeiten der Kooperation

Jugendamtsmitarbeiter und Lehrkräfte kennen sich häufig nicht. Deshalb wird empfohlen, über die Beratungslehrerinnen und -lehrer dauerhafte Kontakte zu knüpfen (vgl. Landesinstitut für Schule und Weiterbildung 2001, S. 38). Persönliche Kontakte und regelmäßiger Austausch sind geboten, um eine vertrauensvolle Zusammenarbeit zu gewährleisten.

Weitere Kooperationspartner
Weitere wichtige Kooperationspartner sind:

- psychologische Beratungsstellen verschiedener Träger (Wohlfahrtsverbände, Kirchen)
- andere Beratungsstellen verschiedener Träger wie Beratungsstellen für sexuellen Missbrauch, Suchtberatungsstellen u.Ä.
- Kinder- und Jugendärzte und -psychologen
- freie Praxen für Logopädie, Ergotherapie, LRS-Therapie u.Ä.
- soziale Dienste wie Nachbarschaftshilfe, Familienhilfe, Frauenhäuser
- Polizei und kriminalpolizeiliche Beratungsstellen
- seelsorgerische Dienste
- Selbsthilfegruppen
- als zentrale Partner in der Berufsberatung die Bundesagentur für Arbeit, außerdem Beratungspartner in der Wirtschaft

Welche Kooperationspartner tatsächlich zur Verfügung stehen, hängt stark von den lokalen und regionalen Gegebenheiten ab. Jede Schule fällt in jedem Fall in den Zuständigkeitsbereich eines Jugendamtes, hat eine Polizeidienststelle als Ansprechpartner und kooperiert als Sekundarschule mit einer Stelle der Agentur für Arbeit.

wenige Informationen über Ansprechpartner Als das größte Problem für die Kooperation mit außerschulischen Partnern ist zu sehen, dass die Lehrkräfte relativ wenig über die möglichen Ansprechpartner informiert sind und diese teilweise schwer erreichen. Der Aufbau eines Beratungsnetzwerks erfordert deshalb, dass als Arbeitshilfe eine Liste der außerschulischen Kooperationspartner zur Verfügung steht. Diese sollte beinhalten (vgl. ebenda):

- Kooperationspartner (Institution, Stelle)
- Arbeitsschwerpunkte und Aufgabengebiete (in welchen Fällen kann ich mich an diese Stelle wenden)
- Ansprechpartner
- Adresse
- Telefonnummer
- E-Mail
- Bedingungen für die Zusammenarbeit (Beratungs- und Bürozeiten, Kosten, Überweisung ...)

Grundsätzlich können sich Lehrkräfte für sich bei außerschulischen Beratungsdiensten immer Rat holen. Sie können Schüler an andere Beratungsstellen nur mit Information bzw. Einwilligung der Eltern weiterleiten. Sie können aber Schülern Informationen weitergeben, wo diese in Eigeninitiative Rat und Unterstützung bekommen können.

Anlaufstellen für Lehrer und Schüler

Kooperation mit inner- und außerschulischen Beratungseinrichtungen ist für eine nachhaltige Beratungsarbeit unerlässlich. Eine gewisse Unübersichtlichkeit von Einrichtungen und ihren Zuständigkeiten sowie schlechter Informationsfluss erschweren für Lehrkräfte die Erreichbarkeit und die Kooperation. Der Aufbau einer guten Informationsstruktur und in längerer Sicht eines Beratungsnetzwerks sollte zur Steigerung der Beratungskompetenzen der einzelnen Lehrkräfte wie der ganzen Schule angestrebt werden.

6. Ausblick

Beratung als Gegenstand der Lehrerbildung

Der vorliegende Band zeigt Beratung als wichtiges Aufgabenfeld aller Lehrkräfte in der Schule. Dieser Bedeutung wird die Lehrerbildung für Lehrkräfte an Regelschulen bisher nicht gerecht. Weder in der ersten noch in der zweiten Phase wird dieses Thema systematisch aufgegriffen.

Aufbau von Beratungskompetenz ist noch zufällig Sich Wissen über Beratungszusammenhänge in der Schule anzueignen oder Beratungskompetenzen aufzubauen, bleibt den einzelnen überlassen und geschieht eher zufällig als im Zuge einer geplanten professionellen Entwicklung.

Nachfrage erfährt das Thema eher in der Fort- und Weiterbildung. Eine nicht geringe Zahl von Lehrkräften bildet sich auf eigene Kosten in einem Beratungskonzept (TZI, Gestaltpädagogik, systemische Beratung, Supervision) weiter. Daneben werden von den staatlichen Lehrerfortbildungsakademien und -instituten immer wieder ein- bis mehrtägige Fortbildungen zum Thema Beratung angeboten.

Aus diesem Grund verwundert es nicht, dass in einer eigenen explorativen Befragung von über 150 Lehrkräften die große Mehrheit aussagte, Beratung vorwiegend bis ausschließlich auf der Grundlage eigener Erfahrung durchzuführen.

Erfahrung bildet nach Jürgen Strasser und Hans Gruber eine wichtige Basis für beraterisches Handeln. Auf der Grundlage der Expertiseforschung entwickeln Strasser und Gruber ein Modell zum Erwerb von Beratungskompetenzen (vgl. Strasser/Gruber 2003, S. 387): Um Beratungskompetenz aufzubauen, müssen ›Episoden‹ aus dem beruflichen Alltag reflektiert werden. Diese Reflexion geschieht auf der Grundlage erworbenen Fach- und Methodenwissens und der persönlichen Ressourcen **Reflexion eigener „Fälle"** und Voraussetzungen. Aus der reflektierten Auseinandersetzung mit Bedingungen der Praxis und mit dem eigenen Handeln in der Praxis entstehen Erfahrungen. Diese befähigen, Wissen situationsangemessen und effektiv anzuwenden. Dieses Modell wurde zwar für die psychosoziale Beratung entwickelt, kann aber meines Erachtens auf die Lehrerbildung übertragen werden, in welcher derzeit ebenfalls Expertisemodelle diskutiert werden.

Aus dem Modell von Strasser und Gruber folgt, dass sich die Entwicklung von Beratungskompetenz nicht auf einen Abschnitt der beruflichen Professionalisierung beschränken kann. In der Ausbildung können Beratungskonzepte und Beratungsmethoden erlernt und teilweise eingeübt werden. Ihre praktische Relevanz und die tatsächliche Umsetzung sind damit noch nicht gewährleistet. Zeit- und Handlungsdruck, geringes Feedback, große Unterschiedlichkeit der Beratungssituation, persönliche Involviertheit (vgl. ebenda, S. 391; auch Wahl 2003) verhindern, dass das erlernte Wissen und die erlernten Methoden angewandt werden. Durch regelmäßige Reflexion in Trainings- oder kollegialen Fallbesprechungsgruppen verbunden mit wechselseitigen Hospitationen u.Ä. kann Erfahrungswissen und damit Expertise aufgebaut werden. Kollegiale Beratung oder kombinierte Fortbildungs- Beratungsmodelle wie KOPING oder KTM sind daher nicht nur Formen von Beratung unter Lehrkräften sondern wichtige Professionalisierungsmöglichkeiten. Für Lehrkräfte kommt es weniger darauf an, das Beratungskonzept einer psychologischen Schule zu übernehmen, als vielmehr ihr Wissen domänenspezifisch auf die Erfordernisse der Schule anzupassen. Einem eher integrativen Vorgehen in der Praxis tragen viele Handreichungen zur Beratung in der Schule Rechnung (vgl. Kapitel 3). Wie die Expertiseforschung oder das Konzept »vom trägen Wissen zum kompetenten Handeln« (Wahl 2006) nahe legen, ist der Erwerb von Beratungskompetenz kein Prozess, der in einem Ausbildungsabschnitt abgeschlossen ist, sondern verweist auf eine lebenslange Professionalisierung, bei der bewusst reflektierte Erfahrung eine zentrale Rolle spielt.

Prozess über gesamte Lehrerbildung

Beratung als Basisprozess von Lehrerhandeln

Dass Beratungskompetenzen im Laufe des Lehrerlebens immer weiterentwickelt werden sollen, scheint ein hoher Anspruch für ein Teilgebiet beruflichen Handelns. Liegen die eigentlichen Aufgaben der Lehrkraft nicht im Unterricht, im Herstellen einer guten Lernatmosphäre, im Umgang mit Störungen und schwierigen Kindern? Eine sehr erfahrene Lehrerin, die schon mit den unterschiedlichsten Schülerinnen und Schülern gearbeitet hat und arbeitet, sagte kürzlich in einem Gespräch: »Letztendlich ist alles, was wir mit Schülern tun, Beratung.« Diese Aussage fasst eine Grundaussage dieses Buches zusammen. Beratung zeigt sich in der Schule als konkretes Beratungshandeln und als beraterische Grundhaltung der einzelnen Lehrerin, des einzelnen Lehrers wie einer Schule als Ganze.

Lehrer beraten immer

Die veränderten Bedingungen, mit denen Schule konfrontiert wird, werden schon fasst gebetsmühlenartig in beinahe allen schulpädagogischen Veröffentlichungen aufgeführt und müssen hier nicht wiederholt werden. Sie bewirken, dass wir Kindern und Jugendlichen heute Selbstbestimmung zugestehen und Selbstverantwortung und Selbstständigkeit zumuten müssen. Wir wollen ihnen aber auch Orientierung geben und sie zur Mitbestimmung und zur Solidarität befähigen. Daneben müssen wir der Erkenntnis Rechnung tragen, dass Lernen nicht mehr als Wissensvermittlung, sondern als Konstruktion verstanden wird. All dies hat Auswirkungen auf das Handeln in der Schule. Beratung tritt als wichtiger Prozess neben das Unterrichten und ist gleichzeitig Teil davon.

Bildungswert

Auf der Bildungsebene hat Beratung ihren Platz, wo es um Lernberatung für alle Schüler geht, wo eine förderorientierte Didaktik für alle Raum greifen soll und wo gezielte Hilfe bei Lernschwierigkeiten für Einzelne angeboten werden muss. Außerdem unterstützt Beratung in der ursprünglichsten ihrer schulischen Funktionen nach wie vor Bildungswegsentscheidungen.

Beziehungsge-staltung

Auf der Erziehungsebene bietet Beratung neben und in Verbindung mit präventiven und interventiven Maßnahmen (Förderung der Klassengemeinschaft, Gewaltprävention an der Schule, Umgang mit Störungen) die zentrale Möglichkeit erzieherisch zu wirken. Beratung ist dabei das Mittel der Wahl, um zu kooperativen Beziehungen mit einzelnen Schülern und mit Klassen zu kommen. Konflikte und Probleme als Beratungsanlässe zu begreifen und Schüler als mögliche Kooperationspartner zu sehen, kann mancher Lehrkraft dabei helfen, aus dem zermürbenden Kreislauf von negativem Verhalten und Sanktionen auszubrechen. Beraterisches Handeln, das zunächst wie eine zusätzliche Aufgabe und Belastung wirkt, kann Lehrkräfte längerfristig entlasten.

innovations-fördernd

Wichtige Innovationsfelder in der Schule wie die Öffnung von Unterricht, neue Formen der Leistungsbeurteilung, Kompetenzförderung, Förderorientierung, neue Schuleingangsstufe oder der Ausbau zur Ganztagsschule beinhalten bzw. fordern Beratung mit Schülern aber auch im Kollegium.

Arbeit transparenter und leichter machen

Eine beraterische Grundhaltung bedeutet für eine Schule, dass Kolleginnen und Kollegen wechselseitige Beratungen über pädagogische und didaktische Themen wie über einzelne Schüler und Klassen als Teil ihrer Tätigkeit verstehen und pflegen. Eine solche Beratungskultur – in der Literatur zur Schulentwicklung auch als Kommunikations- oder Konferenzkultur bezeichnet – macht die Arbeit in der Schule auf Dauer einfacher, da viele Fragen geklärt sind und nicht jedes Mal von der einzelnen Lehrkraft individuell bedacht, entschieden und verantwortet werden müssen. Die Entwicklung einer Beratungskultur unter Kolleginnen und Kollegen ist Grundlage und Teil jeder Schulentwicklung. Daneben ist es dringend geboten, dass Lehrkräfte die individuellen Anforderungen, die der Lehrerberuf an sie stellt, in kollegialen Fallbesprechungs- oder Supervisionsgruppen immer wieder aufarbeiten, um Burnout, Resignation und Stagnation zu entgehen und ihr Berufsleben als (vielleicht sogar bereichernde) Entwicklung erleben können.

Grenzen von Beratung sind erreicht, wo der Beratungspartner sich der Beratung dauerhaft verweigert, wo wiederholte Beratungen keine Veränderung bewirken oder wo der Einzelne an physische und psychische Grenzen stößt bzw. wo im System organisatorische und rechtliche Grenzen gesetzt sind, die der Einzelne oder eine Gruppe nicht verändern kann. Auch wenn eine beraterische Grundhaltung die Schule zukünftig kennzeichnen kann und sollte, besteht ihre Grundfunktion darin, zu bilden und zu erziehen. Beratung hat hierin eine zuarbeitende Funktion.

Grenzen

Beratung benötigt Ressourcen an Zeit, an Rahmenbedingungen und an persönlicher Kompetenz. Der Beratungsbedarf an den Schulen wächst. An die Bildungspolitik geht deshalb die Forderung, finanzielle Mittel bereitzustellen, um Beratung an den Schulen auszubauen. Schulpsychologische Beratungsstellen müssen aufgestockt werden, Beratungslehrkräfte und reguläre Lehrkräfte benötigen (größere) Zeitkontingente für Beratungsarbeit. Lehrkräfte müssen sich in Beratung weiterbilden können. Die Schulen benötigen Mittel, um sich in ihren Evaluationsprozessen und in der Schulentwicklung beraten zu lassen. All dies sind wichtige Bestandteile der Qualitätsverbesserung schulischer Arbeit, die allerdings nicht kostenneutral erfolgen können.

benötigte Ressourcen

Zusammengefasst bedeutet beraterisches Handeln und eine beraterische Grundhaltung als Basisprozesse in der Schule:

- Schüler, Eltern, Kollegen ernst nehmen,
- dem Anderen Verantwortung für sein Handeln und Lernen zumuten,
- sich der Grenzen der eigenen Einflussmöglichkeiten bewusst werden,
- weg von direktiven hin zu unterstützenden Maßnahmen gelangen,
- vernetzt und systemisch, nicht linear-kausal denken,
- eine Kultur von Kommunikation, Austausch und Transparenz mit Schülern, Eltern und im Kollegium entwickeln,
- Kooperation aufbauen,
- Dialog und Aushandeln fördern,
- Selbstreflexion üben und an sich selber arbeiten,
- auf Veränderung und Lernen setzen,
- sich über die Grenzen beraterischer Möglichkeiten im Klaren sein,
- Beratungskompetenz als Feld beruflicher Entwicklung pflegen.

schulische Beratungskultur heißt ...

Diese Haltungen und Handlungen sind nicht neu, aber sie können als persönliche Orientierung und als Teil der Schulkultur bewusst gepflegt und ausgebaut werden.

Beratung ist ein wichtiges Element, um Schule zukunftsfähig zu entwickeln und das Leben und Lernen in ihr für alle Beteiligten Gewinn bringend, im Sinne von gesellschaftlicher und ökonomischer Effektivität wie von persönlichem Wachstum, zu gestalten.

Literaturverzeichnis

Alterhoff, G. (1983): Grundlagen klientenzentrierter Beratung. Eine Einführung für Sozialarbeiter/Sozialpädagogen und andere in sozialen Berufen Tätige. Stuttgart.

Altrichter, H./Posch, P. (1998): Lehrer erforschen ihren Unterricht. Bad Heilbrunn.

Amelang, M./Zielinski, W. (1994): Psychologische Diagnostik und Intervention. Berlin u.a.

Apel, H. (1993): Erziehungshilfe aus schulpädagogischer Sicht. In: Fitting, K. (Hrsg.) (1993): Pädagogik und Auffälligkeit. Impulse für Lehren und Lernen bei erwartungswidrigem Verhalten. Weinheim, S. 3–13.

Aurin, K. (1984): Beratung als pädagogische Aufgabe im Spannungsfeld zwischen pädagogischer und psychologischer Theorie und Praxis. In: Aurin, K. (Hrsg.): Beratung als pädagogische Aufgabe. Bad Heilbrunn, S. 13–30.

Bachmair, S. u.a. (1989): Beraten will gelernt sein. Ein praktisches Lehrbuch für Anfänger und Fortgeschrittene. Weinheim.

Bamberger, G. (2001): Lösungsorientierte Beratung. Praxishandbuch. Weinheim.

Bamberger, G. (2004): Beratung unter lösungsorientierter Perspektive. In: Nestmann, F./Engel, F./Sickendiek, U. (Hrsg.) (2004): Das Handbuch der Beratung. Bd. 2: Ansätze, Methoden und Felder. Tübingen, S. 737–748.

Bastian, J. (1998): Pädagogische Schulentwicklung. In: Bastian, J. (Hrsg.): Pädagogische Schulentwicklung. Schulprogramm und Evaluation. Hamburg, S. 29–43.

Bastian, J. (2003): Problemschüler. In: Pädagogik 55, H. 10, S. 3.

Bastian, J./Combe, A./Langer, R. (2003): Feedback-Methoden. Weinheim.

Baumert, J. u.a. (Hrsg.): Deutsches PISA-Konsortium (2001): PISA 2000. Basiskompetenzen von Schülerinnen und Schülern im internationalen Vergleich. Opladen.

Benz, E./Caroli, W. (1977): Beratung im Kontext der Schule. Ravensburg.

Bergsson, M./Luckfiel, H. (1998): Umgang mit »schwierigen« Kindern. Berlin.

Bericht über gemeinsame Beratungen von Ständiger Konferenz der Kultusminister der Länder und Arbeitsgemeinschaft für Jugendhilfe: Zusammenarbeit von Schule und Jugendhilfe. In: SchulVerwaltung spezial 2001, S. 84–87.

Bessoth, R. (1994): Lehrerberatung – Lehrerbeurteilung. Neuwied.

Bessoth, R. (2000): Instrumente zur Einschätzung von Unterrichtsqualität: Eine Basis für Selbstevaluation und Beratung. In: Pädagogische Führung, H. 2, S. 82–87.

Boettcher, W./Bremerich-Vos, A. (Hrsg.) (1987): Kollegiale Beratung in Schule, Schulaufsicht und Referendarausbildung. Frankfurt.

Bohl, T. (2004): Prüfen und Bewerten im Offenen Unterricht. Weinheim.

Bohl, T. (2005): Hermeneutischer Dialog und gelingende Praxis. Der Ansatz der hermeneutischen Schulentwicklung im Rahmen des Tübinger Forschungsprojekts »Regionale Schulentwicklung durch Kooperation und Vernetzung«. In: Schnebel, S. (Hrsg.) (2005): Schulentwicklung im Spannungsfeld von Bildungssystem und Unterricht. Baltmannsweiler, S. 87–98.

Bollnow, O. (1959): Existenzphilosophie und Pädagogik. Stuttgart.

Borg-Laufs, M. (2004): Verhaltensberatung nach dem kognitiv-behavioristischen Modell. In: Nestmann, F./Engel, F./Sickendiek, U. (Hrsg.) (2004): Das Handbuch der Beratung. Bd. 2: Ansätze, Methoden und Felder. Tübingen, S. 629–639.

Bovet, G./Frommer, H. (1999): Praxis Lehrerberatung – Lehrerbeurteilung. Konzepte für Ausbildung und Schulaufsicht. Baltmannsweiler.

Brähler, E./Holling, H./Leutner, D./Petermann, F. (Hrsg.) (2002): Brickenkamp Handbuch psychologischer und pädagogischer Tests. Bd. 1. Göttingen.

Braun, K.-H./Wetzel, K. (2000): Sozialpädagogisches Handeln in der Schule. Einführung in die Grundlagen und Konzepte der Schulsozialarbeit. Neuwied.

Brügelmann, H./Brinkmann, E. (2006): Sprachbeobachtung und -förderung am Schulanfang. In: Diagnostizieren und Fördern. Friedrich Jahresheft XXIV, S. 30–33.

Brunner, E. (2004): Systemische Beratung. In: Nestmann, F./Engel, F./Sickendiek, U. (Hrsg.) (2004): Das Handbuch der Beratung. Bd. 2: Ansätze, Methoden und Felder. Tübingen, S. 655–661.

Brunner, I./Häcker, T./Winter, F. (Hrsg.) (2006): Handbuch Portfolioarbeit. Seelze.

Buhren, C.G./Rolff, H.-G. (Hrsg.) (1996): Fallstudien zur Schulentwicklung. Zum Verhältnis von innerer Schulentwicklung und externer Beratung. Weinheim.

Busch, K./Dorn, M. (2000): Erfolgreich beraten. Ein praxisorientierter Leitfaden für Beratungsgespräche in der Schule. Baltmannsweiler.

Buschek, B. (1996): »Wir wollen gemeinsam besser werden.« Ein Schulentwicklungsprozess aus der Perspektive einer externen Beraterin. In: Ender, B. u.a. (Hrsg.) (1996): Beratung macht Schule. Schulentwicklung auf neuen Wegen. Innsbruck. S. 116–133.

Buschmann, R. (2006): »Ich melde mich«. Schülerinnen und Schüler beobachten und bewerten sich selbst. In: Diagnostizieren und Fördern. Friedrich Jahresheft XXIV, S. 125–127.

Carle, U. (2000): Was bewegt die Schule? Internationale Bilanz – praktische Erfahrungen – neue systemische Möglichkeiten für Schulreform, Lehrerbildung, Schulentwicklung und Qualitätssteigerung. Baltmannsweiler.

Culley, S. (1991): Beratung als Prozess. Lehrbuch kommunikativer Fertigkeiten. Weinheim.

Dalin, P./Rolff, H.G./Buchen, H. (1995): Institutioneller Schulentwicklungsprozess. Bönen.

Danner, S. (2001): Was bedeutet »Akzeptanz« in der Pädagogik? In: Neue Sammlung 41, H. 3, S. 425–462.

Datler, W./Steinhardt, K./Gstach, J. (2004): Psychoanalytisch orientierte Beratung. In: Nestmann, F./Engel, F./Sickendiek, U. (Hrsg.) (2004): Das Handbuch der Beratung. Bd. 2: Ansätze, Methoden und Felder. Tübingen, S. 613–627.

De Haan, G. (1993): Beratung. In: Lenzen, D. (Hrsg.): Pädagogische Grundbegriffe. Bd. 1. Reinbek bei Hamburg, S. 160–166.

Denner, L. (2000): Gruppenberatung für Lehrer und Lehrerinnen. Eine empirische Untersuchung zur Wirkung schulinterner Supervision und Fallbesprechung. Bad Heilbrunn.

Deutsches Institut für Fernstudium an der Universität Tübingen (Hrsg) (1986): Fernstudium Ausbildung zum Beratungslehrer. Studienbrief 8: Schullaufbahnberatung / Einzelfallhilfe systembezogene Beratung (ergänzende Texte). Tübingen.

Dewe, B. (1998): Beratung. In: Krüger, H./Helsper, W. (1998): Einführung in Grundbegriffe und Grundfragen der Erziehungswissenschaft. Opladen, S. 119–130.

Dietrich, G. (1983): Allgemeine Beratungspsychologie. Göttingen/Toronto/Zürich.

Dlugosch, A. (2006): »So hab ich das noch nie gesehen …«. Kollegiale Fallberatung auf der Grundlage der Themenzentrierten Interaktion. In: Diagnostizieren und Fördern. Friedrich Jahresheft XXIV, S. 128–131.

Eberwein, H. (2003): Die Beobachtung von Kindern im Unterricht als Methode des Fremdverstehens und zur Unterstützung von Lernprozessen. In: Eberwein, H./Knauer, S.: Handbuch Lernprozesse verstehen. Weinheim, S. 194–208.

Eberwein, H./Knauer, S. (Hrsg.) (2003): Lernprozesse verstehen. Wege einer neuen (sonder-)pädagogischen Diagnostik. Weinheim.

Eck, C. (1993): Elemente einer Rahmentheorie der Beratung und Supervision. In: Fatzer, G./Eck, C. (Hrsg.): Supervision und Beratung. Köln.

Eggert, D. (2003): Von der Testdiagnostik zur qualitativen Diagnose in der Sonderpädagogik. In: Eberwein, H./Knauer, S.: Handbuch Lernprozesse verstehen. Weinheim, S. 16–38.

Ehinger, W./Hennig, C. (1997): Praxis der Lehrersupervision. Leitfaden für Lehrergruppen mit und ohne Supervisor. Weinheim.

Eikenbusch, G. (2006): »Macht richtige Lerndiagnosen!«. Erfahrungen und Tendenzen aus Schweden. In: Diagnostizieren und Fördern. Friedrich Jahresheft XXIV, S. 20–21.

Ender, B./Schratz, M./Steiner-Löffler, U. u.a. (Hrsg.) (1996): Beratung macht Schule. Schulentwicklung auf neuen Wegen. Innsbruck.

Endres, W. (1998): Auf dem Weg zur Lernberatung. In Pädagogik 50, H. 3, S. 14–16.

Engel, F. (1998): Beratung zwischen Performanz und Bildung. In: Päd Forum 26/11, H. 5, S. 425–430.

Engel, F. (2003): Beratung – ein eigenständiges Handlungsfeld zwischen alten Missverständnissen und neuen Positionierungen. In: Praxis. Kinderpsychologie und Kinderpsychiatrie 52, S. 215–233.

Engel, F. (2004): Allgemeine Pädagogik, Erziehungswissenschaft und Beratung. In: Nestmann, F./Engel, F./Sickendiek, U. (Hrsg.) (2004): Das Handbuch der Beratung, Bd. 1: Disziplinen und Zugänge. Tübingen, S. 103–114.

Engel, F./Nestmann, F./Sickendiek, U. (2004): Beratung – Ein Selbstverständnis in Bewegung. In: Nestmann, F./Engel, F./Sickendiek, U. (Hrsg.): Das Handbuch der Beratung. Bd. 1: Disziplinen und Zugänge. Tübingen, S. 33–45.

Faller, K. (1998): Mediation in der pädagogischen Arbeit. Ein Handbuch für Kindergarten, Schule und Jugendarbeit. Mülheim an der Ruhr.

Fatzer, G. (1990): Supervision und Beratung. Ein Handbuch. Köln.

Fatzer, G. (2004): Organisationsberatung und -entwicklung: Veränderung durch Entwicklung und Lernen. In: Nestmann, F./Engel, F./Sickendiek, U. (Hrsg.): Das Handbuch der Beratung, Bd.1: Disziplinen und Zugänge. Tübingen, S. 419–433.

Feltham, C. (2001): Counselling studies. In: British journal of guidance & counselling 29, H. 1, S. 111–121.

Feltham, C./Dryden, W. (2002): Grundregeln der Supervision. Ein Lehr- und Praxisbuch. Weinheim.

Fengler, W. (2002): Wege zur Supervision. In: Pallasch, W./Mutzeck, W./Reimers, H. (Hrsg.): Beratung – Training – Supervision. 3. Aufl.,Weinheim, S. 17–187.

Fiege, B./Dollase, R. (1998): Evaluation Kollegialer Beratung in Gruppen von Lehrern und Lehrerinnen. In: Zeitschrift für Pädagogik 44, H. 3, S. 37–395.

Freudenreich, D./Meyer, U. (2002): Supervision und Beratung mit der Themenzentrierten Interaktion. In: Pallasch, W./Mutzeck, W./Reimers, H. (Hrsg.): Beratung – Training – Supervision. 3. Aufl., Weinheim, S. 213–223.

Friedel, J. A. (1993): Beratungslehrer und Schulpsychologen im Tätigkeitsfeld der Systemberatung: Aufgaben und Erwartungen. Münster.

Friedrich Jahresheft (2006): Diagnostizieren und Fördern. Friedrich Jahresheft XXIV.

Fritz, A./Ricken, G./Schmidt, S. (Hrsg.) (2003): Rechenschwäche. Weinheim.

Gallschütz, C./Müller, A.G./Puhr, K. (2003): Schulverweigerung als pädagogisches Problem und als Herausforderung. In: Pädagogik 55, H. 10, S. 28–31.

Ganser, B. (2000): Lese-Rechtschreib-Schwierigkeiten: Diagnose, Förderung, Materialien. Donauwörth.

Ganser, B. (2004): Rechenschwierigkeiten: Diagnose, Förderung, Materialien. Donauwörth.

Geißler, H. (2005): Entwicklung eines schuleigenen Beratungskonzepts. In: Grewe, N. (Hrsg.): Praxishandbuch Beratung in der Schule. München, S. 319–328.

Gläser, E./Nellen, A. (1999): Förderungsdiagnostik für den Alltag. Mit gezielter Beobachtung und Beratung mehr erkennen. In: Grundschule 31, H. 2, S. 55–56.

Gordon, T. (1995): Lehrer-Schüler-Konferenz. München.

Graser, L. (1998): Schulberatung in der Praxis. In: Päd Forum, H. 10, S. 458–462.

Grewe, N. (1996): Besondere Begabungen und Beratung. In: Grundschule 28, H. 5, S. 35–36.

Grewe, N. (2005a): Beratungslehrkräfte und Entwicklungstendenzen. In: Grewe, N. (Hrsg.): Praxishandbuch Beratung in der Schule. München, S. 13–34.

Grewe, N. (2005b): Gesprächsführung und Leitlinien der Beratung. In: Grewe, N. (Hrsg.): Praxishandbuch Beratung in der Schule. München, S. 13–34.

Grewe, N. (2005c): Der Beratungsalltag des Lehrers. Anlässe – Erfahrungen – Hilfen. In: Pädagogik 57, H. 6, S. 10–13.

Grewe, N./Wichterich, H. (Hrsg.) (1999): Beratungslehrer in der Praxis. Grundlagen, Aufgaben und Fallbeispiele. Neuwied.

Grossmann, R. u.a. (Hrsg.) (1995): Veränderung in Organisationen. Management und Beratung. Wiesbaden.

Grundschule: Themenheft Kinder mit besonderen Begabungen. In: Grundschule 28, H. 5.

Gudjons, H. (2005): »Ich bin doch kein Psychologe!«. Beraten als Grundfunktion des Lehrerberufs. In: Pädagogik 57, H. 6, S. 6–9.

Hackl, B. (1994): Schulische Organisationsberatung als Nährboden für pädagogische Interventionen. In: Erziehung und Unterricht: österreichische pädagogische Zeitschrift 144, H. 8, S. 506–513.

Hatto, C. (1990): Das Lehrer-Schüler-Eltern-Gespräch in der systemorientierten Schulpsychologie. In: Psychologie in Erziehung und Unterricht 37, H. 3, S. 207–216.

Heffels, L. (2004): Supervision und Schulentwicklung. In: Grundschule 36, H. 7–8, S. 79–80.

Hennig, C./Ehinger, W. (1996): Das Elterngespräch in der Schule. München.

Hennig, C./Keller, G. (1993): Lehrer lösen Schulprobleme. Lernförderung – Verhaltenssteuerung – Gesprächsführung. Donauwörth.

Hessisches Institut für Bildungsplanung und Schulentwicklung (Hrsg.) (1984): Lehrerinnen und Lehrer beraten in der Schule. Untersuchungsberichte zu berufsbegleitender Fortbildung und Beratungspraxis. Wiesbaden.

Heuer, U. (2000): Beratungsarbeit in der Schule. In: Schulmagazin 5 bis 10, H. 11, S. 4–11.

von Heymann, D. (1998): Alte Aufgaben in einem menschlichen Schulmanagement. In: schul-management 29, H. 4, S. 41–42.

Hofer, M./Wild, E./Pikowsky, B. (1996): Pädagogisch-psychologische Berufsfelder. Bern/Göttingen.

Holtappels, H. (2003): Schulqualität durch Schulentwicklung und Evaluation. Neuwied.

Hopf, A. (2001): Lebensprobleme und Lernprobleme von Schülern. Neuwied.

Hörmann, G. (1998): Beratung – Eine pädagogische Ressource. In: Päd Forum 26/11, H. 5, S. 417–418.

Horstkemper, M. (2006): Fördern heißt diagnostizieren. Pädagogische Diagnostik als wichtige Voraussetzung für individuellen Lernerfolg. In: Diagnostizieren und Fördern. Friedrich Jahresheft XXIV, S. 4–7.

Huber, G.L. (1990): Beratung als Lehren und Lernen. In: Brunner, J./Schönig, W. (Hrsg.): Theorie und Praxis von Beratung. Freiburg, S. 41–61.

Hufschmid, E. (2003): Lernberatung – Das Lernen beraten. In: Education Permanente 37, H. 1, S. 36–38.

Humpert, W./Dann, H.-D. (2001): KTM kompakt. Basistraining zur Störungsreduktion und Gewaltprävention für pädagogische und helfende Berufe auf der Grundlage des »Konstanzer Trainingsmodells«. Bern u.a.

Hundsalz, A. u.a. (Hrsg.) (1995): Beratung für Jugendliche. Lebenswelten, Problemfelder, Beratungskonzepte. Weinheim.

Huschke-Rhein, R. (1998): Systemische Erziehungswissenschaft. Pädagogik als Beratungswissenschaft. Weinheim.

Ingenkamp, K. (1992): Lehrbuch der Pädagogischen Diagnostik. Weinheim.

Joswig, K.D. (2001): Supervision und Schule: Probleme und Entwicklungsperspektiven. Münster.

Jugert, G. (1998): Zur Effektivität Pädagogischer Supervision. Eine Evaluationsstudie schulinterner Gruppen-Supervision mit Lehrern. Frankfurt.

Jürgens, E. (2000): Orientierung – Förderung – Beratung. In: unterrichten/erziehen, H. 3, S. 138–141.

Kappacher, C. (2002): Vom Sitzen zwischen den Stühlen … Mediation im Konfliktfeld Schule. In: Erziehung und Unterricht 152, H. 5/6, S. 667–704.

Katzenbach, D. (1999): »Die schlimmste Zeit meines Lebens«. Das Leiden am Referendariat. Wie kann Supervision hier helfen. In: Pädagogik 51, H. 10, S. 49–53.

Keller, G. (1993): Lehrer helfen lernen. Lernförderung – Lernhilfe – Lernberatung. Donauwörth.

Kesner, J.E. (2005): Gifted children's relationship with teachers. In: International Education Journal 6, H. 2, S. 218–223.

Klees, K. (2001): Beratung für Kinder in Not. Kinderzentrierte Hilfeplanung der Kinderschutzdienste. Gießen.

Kliebisch, U.W. (1995): Beraten kann man lernen. Ein Trainingshandbuch für Lehrerinnen und Lehrer. Essen.

Kliebisch, U./Eichmann, R. (1991): Vergiß das Fühlen nicht! Schulische Beratung in Theorie und Praxis. Bochum.

Knoll, F. (2000): Beratung in der Schule. Unverzichtbarer Teil des Schulsystems. In: Schulmagazin 5 bis 10, H. 11, S. 51–54.

Korinek, W. (1999): »Das sag ich dir, das glaubst du mir!«. Über Beratung in der Schule. In: schul-management 30, H. 5, S. 30–34.

Körner ,W./Hörmann, G. (Hrsg.) (2000): Handbuch der Erziehungsberatung. Bd. 2: Praxis der Erziehungsberatung. Göttingen.

Körner, W./Hörmann, G. (Hrsg) (1998): Handbuch der Erziehungsberatung Bd. 1: Anwendungsbereiche und Methoden der Erziehungsberatung. Göttingen.

Kowalczyk, W. (1999): Lern- und Arbeitstechniken – Entwicklung und Erprobung des Trainingsprogramms »Besser lernen« in verschiedenen Schulformen. In: Grewe, N. (1999) (Hrsg.): Beratungslehrer in der Praxis – Grundlagen, Aufgaben, Praxisbeispiele. Neuwied, S. 61–71.

Krause, C./Fittkau, B./Fuhr, R./Thiel, H.-U. (Hrsg.) (2003): Pädagogische Beratung. Grundlagen und Praxisanwendung. Paderborn.

Kügler, E. (1998): Projekt Berufsorientierung. In: Schulmagazin 5 bis 10, H. 2, S. 22.

Lairio, M./Nissilä, P. (2002): Towards networking in counselling: a follow-up study of Finnish school counselling. In: British journal of guidance & counselling 30, H. 2, S. 159–173.

Landesinstitut für Schule und Weiterbildung NRW (Hrsg.) (1998): Beratung in der Grundschule. Konzepte von Beratung im Übergangsverfahren. Bönen.

Landesinstitut für Schule und Weiterbildung NRW (Hrsg.) (2001): Beratungstätigkeit von Lehrerinnen und Lehrern in der Schule. Handreichung zum Erlass. Bönen.

Langmaack, B. (1991): Themenzentrierte Interaktion. Einführende Texte rund ums Dreieck. Weinheim.

Leitner, W. (1998): Lern-, Leistungs-, Teilleistungsstörungen. In: Körner, W./Hörmann, G. (Hrsg.) (1998): Handbuch der Erziehungsberatung. Bd. 1. Göttingen, S. 129–148.

Leitner, W. (1999): Interventionsgeleitete Einzelfallhilfe im Rahmen einer Beratung im Schulbereich. Regensburg.

Lenz, A. (2003): Ressourcenorientierte Beratung – Konzeptionelle und methodische Überlegungen. In: Praxis Kinderpsychologie und Kinderpsychiatrie 52, S. 234–249.

Liermann, H. (2003): Schulpsychologische Beratung. In: Praxis Kinderpsychologie und Kinderpsychiatrie 52, S. 266 –278.

Liermann, H. (2004): Schulpsychologische Beratung. In: Nestmann, F./Engel, F./Sickendiek, U. (Hrsg.) (2004): Das Handbuch der Beratung, Bd.2. Ansätze, Methoden und Felder. Tübingen, S. 865–875.

Liermann, H./Zingeler, U. (1998): Lehrerberatung – aus einer Schulentwicklungsperspektive. In: Päd Forum 26/11, H. 5, S. 451–457.

Linke, J. (2001): Supervision und Beratung. Systemische Grundlagen und Praxis. Aachen.

Lippitt, G./Lippitt, R. (1999): Beratung als Prozess. Was Berater und ihre Kunden wissen sollten. Leonberg.

Lukesch, H. (1998): Einführung in die pädagogisch-psychologische Diagnostik. Regensburg.

McLaughlin, C. (1999): Counselling in school. Looking back and looking forward. In: British Journal of Guidance and Counselling 27, N. 1, S. 13–23.

Menne, K./Hundsalz, A. (Hrsg.) (2000): Grundlagen der Beratung. Fachliche Empfehlungen, Stellungnahmen und Hinweise für die Praxis. Fürth.

Meyer, H. (1997): Schulpädagogik. Bd. II: Für Fortgeschrittene. Berlin.

Meyer, H. (2004): Was ist guter Unterricht? Berlin.

Milz, I. (1990). Rechenschwächen erkennen und behandeln. Teilleistungsstörungen im mathematischen Denken. Dortmund.

Milz, I. (1997): Sprechen, Lesen, Schreiben. Teilleistungsschwächen im Bereich der gesprochenen und geschriebenen Sprache. Heidelberg.

Milz, I./Steil, H. (Hrsg.) (1989): Teilleistungsschwächen bei Kindern und Jugendlichen. Ein heilpädagogisches Problem in unseren Schulen. Frankfurt.

Mollenhauer, K. (1965): Das pädagogische Phänomen Beratung. In: Mollenhauer, K./Müller, C.: Führung und Beratung in pädagogischer Sicht. Heidelberg.

Müller, V. (2000): Der Lehrer als Coach seiner Schüler. In: Lernwelten, H. 4, S. 42–44.

Mutzeck, W. (2001): Förderdiagnostik. Weinheim/Basel.

Mutzeck, W. (2002): Kooperative Beratung. Grundlagen und Methoden der Beratung und Supervision im Berufsalltag. Weinheim/Basel.

Mutzeck, W. (2004): Kooperative Beratung. In: Nestmann, F./Engel, F./Sickendiek, U. (Hrsg.) (2004): Das Handbuch der Beratung. Bd. 2: Ansätze, Methoden und Felder. Tübingen, S. 691–698.

Nägele, I. / Valentin, R. (Hrsg.) (1997): LRS in den Klassen 1–10. Weinheim.

Nestmann, F. (1998): Beratung als Ressource. In: Päd Forum 26/11, H. 5, S. 419–424.

Nestmann, F. (2004): Ressourcenorientierte Beratung. In: Nestmann, F./Engel, F./Sickendiek, U. (Hrsg.) (2004): Das Handbuch der Beratung. Bd. 2: Ansätze, Methoden und Felder. Tübingen, S. 725–735.

Nestmann, F./Engel, F./Sickendiek, U. (Hrsg.) (2004): Das Handbuch der Beratung. Bd. 1: Disziplinen und Zugänge; Bd. 2: Ansätze, Methoden und Felder. Tübingen.

Neumann, I. (2005): Analyse von Lernschwierigkeiten nach dem Teufelskreismodell. In: Grewe, N. (Hrsg.): Praxishandbuch Beratung in der Schule. München, Neuwied, S. 191–207.

Oberbossel, K. (2004): Lernberatung fördert die Lernmotivation. In: Grundschulmagazin H. 3, S. 17–20.

Otratowitz, C./Zenker, D. (2002): »Blickwinkel« – Unterrichtsbegleitende Beratung als Ressource in der Klasse. In: Erziehung und Unterricht 152, H. 5/6, S. 655–661.

Pädagogik 10/2003: Themenheft: Problemschüler 55, H. 10.

Pädagogik 5/2001: Themenheft: Schülerrückmeldungen über Unterricht 53, H. 5.

Pallasch, W. (1990): Pädagogische Gesprächsführung. Weinheim.

Pallasch, W. (1991): Supervision: Neue Formen beruflicher Praxisbegleitung in pädagogischen Arbeitsfeldern. Weinheim.

Pallasch, W. (1995): Pädagogisches Gesprächstraining. Lern- und Trainingsprogramm zur Vermittlung therapeutischer Gesprächs- und Beratungskompetenz. Weinheim.

Pallasch, W. (2002): Unterrichtliche Supervision. In: Pallasch, W./Mutzeck, W./Reimers, H. (Hrsg.): Beratung – Training – Supervision. 3. Aufl., Weinheim, S. 200–212.

Pallasch, W./Mutzeck, W./Reimers, H. (Hrsg.) (2002): Beratung – Training – Supervision. Weinheim.

Palmowski, W. (1995): Der Anstoß des Steines. Systemische Beratung im schulischen Kontext. Dortmund.

Pätzold, H. (2001): Lernberatung und selbstgesteuertes Lernen. In: Päd Forum 14, H. 2, S. 145–148.

Peavy, R.V. (2001): Den eigenen Lebensraum skizzieren. Beratung als partnerschaftliches Handeln. In: Praxis Schule 5-10, 11, H. 2, S. 17–21.

Pikowsky, B./Wild, E. (1996): Schulpsychologische Beratung. In: Hofer, M./Pikowsky, B./Wild, E.: Pädagogisch-psychologische Berufsfelder. Bern/Göttingen.

Porps, G. (2005): Beratung von Kindern mit Rechenschwierigkeiten. In: Grewe, N. (Hrsg.): Praxishandbuch Beratung in der Schule. München, Neuwied, S. 208–215.

Priebe, B. (2002): Grundzüge eines professionellen Fortbildungs- und Beratungssystems für selbstständigere Schulen. In: Pädagogische Führung 13, H. 1, S. 25–28.

Probst, H. (2006): Vorhersagen und Vorsorgen. In: Diagnostizieren und Fördern. Friedrich Jahresheft XXIV, S. 94–97.

Pruisken, C. u.a. (Hrsg.) (2001): Diagnostik, Beratung, und Förderung im Bereich Hochbegabung. In: Päd Forum 14, H. 5, S. 355–357.

Pschenny, S. (1995): Mit Lern- und Leistungsstörungen umgehen. Darstellung und Evaluation eines Fortbildungsprogramms für Lehrerinnen und Lehrer. Münster.

Pühl, H. (Hrsg.) (1992): Handbuch der Supervision. Berlin.

Ramacher-Faasen, N. (1998): Elternratgeber LRS. Heinsberg.

Ramin, G. (Hrsg.) (1993): Inzest und sexueller Missbrauch. Beratung und Therapie. Ein Handbuch. Paderborn.

Rauen, C. (1999): Coaching – innovative Konzepte im Vergleich. Göttingen.

Rechtien, W. (1988): Beratung im Alltag. Paderborn.

Rechtien, W. (1998): Beratung. Theorien, Modelle und Methoden. München/Wien.

Redlich, A. (1990): Schulklassenbezogene Beratung. Ein Erfahrungsbericht aus der Hamburger Beratungslehrerausbildung. Hamburg.

Redlich, A. (1992): Kooperative Gesprächsführung. Materialien aus der Arbeitsgruppe Beratung und Training Band 4, Fb. 6, Universität Hamburg.

Redlich, A. (1994): Kooperative Gesprächsführung in der Beratung. In: Grewe, N./Wichterich, H. (Hrsg.): Beratung an der Schule. Loseblattsammlung. Kissing, Kap. 6/3.1.

Redlich, A. (2005): Schulklassenbezogene Beratung. In: Grewe, N. (Hrsg.): Praxishandbuch Beratung in der Schule. München, Neuwied, S. 102–112.

Redlich, A./Schley, W. (1992): Kooperative Verhaltensmodifikation in der Schule. Bd.12 der Materialien aus der Arbeitsgruppe Beratung und Training. Hamburg: Universität, Fachbereich Psychologie.

Reiff, R. (2006): Selbst- und Partnerdiagnose im Mathematikunterricht. In: Diagnostizieren und Fördern. Friedrich Jahresheft XXIV, S. 68–73.

Reimers, H./Iwers-Stelljes, T. A. (2005): Und wer berät die Lehrerinnen und Lehrer? Supervision zur Professionalisierung des Lehrerhandelns. In: Pädagogik 57, H. 6, S. 28–31.

Richter, S. (2005): Legasthenie als Problem schulischer Beratung. In: Grewe, N. (Hrsg.): Praxishandbuch Beratung in der Schule. München, Neuwied, S. 229–239.

Rieder-Aigner, H. (1995): Kollegiale Beratung als Beitrag zur Schulkultur. In: Pädagogische Welt, H. 11, S. 507–510.

Rindermann, H./Kohler, J. (2003): Lässt sich die Lehrqualität durch Evaluation und Beratung verbessern? In: Psychologie in Erziehung und Unterricht 50, H. 4, S. 71–85.

Rogers, C.R. (1972): Die nicht-direktive Beratung. Counseling and Psychotherapy. München.

Rosenbusch, C. (2000): Schulpsychologen – Unterstützung oder Belastung für Schulleiter? In: schul-management 31, H. 1, S. 37–42.

Rotering-Steinberg, S. (1992): Ein Modell kollegialer Supervision. In: Pühl, H. (Hrsg.): Handbuch der Supervision. Berlin, S. 428–440.

Rothermel, G. (1988): Beratung und Aufsicht als pädagogische Probleme der Schulverwaltung. Dissertation Pädagogische Hochschule Schwäbisch Gmünd.

Ruf, U./Gallin, P. (2005): Dialogisches Lernen in Sprache und Mathematik. Seelze-Velber.

Sander, K. (1999): Personenzentrierte Beratung. Ein Arbeitsbuch für Ausbildung und Praxis. Weinheim.

Sander, K. (2004): Personenzentrierte Beratung. In: Nestmann u.a. (Hrsg.) (2004): Das Handbuch der Beratung, Bd.1. Disziplinen und Zugänge. Tübingen, S. 331–344.

Sassenscheidt, H. (1993): Welche Wirkungen hat die Einzelfallberatung? Eine Programmevaluation der Einzelfallhilfe von Beratungslehrerinnen und Beratungslehrern. Hamburg.

Schäfer-Koch, K. (1992): Psychosoziale Einzelfallhilfe in der Schule. Eine Fallstudie zum schulinternen Beratungsangebot. Bad Heilbrunn.

Schiefele, H./Krapp, A. (Hrsg.) (1981): Handlexikon zur Pädagogischen Psychologie. München, S. 170–172.

Schlee, J. (1994): Kollegiale Beratung und Supervision. In: Die Deutsche Schule 86, H. 4, S. 496–505.

Schlee, J. (2004): Kollegiale Beratung und Supervision für pädagogische Berufe. Hilfe zur Selbsthilfe. Ein Arbeitsbuch. Stuttgart.

Schlegel, C. (2003): Strategien des Konfliktmanagements. In: Organisationsberatung – Supervision – Coaching 10, H. 3, S. 199–215.

Schley, W. (2002): Organisationspsychologische Beratung an Schulen – Das Konzept der Systemberatung und Organisationsentwicklung. In: Pallasch, W./Mutzeck, W./Reimers, H. (Hrsg.): Beratung – Training – Supervision. Weinheim, S. 161–172.

von Schlippe, A. /Schweitzer, J. (1999): Lehrbuch der systemischen Therapie und Beratung. Göttingen.

Schlömerkemper, J. (1994): Schultheorie und Beratung. Mutmaßungen über erfolgreiche Supervision in der Schule. In: Die Deutsche Schule 86, H. 4, S. 506–514.

Schnebel, S. (2003): Unterrichtsentwicklung durch kooperatives Lernen. Baltmannsweiler.

Schnebel, S. (Hrsg.) (2005): Schulentwicklung im Spannungsfeld von Bildungssystem und Unterricht. Baltmannsweiler.

Schnebel, S./Ziegelbauer, B. (in Vorb.): Unterrichtsberatung in der Lehrerausbildung.

Schneider, G. (1996): Lehrerkrisen und Supervision. Eine Studie zu Berufsanforderungen und zu einer Theorie der Lehrersupervision. Bad Heilbrunn.

Schneider, R. (2002): Schulprobleme, Lebensprobleme, persönliche Krisen. Beratung als Orientierungshilfe. In: Pädagogik, 54. Jg., H. 2, S. 35–37.

Schönig, W. (2000): Schulentwicklung beraten. Das Modell mehrdimensionaler Organisationsberatung der einzelnen Schule. Weinheim.

Schoy, M. (2005): Wann endlich!? Dürfen Schüler im Unterricht aus Fehlern lernen? In: Schnebel, S. (Hrsg.): Schulentwicklung im Spannungsfeld von Bildungssystem und Unterricht. Baltmannsweiler, S. 179–195.

Schreyögg, A. (1995): Coaching. Frankfurt.

Schreyögg, A. (2004): Coaching. In: Nestmann, F./Engel, F./Sickendiek, U. (Hrsg.) (2004): Das Handbuch der Beratung, Bd. 2: Ansätze, Methoden und Felder. Tübingen, S. 947–956.

Schreyögg, A. (Hrsg.) (2000): Supervision und Coaching für die Schulentwicklung. Bonn.

Schulz von Thun, F. (1999): Miteinander reden 1. Störungen und Klärungen. Reinbek.

Schulz von Thun, F. (1999): Miteinander reden 2. Stile, Werte und Persönlichkeitsentwicklung. Reinbek.

Schwarzer, C./Posse, N. (2005): Beratung im Handlungsfeld Schule. In: Pädagogische Rundschau 59, H. 59, S. 139–151.

Seeger, R. (2000): Unterrichtsreflexion und personenzentrierte Beratung. In: Grundschule 32, H. 12, S. 21–22.

SEQuALS (Hrsg.) (2005): Selbstevaluation von Schulen. Erfahrungen, Praxis und Trends in Europa. München.

de Shazer, S. (1989): Der Dreh. Überraschende Wendungen und Lösungen in der Kurzzeittherapie. Heidelberg.

Sickendiek, U./Engel, F./Nestmann, F. (1999): Beratung. Eine Einführung in sozialpädagogische und psychosoziale Beratungsansätze. Weinheim.

Spiess, W. (Hrsg.) (1998): Die Logik des Gelingens. Lösungs- und entwicklungsorientierte Beratung im Kontext von Pädagogik. Dortmund.

Starkebaum, K. (1998): Eltern und Schule – eine spannungsreiche Beziehung. In: schul-management 29, H. 4, S. 7–15.

Storath, R. (1998): »Sag' mir (nicht), was ich tun soll!« – Überlegungen zur Elternberatung in der Schule. In: Familiendynamik 23, S. 60–80.

Straßburg, K. (2003): Die Fehleranalyse als diagnostische Methode im Prozess des Lernens. In: Eberwein, H./Knauer, S.: Handbuch Lernprozesse verstehen. Weinheim, S. 209–218.

Strasser, F. (1990): Beratung im Alltag der Schule. Schulleiter-Handbuch Band 55. Braunschweig.

Strasser, F. (1990): Schulleiteraufgabe: Beratung des Kollegiums. Schulleiter-Handbuch Band 53. Braunschweig.

Strasser, J./Gruber, H. (2003): Kompetenzerwerb in der Beratung. Eine kritische Analyse des Forschungsstands. In: Psychologie in Erziehung und Unterricht 50, S. 381–399.

Straumann, U. (2004): Klientenzentrierte Beratung. In: Nestmann, F./Engel, F./Sickendiek, U. (Hrsg.) (2004): Das Handbuch der Beratung. Bd. 2: Ansätze, Methoden und Felder. Tübingen, S. 641–654.

Tausch, A./Tausch, R. (1979): Gesprächspsychotherapie. Göttingen.

Tennstädt, K. (1987): Das Konstanzer Trainingsmodell (KTM) Ein integratives Selbsthilfeprogramm für Lehrkräfte zur Bewältigung von Aggressionen und Störungen im Unterricht. Bd. 2: Theoretische Grundlagen, Beschreibung der Trainingsinhalte und erste empirische Überprüfung. Bern u.a.

Tennstädt, K./Krause, F./Humpert, W./Dann, H. (1987): Das Konstanzer Trainingsmodell (KTM) Ein integratives Selbsthilfeprogramm für Lehrkräfte zur Bewältigung von Aggressionen und Störungen im Unterricht. Bd. 1: Trainingshandbuch. Bern u.a.

Thomann, G. (2003a): Beratung in pädagogischen Arbeitsfeldern: Ambivalenzen und Paradoxien. In: Education Permanente 37, H. 1, S. 4–8.

Thomann, G. (2003b): Formen von Beratung. Versuch einer Begriffserklärung. In: Education Permanente 37, H. 1, S. 40–43.

Thomas, L. (2005): Beobachtung als Diagnosehilfe. In: Grewe, N. (Hrsg.): Praxishandbuch Beratung in der Schule. München/Neuwied.

Vogel, H.-C. u.a. (1997): Werkbuch für Organisationsberater. Texte und Übungen. Aachen.

Voigt, E. (2003): Beratung in der Schule – Perspektive der Schulpsychologie. In: Krause u.a. (Hrsg.): Pädagogische Beratung. Weinheim.

Wagner, R. (2004): Integrative Beratungsansätze. In: Nestmann, F./Engel, F./Sickendiek, U. (Hrsg.) (2004): Das Handbuch der Beratung. Bd. 2: Ansätze, Methoden und Felder. Tübingen, S. 663–674.

Wahl, D. (1991): Handeln unter Druck. Der weite Weg vom Wissen zum Handeln bei Lehrern, Hochschullehrern und Erwachsenenbildnern. Weinheim.

Wahl, D. (2006): Lernumgebungen erfolgreich gestalten. Vom trägen Wissen zum kompetenten Handeln. Bad Heilbrunn.

Wahl, D./Weinert, F./Huber, G. (1984): Psychologie für die Schulpraxis. München.

Wahl, D./Wölfing, W./Rapp, G./Heger, D. (1991): Erwachsenenbildung konkret. Mehrphasiges Dozententraining; eine neue Form erwachsenendidaktischer Ausbildung von Referenten und Dozenten. Weinheim.

Walker, J. (1995): Gewaltfreier Umgang mit Konflikten in der Sekundarstufe. Berlin.

Watzlawick, P./Beavin, J./Jackson, D. (1985): Menschliche Kommunikation. Bern.

Weber, M. u.a. (Hrsg.) (2003): Beratung bei Konflikten. Wirksame Interventionen in Familie und Jugendhilfe. Weinheim.

Weinert, F. E. (1996): »Der gute Lehrer«, »die gute Lehrerin« im Spiegel der Wissenschaft. In: Beiträge zur Lehrerbildung, 14. Jg. H. 2, S. 141–151.

Weisbach, C.-R. (1992): Professionelle Gesprächsführung. Ein praxisnahes Lese- und Übungsbuch. München.

Werning, R. (2006): Lern- und Entwicklungsprozesse fördern. Pädagogische Beobachtungen im Alltag. In: Diagnostizieren und Fördern. Friedrich Jahresheft XXIV, S. 11–15.

Winter, F. (2006): Diagnosen im Dienst des Lernens. Diagnostizieren und Fördern gehört zum Unterrichten. In: Diagnostizieren und Fördern. Friedrich Jahresheft XXIV, S. 22–25.

Zielinski, W. (1998): Lernschwierigkeiten. Ursachen – Diagnostik – Intervention. Stuttgart.

Zimbaro, P. (1988): Psychologie. München, S. 12–13.

Zimmermann, W. (2003): Gespräche führen – moderieren – beraten. Baltmannsweiler.